W0034579

Fritz May

Tatort Erde

Vom Selbstmordprogramm
zur Überlebensstrategie

Ein Umwelt-Report
aus christlicher Sicht

Brendow-Verlag Rheinkamp-Baerl

Dieses Buch ist eine Veröffentlichung der
TELOS-Verlagsgruppe.
TELOS-Taschenbücher und TELOS-Paperback-Ausgaben
sind „zielbewußt", wegweisend und biblisch orientiert.
TELOS-Bücher können Sie unbedenklich weitergeben, sie
wurden verantwortlich ausgewählt.

ISBN 3-87067-020-7

1. deutschsprachige Auflage 1973
© Copyright by Brendow-Verlag
D-4131 Rheinkamp-Baerl
Umschlaggestaltung und Grafik im Text: Friedrich Haarhaus
Umschlagfoto: USIS
Printed in Germany

„Das Zeitgeschehen spiegelt sich
im Worte der Bibel, die so gesehen
eine neue Bedeutung erlangt."

(Schalom Ben-Chorin,
jüdischer Religionswissenschaftler)

Inhalt

Geleitwort

In den Jahrtausenden der Menschheitsgeschichte hat der technisch und wissenschaftlich tätige Mensch das Antlitz der Erde total umgestaltet, um die Naturgewalten zu bezwingen, seinen Lebensstandard zu erhöhen und letztlich — in eigener Kraft — das verlorengegangene Paradies wieder aufzubauen.

Auf unserem Planeten vollziehen sich aber seit einiger Zeit Entwicklungen, die vielfach zu Besorgnis und Pessimismus Anlaß geben und im Mittelpunkt zunehmend kritischer Untersuchungen und Prognosen stehen.

In mühevoller Arbeit hat der Verfasser zahlreiches und vielseitiges Informationsmaterial über den „Tatort Erde" zusammengetragen und die Bedeutung des Problems „Umwelt" für den Fortbestand der Menschheit klar umrissen. Es geht heute darum, die gefahrenvolle Lage nüchtern zu erkennen und zur Lösung der über unsere Zukunft entscheidenden Probleme eine Überlebensstrategie zu schaffen, die von jedem einzelnen verantwortungsbewußten Zeitgenossen verwirklicht werden kann. Hierfür findet der aufgeschlossene Leser in diesem Buch zahlreiche helfende Ratschläge.

Der Verfasser versteht es, in sehr gut verständlicher Sprache durch Parallelen zwischen aktuellen Tatsachen und Aussagen der Bibel über die materielle und geistige Umweltverschmutzung zu informieren und ihre Hintergründe zu erhellen. Er sieht für die Menschheit nur noch eine Chance, dem drohenden Verderben zu entgehen: *Die Umkehr zu Gott!* Dies würde bedeuten: *Eine in ihrem Denken veränderte Menschheit kann auch eine veränderte Umwelt schaffen!*

Ich wünsche dem Buch „Tatort Erde" weite Verbreitung.

Dr. rer. nat. I m m a n u e l S ü c k e r,
Diplom-Chemiker und Dozent für Physikalische Chemie

I. Teil

Die schleichende Apokalypse

1. Auf neuen Wegen zum Selbstmord der Menschheit

Sind wir am Ende unserer Zukunft?

Die Erde — ein blauer Planet in der unendlichen Weite des Universums. So hat sie der Mensch gesehen. Vom Weltall aus. Sie ist wie eine winzige Kugel. Umgeben mit einer dünnen Schicht Luft, Wasser und Erde. Eine Oase des Lebens. Der einzige im Universum bekannte Planet, der das Wunder des Lebens kennt.

Der amerikanische Astronaut von Apollo 8, F r a n k B o r m a n n , sagte bei seinem Flug durch das Weltall:

„Dieses kleine, durchs Universum kreisende Juwel Erde wirkt aus dem Weltenraum betrachtet unbedeutend. Und jene dünne, jene hauchdünne, sehr zerbrechliche Hülle von Atmosphäre ist alles was wir haben — mehr gibt es nicht."

Einst sah die Erde aus wie eine einzige glutflüssige Feuerkugel. Doch dann kühlte sie ab. Vor fernen Zeiten. Sie bekam eine Haut. Sie bekam Wasser und Land. Sie bekam Licht und Luft. Und Leben. Tiere. Menschen. Alles nur ein Zufallsspiel der Natur? Nein! Dahinter stand ein allweiser und allmächtiger Schöpfer. Die Christen nennen ihn Gott!

Diese Erde beginnt nun zu sterben!

Sie stirbt

- an Vergiftung der Luft und des Wassers,
- an Sauerstoffmangel,
- an Müll und Lärm,
- an Überbevölkerung,
- an der Zerstörung der Natur und ihres natürlichen Kreislaufs,
- an der Bedrohung durch eine weitere Eskalation der Waffentechnik und des Waffenarsenals.

Sie stirbt an dem verschmutzten Geist des Menschen und an seiner daran orientierten gewissenlosen Tat.

Im Namen des Fortschritts ist der Mensch dabei, die Erde, auf der wir leben, zu Tode zu quälen. Skrupellos zerstört er seine begrenzte und einzige Wohnstatt. Damit stellt er zugleich das Überleben seiner eigenen Gattung in Frage.

Bedenkenlos, prestigebesessen, profitgierig setzen Forschung und Wissenschaft, Industrie und Werbung alle ihre zur Verfügung stehenden Mittel ein. Die ökologischen, klimatischen und genetischen Konsequenzen sind unabsehbar.

Der programmierte Selbstmord unserer Erde durch einen unkontrollierten Fortschritt hat bereits schon solche Ausmaße angenommen, daß der bekannte Futurologe und Umweltforscher R ü d i ger Proske diese Entwicklung mit den Worten kommentierte:

„Wir sind am Ende unserer Zukunft angekommen."

Viele der namhaften Wissenschaftler von heute sind sich darin einig, daß wir gegenwärtig in einer Zeit leben, die vielleicht die gefährlichste Zeit der Weltgeschichte überhaupt ist. Sie weisen auf die schleichende Apokalypse hin, die über die Erde heraufzieht und alle Bereiche des irdischen Lebens und Seins erfaßt.

Es sieht in der Tat so aus, als würde unsere Gesellschaft auf unserem Planeten Erde mit selbstmörderischer Sicherheit dem Abgrund der Selbstvernichtung zuwanken. Der amerikanische Wissenschaftler Prof. Ernest E. Snyder schreibt in der Einleitung zu seinem Buch „Todeskandidat Erde":

„Wir sind in halsbrecherischem Tempo dabei, uns selbst zu vernichten."[1]

Zutiefst beunruhigte Wissenschaftler sprechen sogar davon, daß wir möglicherweise im vorletzten Jahrzehnt der Menschheit leben. Und sie fragen besorgt: Werden wir das Jahr 2000 erreichen? Und wenn ja, dann wie? Oder wird an der Schwelle zum 21. Jahrhundert über uns das apokalyptische Ende hereinbrechen?

Es gibt eine Menge ernsthafter Anzeichen dafür, daß die Menschheit sich und ihre Welt im nächsten oder übernächsten Jahrzehnt auch ohne Atombomben vernichten kann. Prof. Ernest E. Snyder vertritt die Ansicht:

„Es besteht in der Tat aller Grund zu der Annahme, daß nur wenige Menschen die nächsten drei Jahrzehnte überleben werden. Eine Reihe von Mißgeschicken könnten uns in den kommenden 30 Jahren zustoßen. So könnten wir zum Beispiel

☐ verhungern;
☐ an Krebs, durch Smog oder an Erkrankungen der Atemwege sterben;
☐ von hungrigen Horden umgebracht werden, die in den ‚Ländern des Überflusses' Nahrung suchen;
☐ durch ungenügend geprüfte Nahrungsmittelzusätze vergiftet werden;
☐ durch Verunreinigungen der Luft oder durch verseuchtes Trinkwasser zugrunde gehen;

☐ den Strahlentod sterben;

☐ von den Rädern eines entfesselten Vehikels, mit einem Betrunkenen oder Drogensüchtigen am Steuer überfahren werden;

☐ von Raumfahrtmüll, der die Atmosphäre durchstößt, erschlagen werden."[2]

Nun — wir wissen heute noch nicht mit letzter Sicherheit, wodurch ein Großteil der Menschheit vernichtet werden wird. Sicher aber ist, daß wir an der einen oder anderen „Krankheit" unserer sterbenden Erde zugrunde gehen können — wenn wir als Menschheit nicht schnellstens in unserem Denken, Reden und Tun eine bewußte und grundlegende Umkehr vollziehen.

Gefährliche Verharmlosung — leichtsinnige Gleichgültigkeit

Viele unserer Zeitgenossen sind jedoch dabei, aus ihrem Bewußtsein zu verbannen, was ihnen als Bedrohung wahrzunehmen untunlich oder unerträglich erscheint. Sie wollen von den Gefahren der Umweltverschmutzung und Umweltzerstörung weder etwas sehen noch hören. Sie wollen einfach nicht wissen und wahr haben, daß wir am Ende sind. Statt dessen reden sie von „Panikmache" und „Untergangshysterie". Sie bezeichnen die globale Umweltbedrohung durch den Menschen als „Gerede, mit denen man die Leute angst und bange mache" und als „dunkelsten Pessimismus". Damit verschließen sie jedoch in verantwortungsloser Weise ihre Augen vor der Wirklichkeit.

Viele unserer Zeitgenossen versuchen auch, das Sterben unserer Erde zu verharmlosen, ja sogar zu beschönigen. Sie sagen: Wir wollen doch die Probleme unserer Zeit nicht hochspielen. Krisen hat es schon immer gegeben — und sie wurden meist gelöst. Es ist zwar bedenklich, was wir so alles von schlechter Luft, verschmutztem Wasser, vergifteten Nahrungsmitteln und der Zerstörung der Natur hören. Aber so schlimm kann es doch nun auch wieder nicht sein. Denn das Leben an der Sonne ist immer noch schön. Bei uns ist die Luft immer noch sauber. Bei uns singen immer noch die Vögel. Das Wasser ist bei uns noch gar nicht so dreckig. Und Milch und Fleisch haben mir bislang noch nicht geschadet.

Viele unserer Zeitgenossen stehen der Bedrohung unserer Umwelt in einer geradezu leichtsinnigen Gleichgültigkeit gegenüber. Das beweist das folgende Beispiel. Die Deutsche Presse-Agentur (dpa) brachte am 31. Juli 1972 folgende Meldung:

„Mit einer Enttäuschung für die Veranstalter ist am Sonntag in Stuttgart die Informationsschau ‚Umwelt 72' nach vierwöchiger Dauer zu Ende gegangen. Statt der erwarteten halben Million ließen sich nur wenig mehr als 125 000 Besucher die wachsende Zerstörung der Umwelt vor Augen führen. Nach zuverlässigen Schätzungen beträgt das Defizit der Veranstaltung eine runde Million Mark."

Viele unserer Zeitgenossen sind schließlich auch unfähig, ihre Aufmerksamkeit auf die Folgen ihres Denkens, Redens und Tuns zu lenken. Sie sind unfähig, die schleichende Apokalypse und das Sterben unserer Erde zu erkennen und sich damit geistig auseinanderzusetzen. Der plötzliche Tod einer bekannten Persönlichkeit oder eines ihnen nahestehenden Menschen erregt und erschüttert sie gewöhnlich zutiefst. Aber über den langsam herannahenden Tod unseres Planeten machen sie sich zumeist noch immer keine ernsthaften Gedanken. Sie sehen, hören und lesen wohl vermehrt von der zunehmenden Vergiftung und Zerstörung unserer Umwelt. Aber es erschüttert sie nicht ernsthaft. Sie verharren weiterhin in ihrer wohlstandsbürgerlichen satten Zufriedenheit, Gleichgültigkeit und Gedankenlosigkeit. Vielleicht liegt das daran, daß sie die Art des Todes eines einzelnen begreifen können, nicht aber das apokalyptische Ende unseres Planeten mit der Gattung Mensch.

Darum reden sie lieber von einer „schönen, neuen Welt". Sie reden von einer durch Fortschritt und Frieden gesicherten besseren Zukunft. Von weniger Armut. Von mehr Wohlstand. Von weniger Arbeit. Von mehr Freizeit. Von weniger Krankheit. Von höherem Alter. Von einem besseren Leben.

Vom Ausverkauf des Lebens

Die Werbetexter des viertgrößten amerikanischen Chemiekonzerns, der Dow Chemical Company, sagen:

„Was wir verkaufen, ist ein besseres Leben!"

Zu den Produkten dieses Chemiekonzerns zählen Pflanzenschutzmittel, Kunstharze, die dem Lack der Autos Glanz und Härte geben, und ein Masernimpfstoff, der bisher mindestens 3 000 Kindern das Leben gerettet und weitere 10 000 vor geistiger Entwicklungsstörung bewahrt hat. Aber dieser Konzern hat 40 Jahre lang unbehelligt Tag für Tag 200 Pfund Quecksilber in Industrieabwasser abgeleitet. Als Folge davon wurden die Fischgründe verseucht. 45 Menschen starben an Quecksilbervergiftung. 116 blieben zeitlebens gelähmt oder schwachsinnig.

Ganzseitige Anzeigen in großen Zeitungen und Zeitschriften hämmern dem Verbraucher ins Bewußtsein:

„Kunststoffe machen das Leben leichter!"

Wer von uns wollte auch gerne auf Plastikeimer, auf kratzfeste Möbelbeläge und reißfeste Einkaufstaschen verzichten. Als aber in einem Nürnberger Krankenhaus Polyvinylchlorid (PVC)-Müll verbrannt wurde, verfaulten in einer nahgelegenen Großgärtnerei Hunderttausende von Azaleenstauden. Rauchschwaden — gesättigt mit Salzsäure, die beim Verbrennen von PVC frei werden —, brachten den Gärtner an den Rand des Ruins. Der entstandene Schaden betrug 1,37 Millionen Mark.

In einer Anzeige der „Pan American"-Fluggesellschaft heißt es:

„Dem Himmel sei Dank, daß es auf dieser Welt noch ein paar Gegenden ohne Telefon gibt. Ohne Lärm. Wo man noch der Stille zuhören kann. Dem Schweigen der Segel ... PAN AM bringt seine Fluggäste dorthin — mit einer Boeing 707."

Doch die brüllenden Triebwerke der Boeing 707 lassen bei jedem Start einen Giftschweif hinter sich, der vergleichbar ist mit der Menge der gesamten Auspuffgase von 6 850 anfahrenden VW-Käfern.

Anzeigen der Bayer-Werke in Leverkusen behaupten:

„Die Welt wird schöner mit jedem Tag!"

Dabei ließen die Bayer-Werke jährlich 400 000 Tonnen zwanzigprozentiger schwefliger Säure in den Rhein fließen und verströmten sie damit bis in die Nordsee.

Gewiß, auf der einen Seite haben wir Seuchen ausgerottet. Wir haben viele Annehmlichkeiten des Lebens durch den Fortschritt unserer Zeit geschaffen. Doch die Kehrseite sieht so aus:

Menschen erwachen ...
vom Jet-Lärm aufgeschreckt ...
unter einer Dunstglocke.
Ihr Zahnputzwasser schmeckt nach Chlor.
Sie trinken DDT-haltige Milch.
Essen mit Antibiotika und Hormonen behandeltes Fleisch.
Fahren im Stoßverkehr durch verstopfte Straßen, deren vergiftete Luft Kopfschmerzen, Unwohlsein und anderes mehr verursacht.
Sie begeben sich an lärmerfüllte Arbeitsplätze.
Sie schlucken Pillen zur Beruhigung und Leistungssteigerung.
Sie sehen fern mit elektrischer Energie, die um den Preis geliefert wird, daß die schwefeldioxidhaltigen Abgase der Kraftwerke den Sandstein des Kölner Doms zerfressen.[3]

Und dann die Anzeige eines Chemiekonzerns:

„Die Welt wird schöner mit jedem Tag!"

Welch ein Hohn! Welch ein Schlag in das Angesicht der Wirklichkeit!

Die Werbeslogans von Chemiekonzernen und Fluggesellschaften, von Ölgiganten und Autofirmen können nicht über die Wirklichkeit hinwegtäuschen, daß die Welt, in der wir leben, mit jedem Tag häßlicher, unwirtlicher und lebensfeindlicher wird.

Die Welt w a r d schöner mit jedem Tag

Wie anders war es jedoch, als Gott die Erde schuf:

„Gott sprach: Es werde Licht! Und es ward Licht! Und Gott nannte das Licht Tag und die Finsternis Nacht. Da ward aus Abend und Morgen der e r s t e Tag.

Gott sprach: Es werde eine Feste zwischen den Wassern! Und Gott nannte die Feste Himmel! Da ward aus Abend und Morgen der z w e i t e Tag.

Gott sprach: Es sammle sich das Wasser unter dem Himmel an besonderen Orten, daß man das Trockene sehe! Und Gott nannte das Trockene Erde und die Sammlung der Wasser Meer. Und Gott sah, daß es gut war. Und Gott sprach: Es lasse die Erde aufgehen Gras und Kraut, daß sich besame und fruchtbare Bäume ... Und die Erde ließ aufgehen Gras und Kraut, daß sich befruchtete, ein jegliches nach seiner Art, und Bäume, die Frucht trugen und ihren eigenen Samen bei sich selbst hatten, ein jeglicher nach seiner Art. Gott sah, daß es gut war. Da ward aus Abend und Morgen der d r i t t e Tag.

Gott sprach: Es werden Lichter! Und Gott machte zwei große Lichter. Ein großes Licht, das den Tag scheine und ein kleines Licht, das die Nacht scheine, dazu auch Sterne. Und Gott setzte sie an die Feste des Himmels, daß sie scheinen auf die Erde. Und Gott sah, daß es gut war. Da ward aus Abend und Morgen der v i e r t e Tag.

Gott sprach: Es rege sich das Wasser mit lebendigen Tieren, und Vögel sollen fliegen auf Erden unter der Feste des Himmels. Und Gott schuf sie und sah, daß es gut war. Da ward aus Abend und Morgen der f ü n f t e Tag.

Gott sprach: Die Erde bringe hervor lebendige Tiere, ein jegliches nach seiner Art: Vieh, Gewürm und Tiere auf Erden. Und Gott machte die Tiere auf Erden ... und sah, daß es gut war. Gott sprach: Laßt uns Menschen machen — ein Bild, das uns gleich sei — die da herrschen über die Fische im Meer. Über die Vögel unter dem Himmel. Über das Vieh. Über alles Gewürm. Und über die ganze Erde. Und Gott schuf den Menschen ihm zum Bilde, zum Bilde Gottes schuf er ihn und schuf sie einen Mann und eine Frau. Gott segnete sie und sprach zu ihnen: Seid fruchtbar und mehrt euch. Füllt die Erde und macht sie euch untertan. Herrscht über die Fische im Meer und über die Vögel unter dem Himmel und über alles Getier, das auf Erden kriecht. Gott sah an alles, was er gemacht hatte und siehe da, es war sehr gut. Da ward aus Abend und Morgen der s e c h s t e T a g" (Aus 1. Mose 1).

Damit hatte Gott die Schöpfung der Welt abgeschlossen! Als Krone und Haupt der Schöpfung hatte Gott den Menschen geschaffen. Er hatte ihn ausgerüstet mit außerordentlichen Gaben und Kräften, wie Vernunft, Geist, Wille, Gewissen, Schamgefühl, Sprache, Person- und Verantwortungsbewußtsein. Schließlich hatte Gott ihm den Auftrag gegeben, über die Erde zu herrschen. Damit wollte er folgendes deutlich machen: Der Mensch steht über der Natur, aber er ist nicht Herr der Natur. Denn die Erde, d. h. alles auf, in und über ihr, gehört Gott (Psalm 24,1). Gott würdigte aber den Menschen, sein Diener zu sein. Indem er ihm seinen Besitz anvertraute und ihn zum Verwalter über die Erde ernannte.

Einem der Könige Israels — D a v i d (1012—972)[4] — war dies ein Anlaß dafür, Gott und seiner Schöpfung mit folgenden Worten anbetend und ehrend zu gedenken:

„Herr, unser Herrscher,
wie herrlich, daß Du da bist!
Dein Glanz strahlt aus dem Himmel über die Welt hin.
Wenn Kinder Dich anrufen,

1. Bildseite
„Gott schuf Himmel und Erde ... und es war sehr gut" (1. Mose 1). Unsere Erde ist nun am Sterben — durch den Menschen, der „Gott" spielt. (dpa-Bild)

2. und 3. Bildseite
„Der Herr wird dich schlagen mit giftiger Luft, der Herr wird deinem Land Staub und Asche für Regen geben ..." (5. Mose 28, 22.24). 20 Millionen Tonnen Staub und Giftstoffe werden allein in der Bundesrepublik infolge der Super-Technisierung in die Luft geblasen, denen weder Menschen noch Tiere, weder Bäume noch Mineralien entrinnen können. (Foto Dr. Wolff & Tritschler)

4. Bildseite
Raucher leben gefährlich. Jede Zigarette kostet ihnen 14 Minuten Leben. (Foto pbp-Poss)

ja, wenn eben Geborene schreien,
rühmen wir Dein Werk und freuen uns über Deine Macht . . .

Wenn ich den Himmel sehe,
das Werk Deiner Finger,
den Mond und die Sterne,
die Du geformt hast —
was ist der Mensch,
daß Du an ihn denkst,
was ist das Kind eines Menschen,
daß Du es lieb hast?

Du hast ihm fast die Würde
eines himmlischen Wesens gegeben.
Mit Schönheit und Adel hast Du ihn gekrönt.

Du gabst ihm den Auftrag,
Herrscher zu sein über alles, was Du geschaffen hast.
Alles legtest Du ihm zu Füßen.
Schafe und Rinder und die wilden Tiere überall.
Die Vögel unter dem Himmel
und die Fische im Meer
und was immer im Meer sich bewegt.

Herr, unser Herrscher,
wie herrlich, daß wir Dich kennen.
Wie gut, daß Du da bist!"[5]

Durch das besondere Hervorheben des Menschen in der S c h ö p -
f u n g Gottes, sollte der Mensch die Interessen seines Schöpfers
vertreten. Und nicht seine eigenen. Er sollte die Erde nicht leicht-
sinnig ausbeuten oder vergewaltigen, ruinieren oder verseuchen.
Sondern in der Verantwortung vor Gott handeln und seine Umwelt in Anlehnung an den Willen Gottes in konstruktiver Weise
pflegen und erhalten.

Der Mensch, der „Gott" spielt

Wir würden heute in einer ganz anderen Welt leben, in einer gesunden und heilen Welt, wenn der Mensch, dieses „herrlichste
Geschöpf, das die Welt je gesehen hat" — so P i c o d e l l a M i -
r a n d o l a (1463—1494) —, diesen Willen Gottes respektiert und
befolgt hätte.

Statt dessen zog der Mensch es vor, trotz des von Gott empfange-
nen Auftrags, n a c h e i g e n e m W i l l e n u n d G u t d ü n k e n
z u h a n d e l n. Das begann so:

Die Infragestellung des Willens Gottes durch den Teufel im Pa-

21

radies: „Sollte Gott gesagt haben . . .?" und seine dem menschlichen Ehrgeiz und Hochmut schmeichelnde Verheißung: „Ihr werdet sein wie Gott!" führten zu der verhängnisvollen Tatsache, daß der Mensch in seinem Ungehorsam gegenüber Gott, sich von ihm lossagte und — selbst ein Teil der Schöpfung — sich nun selbstherrlich zum Schöpfer machte. Er sah sich plötzlich mit einem gottähnlichen Geist ausgestattet. Damit erhob er sich auf die Ebene Gottes — und würdigte Gott herab auf seine Ebene. Gott wurde zu seinem Konkurrenten, zu seinem Rivalen bei der Entscheidung darüber, was recht und unrecht ist. Der Mensch war entschlossen, nun selbst zu entscheiden. Im Glauben an seine Unantastbarkeit, Unabhängigkeit und Souveränität stellte er sich außerhalb der ewigen Gesetze der Schöpfung. Damit gab er sich und seinen Nachfolgern grünes Licht zur Ausbeutung und Zerstörung der Erde.

Losgelöst von einer übergeordneten Instanz und ausgerüstet mit einer angeblich grenzenlosen Freiheit, hat seitdem der Mensch begonnen, auf allen Gebieten die Macht auf Erden zu übernehmen. Er lebt in dem Wahn, daß die Welt erst schön werde durch ihn. Dadurch, daß er sie schaffe. Mit ferngesteuerten Autos. Mit einer Reisezeit von zwei Stunden von Hamburg nach New York. Mit Städten auf dem Meeresboden. Mit einem Urlaub auf fernen Sternen. Mit Kunststoffherzen, die unser Leben verlängern. Mit Robotern, die uns die Arbeit abnehmen.

Gestützt auf den Glauben an sich — „Ich glaube an den Menschen, den allmächtigen Schöpfer aller Werke . . ." — und an die Machbarkeit aller Dinge — „Wir machen Unmögliches möglich" — unternimmt der autonome Mensch des 20. Jahrhunderts alle Anstrengungen, das Tor der Zukunft durch einen überwältigenden Fortschritt aufzustoßen. Dabei versteht er all sein Denken, Reden und Tun als konstruktiv. Auf den ersten Blick mag das auch so aussehen. Aber in Wirklichkeit ist es destruktiv. Denn er ist dabei — schon seit langem! — die „gute, alte Erde Gottes" zu zerstören.

Einst selbst dem Schoß der Erde entsprungen, zerstört der Mensch in seinem grenzenlosen Egoismus und in seiner überdimensionierten Selbstgefälligkeit, was Gott einst schuf und ihm zu treuen Händen anvertraute. Darauf weisen sogar selbst Wissenschaftler hin. Aus einigen ihrer Publikationen seien dafür einige Stellen zitiert:

„Wir werden zu stark, zu zahlreich und zu raffiniert. Am offenkundigsten wurde unsere Arroganz beim Problem der Verschmutzung . . ."[6] —

„Irgendwann haben wir in unserer Überheblichkeit vergessen, daß wir ein Teil unserer Umwelt sind. Wir haben beschlossen, unsere Umwelt selbst zu gestalten, sie mit Planierraupen zu bearbeiten, mit Asphalt und mit Beton zu begießen, sie so zu machen, wie es uns gefällt."[7] —

„Menschlicher Ehrgeiz macht nicht Halt bei der Vermischung von Ozeanen, er möchte auch die polaren Eiskappen abschaffen ... Einer der ehrgeizigsten Pläne sieht vor, das Klima der Arktis und damit das der gesamten nördlichen Hemisphäre zu verändern."[8] —

„Noch gottähnlicher könnte man auch den Lauf der Stürme ändern ..."[9]

Aus diesen wenigen, aber aufschlußreichen Sätzen, treten deutlich die Eigenschaften des Menschen hervor, der angefangen hat, „Gott zu spielen" — so der amerikanische Nobelpreisträger S e v e r o O c h o a —:

- Überheblichkeit
- Raffiniertheit
- Arroganz
- Eigenwille
- Ehrgeiz
- Gottähnlichkeit

Mit diesen vereinten Eigenschaften macht der Mensch zunichte, was die Astronauten von Apollo 11 bei ihrem Rückflug vom Mond zur Erde sahen und was sie in einem überwältigenden Bericht zum Ausdruck brachten: die Schönheit der Erde, den blauen Planeten, der Sauerstoff, Wasser, Aroma, Frucht und Nahrung, Brot und Wein — alle die uns Menschen nutzenden herrlichen Schöpfungsgaben Gottes hütet.

Wie leidet der selbstherrliche Mensch doch unter dem Fluch des Widerspruchs, der geradezu auf einen inneren Defekt bei ihm schließen läßt. Alles was er anfaßt, verdirbt er gleichzeitig. Er arbeitet auf seinen Aufstieg hin, der ihm gleichzeitig den Niedergang bereitet. Er will eine Welt schaffen „ohne Einmischung einer fremden Macht" und bereitet sich dabei das Chaos und den Untergang. Inmitten der Produkte seines „genialen" Könnens zerstört er als „produzierendes Tier" (K a r l M a r x — 1818—1883) sich und seine Umwelt:

- Er verpestet die Luft!
- Er verseucht das Wasser!
- Er vergiftet die Nahrungsmittel!

● Er erfüllt seine Umwelt mit Lärm!
● Er umgibt sich mit einer Müllandschaft!
● Er baut immer schrecklichere Vernichtungswaffen!
● Er zerstört seine Gesundheit, seinen Geist und seine Seele!

Der Mensch — er spielt mit einer weltweiten Katastrophe!

Die Gegenschöpfung des Menschen

Die Macht des Schöpfers „Mensch" hat G o t t h o l d   M ü l l e r dazu veranlaßt, in Form eines „Schöpfungsberichtes" folgende Groteske zu zeichnen:

„Am Ende zerstörte der Mensch Himmel und Erde.

Und die Erde war schön und voller Reichtum gewesen, bis der Geist des Menschen sich auf ihr zu regen begann.
Das geschah am siebten Tag vor dem Ende.

Und der Mensch sprach:
Ich will Macht über die Schöpfung gewinnen.
Und er sah, daß die Macht nützlich und erfolgversprechend war. Darum nannte er alle, die Macht suchten, ,weise Männer' und ,große Führer'. Alle anderen Menschen wurden für Schwächlinge und Reaktionäre gehalten.
Das geschah am sechsten Tag vor dem Ende.

Und der Mensch sprach:
Ich will die Völker aufteilen in solche, die für meine Macht, und in solche, die gegen meine Macht sind.
Das geschah am fünften Tag vor dem Ende.

Und der Mensch sprach:
Laßt uns Instrumente der Gewalt schaffen, um uns damit zu verteidigen: das Radio, um andere zu beeinflussen, das Fernsehen, um uns ins rechte Licht zu setzen und andere hinters Licht zu führen. Uniformen und Symbole der Macht, um Einfluß auf Menschen zu gewinnen.
Das geschah am vierten Tag vor dem Ende.

Und der Mensch sprach:
Laßt uns eine Maschine erfinden, mit der man Wahrheit und Lüge untrennbar vermischen kann. Eine andere Maschine soll durch tödliche Strahlen die Wahrheit überall in der Welt auslöschen und alle töten, die sich gegen die Lüge auflehnen.
Das geschah am dritten Tag vor dem Ende.

Und der Mensch sprach:
Laßt uns Flugzeuge und Raketen bauen, mit denen wir in Minu-

ten Millionen umbringen, ganze Länder zerstören und Kontinente verseuchen können. Es mögen wachsen die heimlichen Keime biologischer Kriegsführung und die babylonischen Rauchpilze zahlloser Megatonnen-Bomben.

Das geschah am zweiten Tag vor dem Ende.

Und der Mensch sprach:
Der alte Gott ist längst tot. Laßt uns darum einen neuen nach unserem Bild schaffen, der das tut, was wir für recht halten, der denkt, wie wir denken, und der sinnlos waltet, wie wir sinnlos walten. Dieser Gott mag dann den Startschuß und seinen Segen zum atomaren Krieg geben, und wir werden überzeugt und getrost sagen: Das ist Gottes Wille!

Das geschah am Tag vor dem Ende.

Und am letzten Tag
hörte man ein nie zuvor vernommenes Rauschen und Dröhnen auf der Erde, und der Mensch — war nicht mehr.

Und die Welt ruhte am siebten Tag.

Also hatte der Mensch vollendet alle seine Werke." [10]

Aus dem Amerikanischen kommt ein ähnlicher „Schöpfungsbericht":

„Am Ende der Zeit zerstörte der Mensch den Himmel, der Erde genannt wurde. Und der Mensch sagte: Es werde Dunkelheit, und es ward Dunkelheit. Der Mensch nannte seine Dunkelheit Sicherheit, und es gab weder Morgen noch Abend am siebenten Tag vor dem Ende.

Dann sagte der Mensch: Lasset uns eine starke Regierung schaffen, die uns in der Dunkelheit kontrollieren soll, und wir wollen die verfolgen, die zu Hause und auf den Straßen die Wahrheit sprechen, denn wir müssen unsere Sicherheit haben. Und es gab weder Abend noch Morgen am sechsten Tag vor dem Ende.

Dann sagte der Mensch: Lasset uns Raketen schaffen und Bomben, um schneller und leichter zu töten, und Laserstrahlen und Nervengas, um es gründlicher zu tun. Und es gab weder Abend noch Morgen am fünften Tag vor dem Ende.

Dann sagte der Mensch: Lasset uns aufputschende und einschläfernde Tabletten schaffen, und Beruhigungstabletten und LSD und andere Ausflüchte; wir sind von der Wirklichkeit verwirrt — sie bringt unsere Sicherheit durcheinander. Und es gab weder Abend noch Morgen am vierten Tag vor dem Ende.

Dann sagte der Mensch: Lasset uns Gott schaffen nach unserem eigenen Abbild, damit nicht ein anderer Gott mit uns streite; lasset uns sagen, daß Gott denkt wie wir denken, und haßt wie wir hassen, und tötet wie wir töten. Und es gab weder Abend noch Morgen am Tag vor dem Ende.

Am letzten Tag geschah ein großer Lärm auf dem Angesicht der Erde, und Feuer verzehrte den schönen Erdball, und es herrschte Schweigen. Die geschwärzte Erde ruhte, um den einen wahren Gott anzubeten. Dann sah Gott alles, was wir getan hatten, und in diesem Schweigen weinte er . . ." [11]

Der aufmerksame Beobachter unserer Zeit weiß längst, daß die „Werke" des Menschen — wie sie in diesen „Schöpfungsberichten" zum Ausdruck kommen — längst keine Utopie mehr sind, sondern sich heute in wesentlichen Einzelheiten verwirklichen. Die Bedrohung des Menschen und die Zerstörung seiner Umwelt durch den Schöpfer „Mensch" hat schon solche realistischen Methoden und Formen angenommen, daß sie heute bereits weithin erlebt — und erlitten werden.

Sehen wir uns einige der Einzelheiten einer durch den Menschen verursachten schleichenden Apokalypse an, wie sie in unserer Zeit über die Erde zieht. Ihre Zahlen, Fakten und Trends sprechen eine erschreckende Sprache. Sie sind zugleich ein Appell an alle, umzukehren zu Gott.

2. Der Tod liegt in der Luft

Die Luft — ein Geburts- und Lebensrecht

Ein Kind wird geboren. Ein Klaps auf den Hintern. Ein Schrei . . .
Es fängt an zu atmen. Von diesem Augenblick an ein Leben lang.
Der amerikanische Präsident R. Nixon sagte in einer Botschaft
zur Lage der Nation, daß die Luft ein Geburtsrecht jedes Menschen ist.

*Luft als Geburtsrecht ist zugleich auch ein Lebensrecht jedes Men-
schen.* Denn ohne Luft kann niemand leben. Unsere menschliche
Existenz ist auf Gedeih und Verderb an dieses Gasgemisch aus
Stickstoff, Sauerstoff, Kohlendioxid, Edelgasen und Wasserdampf
gebunden.

Doch im Namen einer fanatischen Industrialisierung und eines
hemmungslosen Fortschritts werden die 5 Milliarden Tonnen
Luft, die den knapp 4 Milliarden Menschen zur Verfügung stehen, in vielen Teilen der Welt mehr und mehr zum Pesthauch. Es
ist wissenschaftlich nachgewiesen, daß es von der Arktis bis in die
verborgenen Dschungelwälder Afrikas und Südamerikas keine
wirklich saubere Luft mehr gibt. Sie wird durch Staub- und Giftstoffe immer „dicker" und giftiger. 300 verschiedene chemische
Verbindungen und physikalische Stoffe sind in unserer Lufthülle.
Den größten Teil davon kann die Luft nicht abbauen. Also bleiben sie. Und denaturieren die Luft und als Folge davon die Lebensbedingungen auf der Erde von Tag zu Tag mehr.

Besonders die reichen Industriestaaten der Welt leiden unter
schlechter Luft. Japan, das die industrielle Herausforderung mit
fanatisch betriebener Industrialisierung, mit enormem Aufwand
und Erfolg beantwortet hat, ist nach neuesten weltweiten statisti-
schen Erhebungen das durch Abgase von Industrie, Verkehr und
Hausbrand zur Zeit am stärksten belastete Land der Erde. In
vielen Gebieten Japans kann man von klarem Himmel und reiner
Luft nur noch träumen. Die Situation in diesem fernöstlichen
Land ist so besorgniserregend, um nicht zu sagen katastrophal,
daß die Japaner die sogenannten unterentwickelten Länder warnen: Ahmt uns nur nicht nach. Wir sind, was die Umweltverschmutzung angeht, in einer fürchterlichen Klemme. Die japani-
sche Regierung hat bereits Pläne veröffentlicht, wonach große Industrieanlagen in den Ballungsgebieten ausgesiedelt werden sollen, um die umweltverschmutzten Städte vor dem Erstickungstod
zu retten.

In der Skala der Nationen, die am meisten ihre Umwelt verschmutzen, folgt nach Japan die Bundesrepublik Deutschland. Expertenberechnungen haben ergeben, daß die Luftverschmutzung in der Bundesrepublik heute schon — bezogen auf die Gesamtfläche — sechsmal so stark ist wie in den USA. Während sich in den USA über jedem Quadratkilometer 14 Tonnen Giftstoffe befinden, werden in der Bundesrepublik pro Quadratkilometer mehr als 80 Tonnen Giftstoffe gemessen. Da in der Bundesrepublik auf jeden Quadratkilometer Fläche 240 Menschen leben, sind dies 330 Kilo pro Einwohner und Jahr. In Ballungszonen der Industrie liegt die Menge noch wesentlich höher.

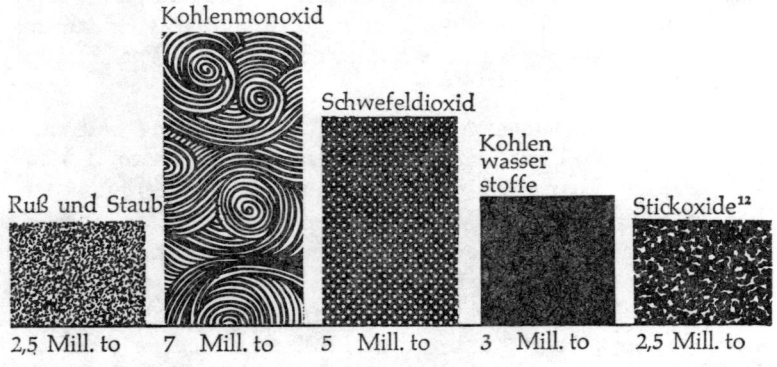

Ruß und Staub	Kohlenmonoxid	Schwefeldioxid	Kohlen wasser stoffe	Stickoxide[12]
2,5 Mill. to	7 Mill. to	5 Mill. to	3 Mill. to	2,5 Mill. to

Diese Grafik zeigt, woraus die 20 Millionen Tonnen Staub- und Giftstoffe, die in der Bundesrepublik infolge der Super-Technisierung in die Luft geblasen werden, im einzelnen bestehen.

Dieses Arsenal von Gift- und Schadstoffen stammt

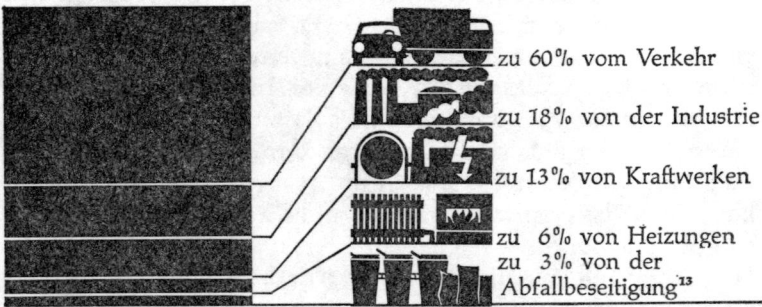

zu 60% vom Verkehr

zu 18% von der Industrie

zu 13% von Kraftwerken

zu 6% von Heizungen
zu 3% von der
Abfallbeseitigung[13]

Hauptvergifter unserer Luft ist unser liebstes Wohlstandskind, das Auto. Für jeden Autofahrer ist der Griff zur Zapfsäule ein Griff zum Giftschrank. Denn mit jeder 40-Liter-Tankfüllung entläßt sein Pkw bis zu 20 Gramm Blei in die Atmosphäre. Dazu

Kohlenmonoxid, Kohlenwasserstoffe, Stickoxide. Alles hochgefährliche Gifte. Etwa 20 verschiedene Gifte sind in unseren Autoabgasen enthalten.

Verkehrsexperten rechnen damit, daß sich die Anzahl der Pkw in der Bundesrepublik von gegenwärtig etwa 15 Millionen in 20 Jahren verdoppelt haben wird. Andere Berechnungen gehen dahin, daß die Anzahl der Kraftfahrzeuge auf der Welt jährlich um 5 Millionen zunehmen wird.

Umweltforscher und Politiker befürchten, daß wir in wenigen Jahren unsere Großstädte nur noch mit aufgesetzter Gasmaske werden betreten können. So erklärte zum Beispiel Bundesinnenminister H a n s - D i e t r i c h G e n s c h e r :

„Wenn wir nicht schnellstens handeln, dann werden meine Enkelkinder eine Gasmaske aufsetzen müssen, wenn sie draußen spielen wollen."

Längst werden bedeutende Anstrengungen unternommen, um der Vergiftung unserer Atmosphäre Einhalt zu gebieten. Zu ihnen gehört u. a. auch das von der Bundesrepublik verabschiedete „Benzin-Blei-Gesetz". Damit hat die Bundesregierung einen wichtigen Schritt zur Entgiftung des Motorenbenzins gemacht: Es darf jetzt höchstens 0,4 Gramm, ab 1. Januar 1976 nur noch 0,15 Gramm Blei pro Liter enthalten. Völlige Bleifreiheit des Benzins ist für 1980 vorgesehen.[14]

Diese und ähnliche Bemühungen sind anerkennenswert. Doch was es auf diesem Gebiet noch zu tun gibt, ist viel bedeutender als das, was bereits getan wurde. Denn die Luftverschmutzung in der Welt wächst aufs Ganze gesehen. Der Tod in der Luft wird immer bedrohlicher.

Unser täglich Gift

Die Vergiftung unserer Luft hat schon solche Ausmaße erreicht, daß die Folgen offenkundig sind:

Die Luft, die wir atmen, und die wir nötiger haben als Wasser und Brot, und ohne die wir — wie M a r t i n L u t h e r (1483—1546) einmal sagte — „kein Vaterunser lang" leben können, bedroht bereits unserer Gesundheit aufs gefährlichste.

Mit der Luft, die wir täglich einatmen — es sind etwa 14 000 Liter pro Tag — gelangen Tausende von Staub- und Giftteilchen in unseren Körper. Was das Musical „Hair" als schauerliche Parodie lieferte, ist keine Utopie:

„Hallo Schwefeldioxid, hallo Kohlenmonoxid,
herein, herein, ich atme euch ein.
Tagaus und tagein, herein!

Hallo Teer und Ruß und Rauch,
alle Autogase auch.
O fein, o fein, wir atmen euch ein.
Tagaus und tagein, o fein!

... und wenn die viele Erdluft dann
nicht mehr in meine Lungen kann,
trifft sie noch meinen Grabstein an.

Hallo Schwefeldioxid, hallo Kohlenmonoxid,
herein, herein, ich atme euch ein."

Viele der Staub- und Giftteilchen, die wir einatmen, bleiben bis
zu einem gewissen Grad an der zarten Schleimhaut der Lungen-
bläschen haften. Oder sie gelangen in die Blutbahn und werden

(Foto Ari van Santvoort-Bavaria)

in alle Gewebe und Organe des Körpers verteilt. Bis eines Tages ihre Wirkungen als medizinisch diagnostizierende Krankheit zu erkennen sind.

Folgende in unserer Luft enthaltenen Giftstoffe sind auf die Dauer gesehen von besonderer Gefährlichkeit für unsere Gesundheit:

● Blei

Der Naturwissenschaftler Dr. Immanuel Sücker sagt:

„Die stärkste Gefährdung unserer Gesundheit bedeutet das als Antiklopfmittel dem Benzin zugesetzte Bleitetraäthyl. Das in den Autoabgasen daraus entstehende feinstkörnige Blei wird über die Lungen vom Körper aufgenommen und stört die Funktion von Wirkstoffen, also lebensnotwendige Vorgänge im Körper."

Da jeder von uns auf vielerlei Weise, nicht zuletzt durch jeden Atemzug, Bleiverbindungen aufnimmt, sollten wir uns auch für die konkreten Folgen der Bleivergiftung im menschlichen Körper interessieren: Magen-Darmstörungen, Appetitlosigkeit, Schilddrüsenüberfunktion, Verengung der Blutgefäße, Zahnfleischentzündungen, Entzündung der Mundschleimhäute und der Speicheldrüsen, Abnormitäten im Zellgewebe der Kreislauforgane, Anämie, Lähmungserscheinungen, Muskelschwund, Sehstörungen, Blindheit, Leberzirrhose, Menstruationsstörungen, Fehlgeburten und in schweren Fällen Krämpfe, Koma, Tod.[15]

Einer schleichenden Bleivergiftung sind besonders die Bewohner von Großstädten ausgesetzt. Die Bleikonzentration in unseren Städten beträgt bereits über das 10 000fache des natürlichen Anteils. Der englische Biologe Gordon Rattray Taylor, dessen Buch „Das Selbstmordprogramm" viele Menschen in der westlichen Welt zutiefst schockierte und aufrüttelte und einem letzten beschwörenden Appell an die Menschheit gleicht, schreibt:

„Zweifellos wird die Bleivergiftung eine der größten Seuchen werden. Und das nicht nur für die Vereinigten Staaten und andere hochentwickelte Industrieländer. Ihre weniger ‚fortschrittlichen' Nachbarn werden angesteckt, denn es gibt bereits heute nicht einen einzigen Punkt auf der Erde, der von Blei unverseucht geblieben wäre."[16]

Jährlich regnen auf die Erdbewohner bis zu 500 000 Tonnen Bleiverbindungen herab. In der Bundesrepublik sind es jedes Jahr 7 000 Tonnen Blei.

Taylor spricht davon, daß die Amerikaner mit 20 Tonnen Blei in ihren Körpern herumlaufen — nicht mitgezählt irgendwelche alten Gewehr- und Pistolenkugeln.

In einer Presseveröffentlichung der deutschen Biologisch-Physikalischen Forschungsgesellschaft, die 5 000 Personen untersucht und bei jedem 4. eine Schwermetallanreicherung im Blutserum und bei jedem 9. eine Bleivergiftung feststellte, heißt es:

„Wir alle müssen auf eine dramatische Entwicklung gefaßt sein."

● Kohlenmonoxid

Dr. Immanuel Sücker sagt dazu:

„Unter allen Abgasen spielt das Kohlenmonoxid die verhängnisvollste Rolle: Als Produkt unvollständiger Verbrennung ist es sowohl im Tabakrauch als auch in Auto- und Industrieabgasen enthalten und führt zu einer Blockierung des roten Blutfarbstoffes Hämoglobin und daher bei längerer Einwirkung zu einer inneren Erstickung."

● Stickoxide
Diese giftigen Substanzen zerstören das Lungengewebe.

● Kohlenwasserstoffe
Sie stehen in Verdacht, Krebs auszulösen.

● Schwefeldioxid
In ausreichender Konzentration kann dieses giftige Gas eine Reihe von Krankheitssymptomen hervorrufen: Reizung der Haut, Augen, Nase und des Halses, Flüssigkeitsbildung in den Lungen, Emphyseme, Bronchitis, Zusammenziehung der kleinen Gefäße in den Bronchien, Heiserkeit, Verlust der Stimme, sowie eine Anzahl nicht so schnell aufzudeckender anderer Folgen.[17]

● Benzpyren
Nach Meinung des angesehensten deutschen Krebsforschers Prof. Bauer sind Autoabgase der Hauptkrebserreger, vor allem aber das Auspuff- und Teerprodukt Benzpyren. Es verursacht hauptsächlich Lungenkrebs und andere Krebserkrankungen der Atemwege. Bauer nennt es „eine wahre Schicksalssubstanz."

Manche Wissenschaftler behaupten, daß ein Großstädter in seinem Leben genausoviel Benzpyren einatmet, wie ein Raucher, der 35 Jahre lang täglich 50 Zigaretten raucht.

Die steile Zunahme der Todesfälle durch Lungenkrebs läuft parallel zur immer mehr zunehmenden Luftverpestung durch Gifte, die der Mensch in die Atmosphäre entläßt. Es stimmt deshalb zutiefst deprimierend, was der Frankfurter Zoologe Prof. Bernhard Grzimek, bis Anfang 1973 Beauftragter der Bundesregierung für den Naturschutz, in diesem Zusammenhang sagt:

„Unsere Luft ist bereits so erheblich von krebserregenden Stoffen durchsetzt, daß von den heute lebenden 60 Millionen Bundesdeutschen mit Sicherheit 17 Millionen an Krebs[18] erkranken werden."[19]

Der Biologe Paul Ehrlich rechnet damit, daß 1975 200 000 Menschen allein in der Bundesrepublik an den Folgen der Luftverschmutzung sterben werden.

Ist dies der Fluch der bösen Tat des Menschen? Und seines degenerierten Geistes? Muß das sein? Müssen wir einen solch hohen Preis — unsere Gesundheit — für ein angeblich „besseres" Leben bezahlen?

Man fragt sich deshalb voller Besorgnis: Steht vielleicht schon der Fluch Gottes über unseren Häuptern? Ähnlich wie er einmal über dem Volk Israel stand? Und den Gott mit den Worten angedroht hatte:

„Der Herr wird dich schlagen ... mit giftiger Luft, der Herr wird deinem Land Staub und Asche für Regen geben vom Himmel auf dich, bis du vertilgt werdest" (5. Mose 28,22).

Gift, Staub und Asche in der Luft — sind das nicht aktuelle, uns alle bedrohende Erscheinungen in unserer Zeit?

Für jede Zigarette 14 Minuten Leben

Rund 120 Milliarden Zigaretten gehen in der Bundesrepublik jährlich in blauen Dunst auf. Dazu kommen Unmengen an Zigarren und anderen Tabakerzeugnissen. Sie alle tragen nicht unerheblich zur Luftverschmutzung bei. Und schädigen die Gesundheit des Rauchers und Nichtrauchers.

Nur wenige Raucher wissen oder wollen es wissen, daß sie gefährlich leben. Daß jede Zigarette, die sie rauchen, ihnen 14 Minuten Leben kostet. Konsumiert ein Raucher 40 Zigaretten täglich, so verkürzt er sein Leben um durchschnittlich 8½ Jahre.

Mit einem Zug aus einer filterlosen Zigarette strömen 20 Gifte in rund 12 Milliarden winzigen Partikeln in die Lunge. Unter anderem Kohlenmonoxid, Nikotin, Pyridin und Blausäure. Sie alle sind hochgiftig, gesundheitsschädigend, krebserregend. Kein Raucher kann auf die Dauer ihren schädigenden Wirkungen entkommen.

Vor einiger Zeit wurde von amerikanischen Chemikern im Zigarettenrauch ein neuer, außergewöhnlich starker krebserregender Stoff entdeckt: N-Dimethylnitrosamin.[20]

Wer heute noch glaubt, seine Zigarette „frohen Herzens genießen" zu können, spielt in fahrlässiger Weise mit seiner Gesundheit und mit seinem Leben — auch wenn er eine Zigarette nur anraucht.

Wissenschaftliche Untersuchungen in Amerika und Europa ergaben, daß allein durch chronische Nikotineinwirkungen durch Zigarettenrauch es zu folgenden Erkrankungen und Schäden kommen kann:

○ Schädigungen der Herzkranzgefäße
○ Erkrankungen der peripheren Blutgefäße
○ Magengeschwüre
○ Sehstörungen
○ Leberzirrhose
○ Frühgeburten
○ Schäden an Neugeborenen

Die Teerprodukte im Tabakrauch verursachen — wie Wissenschaftler wiederholt zum Ausdruck bringen — u. a.

○ Bronchitis
○ Herzinfarkt
○ Lungenblähung

Es besteht kein ernsthafter Zweifel mehr daran, daß zwischen Zigarettenrauchen und Krebs ein enger Zusammenhang besteht. Wissenschaftler in aller Welt haben nachgewiesen, daß auf Kosten langjährig inhalierter Teerprodukte von Zigaretten vorwiegend folgende Krebserkrankungen kommen:

○ Lungenkrebs
○ Mundhöhlenkrebs
○ Kehlkopfkrebs
○ Speiseröhrenkrebs
○ Magenkrebs
○ Blasenkrebs

Als Folge langjährigen Rauchens sterben in der Bundesrepublik jährlich rund 20 000 Menschen an Lungenkrebs und 100 000 Menschen an Krebs anderer Organe, sowie an Herz- und Gefäßkrankheiten. Das ist eine beängstigende Bilanz, die der Öffentlichkeit viel zu wenig bekannt ist.[21]

Trotz vielseitiger und vielfältiger Warnungen vor den Folgen des Rauchens, kommen auf jeden Einsichtigen, der zu rauchen aufhört, immer noch fast zehn neue Raucher.

Trotz Krebswarnungen und Entwöhnungshilfen, trotz Einschränkungen der Zigarettenreklame[22] und der Verteuerung der Tabakprodukte rauchen die Bundesdeutschen mehr denn je zuvor, wie folgende Statistik beweist:

Milliarden in den Rauch

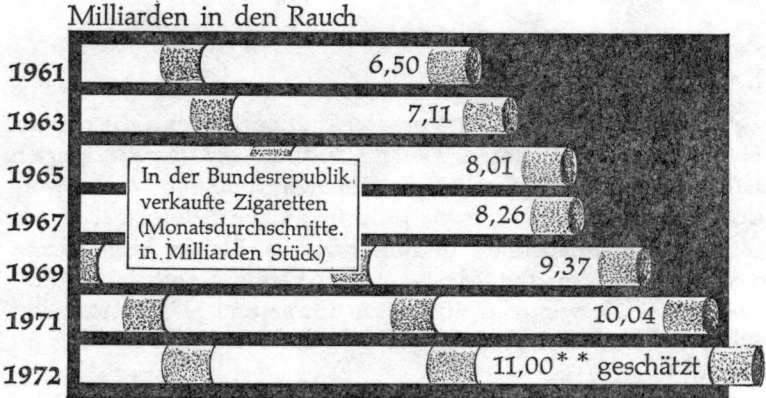

1961	6,50
1963	7,11
1965	8,01
1967	8,26
1969	9,37
1971	10,04
1972	11,00** geschätzt

In der Bundesrepublik verkaufte Zigaretten (Monatsdurchschnitte. in Milliarden Stück)

Schon spricht man in medizinischen Kongreßresolutionen im Blick auf das Rauchen von einem „immer stärker werdenden ernsthaften Volksgesundheitsproblem".

Dabei sind nicht nur Raucher betroffen. Zigaretten gefährden auch den Nichtraucher. Den, der im Dunstkreis eines Rauchers oder mehrerer atmen muß: In den Verkehrsmitteln. Auf der Arbeitsstätte. Bei Verhandlungen. Im geselligen Kreis.

Untersuchungen haben gezeigt, daß die Konzentration von Kohlenmonoxid in einem Zimmer oder Auto, in dem geraucht wird, die gültige Toleranzgrenze von 0,05 Promille übersteigen kann. Zehn in einem geschlossenen, unbelüfteten Auto gerauchten Zigaretten ließen den Kohlenmonoxidanteil an der Atemluft auf 0,09 Promille klettern. Zwei Päckchen Zigaretten, die in einem etwa 45 Kubikmeter großen schlecht belüfteten Zimmer geraucht werden, können zu einer Kohlenmonoxid-Konzentration von 0,05 Promille führen.[23]

Raucher setzen oft stillschweigend voraus, wo immer sie sind, in Gegenwart anderer rauchen zu dürfen. Die manchmal gestellte Frage: „Gestatten Sie, daß ich rauche?" ist oft nur eine rhetorische Höflichkeitsfrage. Welcher Nichtraucher wagt es schon zu sagen: „Ach bitte, ich wäre Ihnen dankbar, wenn Sie nicht rauchen würden"? Welcher Raucher würde sich dadurch nicht innerlich beleidigt und in seiner persönlichen Freiheit beeinträchtigt fühlen, auch wenn er es nicht offen zugeben würde?

Darum mein dringender Rat: Raucher sollten das Rauchen aufgeben. Wer dies nicht will, der sollte wenigstens den Nichtrauchern nicht die Luft verpesten. Und Nichtraucher sollten darauf bestehen, daß in ihrer Gegenwart nicht geraucht wird. Sie sind es ihrer Gesundheit schuldig.

Kreatur und Natur verenden

Die zunehmende Vergiftung unserer Luft gefährdet nicht nur die Gesundheit des Menschen, sondern auch die der Tiere. Experten haben festgestellt, daß selbst die Kühe zu Todeskandidaten werden, wenn sie in der Nähe von Industrieanlagen, Autostraßen und Start- und Landebahnen ihr Futter suchen. Blei in ihren Nieren verkürzt nicht nur ihr Leben, sondern vergiftet auch ihre Milch. Die Milch, die wir trinken, die zu Butter und Käse verarbeitet wird! Folgende Pressemitteilung mag dafür ein trauriger Beweis sein:

„Das seit Tagen anhaltende Tiersterben rund um die Stadt Nordenham an der Weser ist nach den Ermittlungen des Niedersächsischen Sozialministeriums durch die Zink- und Bleihüttenwerke der Preußag AG in diesem Gebiet ausgelöst worden ... Durch die mit tödlichem Bleistaub angereicherten Giftwolken der Preußag waren innerhalb weniger Tage auf den Wiesen rund um die Bleihütte und die neuerrichtete Zinkelektrolyse des Unternehmens fast 100 Milchkühe und Rinder qualvoll verendet. Die Tiere erblindeten und verendeten in wilden Schlingkrämpfen mit blutverschmierten Mäulern. Kleineres Getier sei durch Giftwolken weitgehend ausgerottet worden, hieß es. Die Preußag hat die Produktion in Nordenham inzwischen gedrosselt. Nach Beobachtungen von Tiermedizinern war es bisher alljährlich im Frühling zu Bleivergiftungen bei Rindern nach dem Austreiben auf die Weiden gekommen.

Die Milch aus diesem Gebiet durfte wegen des hohen Bleigehaltes nur noch nach Beimischung von Milch aus anderen Gegenden verkauft werden."[24]

Die Gefahren, die in der vergifteten Luft für Mensch und Tier liegen, bedrohen sogar die gesamte Natur. Pflanzenschäden infolge der durch die Industrialisierung verseuchten Luft werden schon seit langem beobachtet. Der Smog schädigt die Blumenzucht, macht Bäume krank und läßt sie absterben. Im Ruhrgebiet gibt es so gut wie keine Nadelbäume mehr. Allein an unseren Wäldern entstehen durch Abgase jährlich Schäden von mehr als 20 Millionen Mark. Besonders stark sind die Pflanzen, Sträucher und Bäume entlang den Autostraßen der Vergiftung durch Autoabgase ausgesetzt. So enthält ein Kilogramm Pflanzenmasse nahe der Autobahn 50—200 Milligramm Blei, an Kreuzungen sogar bis zu 3 000 Milligramm. Noch 200 Meter neben den Straßen wurde ein hoher Bleigehalt im Kartoffelkraut, in Futter- und Zuckerrüben, im Getreide, Gemüse und Obst festgestellt. Es ist längst kein Geheimnis mehr, daß vielerorts unsere Natur durch giftige Abgase am „Ersticken" ist.

Die Gifte, die der Mensch in die Atmosphäre entläßt, zerstören sogar Stein und Metall. So werden zum Beispiel in der Bundesrepublik jährlich 350 000 Tonnen Stahl durch abgasverseuchte Luft regelrecht „aufgefressen". Auch unsere Baudenkmäler sind weitgehend der Vernichtung preisgegeben. Durch besonders aggressive Schadstoffe in der Luft zerbröseln viele wie Streuselkuchen. Als Beispiel sei nur der Kölner Dom genannt. Der Kölner Dombaumeister Prof. W e y r e s , der einen fast aussichtslosen Kampf gegen die Auswirkungen der giftgeschwängerten Luft auf „seinen" Dom führt, sagt resignierend:

„Er zerfällt schneller als wir ihn restaurieren können."

Durch Giftstoffe in der Luft verblassen auch Farben, bleichen Gewebe aus, vergilben Leder und Papier.

Bereits heute entrinnen weder Menschen noch Tiere, weder Pflanzen noch Mineralien der mörderischen Hand des Menschen. Wieviel weniger wohl erst morgen.

Wann kommt der letzte Schnaufer?

Unsere gesamte Erdatmosphäre ist im Verhältnis nicht dicker als ein Lacküberzug auf einem Schulglobus von 30 Zentimeter Durchmesser. Diese dünne Schicht, in der alles irdische Leben existiert, steht vor einer möglicherweise dramatischen Entwicklung. Es geht nämlich nicht nur um die Vergiftung der Luft. Es geht dabei auch um die Zerstörung des für unser Leben so wichtigen Sauerstoffgehaltes in der Luft.

Unsere Luft besteht zu 20 Prozent aus Sauerstoff. Dieser Sauerstoff stammt zu 70 Prozent aus dem pflanzlichen Plankton. Das sind kleinste Schwebeorganismen der Meere. Und zu 30 Prozent stammt der Sauerstoff aus der Produktion der grünen Pflanzen auf der Erde.

Würde man nun die grünen Pflanzen und die Vegetation auf der Erde, sowie die Kleinstorganismen in den Meeren mehr und mehr zurückdrängen bzw. vernichten, wäre nicht nur die ausreichende Sauerstoffproduktion gefährdet. Auch der Sauerstoffvorrat wäre in Kürze aufgezehrt. Die Lebewesen im Meer und auf der Erde — also auch die Menschen — müßten ersticken.

Dies aber geschieht heute: Der Eingriff des Menschen in die Natur ist in vollem Gange. Die Verseuchung der Meere durch Gifte, die der Mensch in sie leitet, stört schon jetzt empfindlich die Sauerstoffproduktion des Planktons. Und mit jedem Stückchen Land, das betoniert oder asphaltiert wird, werden in einem riesigen Ausmaß die Quellen der Sauerstoffproduktion auf der Erde vernichtet.

Hinzu kommt, daß mit jedem Auto, mit jedem Motorboot, mit jedem Flugzeug große Mengen Sauerstoff verbraucht werden. Allein eine Verkehrsmaschine mit Düsenantrieb vom Typ Boeing 707 verbrennt bei jeder Atlantiküberquerung 35 Tonnen Sauerstoff. Das ist soviel wie ein Wald von 17 000 Hektar in einer Nacht erzeugt. Bedenkt man, daß auf der ganzen Welt immerhin 3 000 Düsenmaschinen gleichzeitig in der Luft sind und viele von ihnen größere Strecken als den Atlantik überqueren, dann bedeutet dies einen allein durch Düsenverkehrsmaschinen verursachten Sauerstoffverlust von zirka 36 Millionen Tonnen pro Jahr. Da der Luftverkehr in Zukunft rapide zunehmen wird, zum Teil bedingt durch den Einsatz von Überschallverkehrsflugzeugen (die supersonic transport, abgekürzt SST) des sowjet-russischen Typs TU 144 und der englisch-französischen Concorde, so wird der Sauerstoffverbrauch allein durch den Flugverkehr bis zum Jahre 2000 auf das Zehnfache ansteigen.

In diesem Zusammenhang darf nicht unerwähnt bleiben der erheblich zunehmende Sauerstoffverbrauch durch die Industrie, durch brennende Müllhalden, durch Waldbrände und anderes.

Umweltforscher weisen deshalb schon heute voller Besorgnis darauf hin, daß sich der „Spielraum" zwischen Entstehung und Verbrauch des Sauerstoffs in gefährlicher Weise verringert hat. Und daß eine weitere Störung des Gleichgewichts zu einer Katastrophe führen kann. Gordon Rattray Taylor schreibt:

„Es ist nicht ausgeschlossen, daß die Menschheit dann den letzten Schnaufer tun wird."[25]

Denn ohne Sauerstoff wird uns der Atem ausgehen. Ohne Sauerstoff werden wir nicht fünf Minuten überleben.

Blauer Himmel — nur noch ein Glücksfall?

Weitere Gefahren drohen der Menschheit durch die rapide Zunahme des Düsenflugverkehrs in Höhen zwischen 10 000 und 23 000 Metern.

Es besteht schon jetzt Gewißheit darüber, daß die Triebwerke sehr hochfliegender Düsenriesen Unmengen von zahlreichen hochaktiven Giften in die obere Erdatmosphäre schleudern und einen stratosphärischen Smog schaffen. Allein eine fliegende Boeing 747 (Jumbo-Jet) verunreinigt die obere Atmosphäre so stark wie 10 000 fahrende Personenwagen. Dieser stratosphärische Smog hält sich mehr als drei Jahre in den windstillen oberen Regionen der Erdatmosphäre und zerstört die Ozonschicht in Höhen oberhalb 20 000 Meter. Diese Ozonschicht ist aber als eine Schutzschicht für das Leben auf der Erde von großer Bedeutung, weil sie gefährliche Strahleneinwirkungen aus dem Weltall fernhält bzw. filtert.

Die Zunahme des hochfliegenden Luftverkehrs wird auch mit großer Wahrscheinlichkeit zu gewissen Klimaveränderungen führen, die unter Umständen verhängnisvolle „Kettenreaktionen" im biologischen Haushalt der Erde auslösen könnten.

Der Direktor des Meteorologischen Instituts an der Universität von Wisconsin/USA hat folgende — wissenschaftlich fundierte — Rechnung aufgestellt: Von den jeweils durchschnittlich 3 000 Düsenflugzeugen, die sich in der Luft befinden, produzieren die Hälfte Kondensstreifen. Diese Kondensstreifen bleiben im Durchschnitt für eine Stunde bestehen und breiten sich auf einen Durchmesser von knapp einem Kilometer aus. Daraus folgt eine fünf- bis zehnprozentige Zunahme der Zirrusbewölkung. Da bereits heute die Bewölkung über den meistbeflogenen Gebieten der Welt, also über den USA, dem Nordatlantik und Europa um mehr als 10 Prozent zugenommen hat und eine Steigerungsrate des Flugverkehrs bis zum Jahre 2000 um 3000 Prozent zu erwarten ist, ist es wahrscheinlich, daß noch vor dem Ende unseres Jahrhunderts der Nordatlantik zusammen mit großen Teilen Nordamerikas und Europas ständig unter Wolken sein werden.

Wird der „blaue Himmel" dann nur noch ein Glücksfall sein? Werden Sonnenstrahlen dann zu einer heißbegehrten Rarität? Wird der „Platz an der Sonne" dann zum teuersten Logenplatz der Welt werden? Wird der Mond als „Regulierer der Gezeiten" schließlich außer Kraft gesetzt sein?

Noch wissen wir nicht, was dann mit uns geschieht. Jedenfalls mit Sicherheit nicht. Wir können es nur ahnen. Schon jetzt stimmt uns nachdenklich, was J e s u s angekündigt hat für die „letzte" Zeit:

„Bald danach wird sich die Sonne verfinstern und der Mond nicht mehr scheinen . . ." (Matthäus 24,29).

Und der Apostel J o h a n n e s „sieht" im Ablauf des apokalyptischen Geschehens in der Zukunft als „Teilereignis" genau dasselbe, wovon Jesus lange Zeit vor ihm sprach:

„Da wurden ein Drittel der Sonne, ein Drittel des Mondes, ein Drittel der Sterne finster. Ein Drittel des Tages wurde zur Nacht, ein Drittel der Nacht zur Finsternis" (Offenbarung 8,12).

1. Bildseite
„Das Wasser soll in Blut verwandelt werden, damit die Fische im Strom sterben und der Strom stinkt" (2. Mose 7, 17.18). Fischsterben im Main zwischen Frankfurt und Offenbach im Namen des chemischen Fortschritts. (Foto Rudi Otto — Bavaria)

2. Bildseite
Eine der dunkelsten Schattenseiten unserer Zivilisation ist der Lärm. Rund 20 Millionen Bundesrepublikaner leiden unter dem Lärmmüll, der ständig wächst. Schon spricht man von Lärminvaliden und Lärmtoten. (Bjarne Geiges — Bavaria)

3. Bildseite
«Wenn ihr umkehrtet und stille bliebet, so würde euch geholfen ... aber ihr wollt nicht" (Jesaja 30, 15). Der Mensch unserer Tage möchte die Ruhe — und kann doch ohne Lärm nicht leben. (Foto Molodowsky)

4. Bildseite
„Das Land verfällt und alles was darauf wohnt. Es siecht alles dahin ... Ja, auch die Fische im Meer werden dahingerafft" (Hosea 4, 3). Große Mengen der Fische sind durch mehr als eine halbe Million Substanzen, die die Zivilisation dem Meer zufügt, „vergiftet". Viele dieser Giftstoffe gelangen durch den Verzehr der Fische in den menschlichen Organismus.
(Foto Dr. Wolff & Tritschler)

3. Das Wasser stirbt

„Alle Wasser laufen ins Meer ..."

Mehr als 70 Prozent unseres Planeten sind vom Wasser bedeckt. Es wird in den Meeren, den Seen und Flüssen, im Schnee und Eis der Gletscher in den Gebirgen und über den Erdpolen gespeichert. Allein die Meere enthalten bei einer mittleren Tiefe von 3 790 Metern ein Wasservolumen von 1,4 Milliarden Kubikkilometer. Wir sehen: Nichts ist auf unserem Planeten so reichlich vorhanden wie Wasser. Vorhanden in einer fast unerschöpflichen und geradezu verschwenderischen Fülle.

Nichts von diesem Wasser kommt abhanden. Es vermehrt sich auch nicht. Da es nicht „erzeugt", sondern nur gewonnen werden kann. Die Menge des Wassers auf Erden bleibt konstant. Was vom Land ins Meer läuft, läßt die Sonne aus dem Meer wieder verdampfen. In Form von Tau, Reif, Regen und Schnee fällt das Wasser wieder zur Erde nieder. Fließt als Bach, Fluß oder Strom in die Seen und Meere zurück. Und der Kreislauf des Wassers beginnt von neuem. Von diesem Wunder der Schöpfung sprach vor Tausenden von Jahren schon Salomo (972—932), der für seine besondere Weisheit bekannte König Israels:

„Alle Wasser laufen ins Meer, doch wird das Meer nicht voller. An den Ort, da sie herfließen, fließen sie wieder hin" (Prediger Salomo 1,7).

Ohne Wasser gäbe es auf der Erde kein Leben. Keine Tiere. Keine Menschen. Keine Vegetation. Keine Nahrungsmittel. Diese Erkenntnis ist nicht neu. Sie ist ebenfalls jahrtausendealt. Den König David veranlaßte sie, Gott für dieses Wunder der Schöpfung zu preisen:

„Du, Gott, suchst das Land heim und wässerst es und machst es sehr reich. Gottes Brunnen hat Wasser die Fülle. Du läßt Getreide wohlgeraten, denn du bebaust das Land. Du tränkst seine Furchen und feuchtest sein Gepflügtes. Mit Regen machst du es weich und segnest sein Gewächs" (Psalm 65,10.11).

Seit langem ist nun der Mensch dabei, dieses wichtigste Lebenselement in seinem natürlichen Kreislauf zu stören, in seiner Reinheit zu vergiften, in seinen von der Natur ihm zugewiesenen Aufgaben zu mißbrauchen.

Das kostbare Naß

Der größte Teil des Wassers auf unserer Erdoberfläche ist Salzwasser. Mit einem durchschnittlichen Salzgehalt von 35 Gramm pro Liter. Dieses Salzwasser ist jedoch weitgehend für den menschlichen Gebrauch ungeeignet. Das Leben auf der Erde ist auf die Süßwasservorräte angewiesen. In Seen, Flüssen und Strömen befinden sich davon 300 000 Kubikkilometer. Im Grundwasser ebenfalls 300 000 Kubikkilometer. In der Atmosphäre 15 000 Kubikkilometer. Im Polareis 30 Millionen Kubikkilometer. Gewaltige Mengen. Und doch begrenzt. Denn nicht alle Süßwasservorräte können wir ausschöpfen. Und die Ausbeutung von Süßwasser läßt sich kaum wesentlich steigern.

Nun ist unser Süßwasser in Gefahr. Durch das bedrohliche Absinken des Grundwasserspiegels. Eine Erscheinung, die in allen Teilen der Welt festgestellt wird. Der Grund dafür? Der Mensch widersetzt sich der natürlichen Regulierung des Wasserhaushalts. Durch Abholzung von Wäldern. Durch Begradigung von Wasserläufen. Durch Trockenlegung von Mooren. Durch unnötige Betonierung und Asphaltierung von Wegen, Plätzen, Parkflächen. Durch eine immer stärkere Bebauung der Landschaft. Durch Ansiedlung von Industrieanlagen.

Unser Süßwasser ist auch in Gefahr durch den sich immer mehr steigernden Wasserverbrauch. Neue Konsumgewohnheiten und technische Verfahren, wie gesteigertes Hygienebewußtsein, Waschmaschinen, Geschirrspüler, Rasensprenger, Autowäsche, Swimmingpools führen dazu, daß immer größere Wassermengen verbraucht, ja vergeudet werden. Gegenwärtig verbrauchen wir mehr Süßwasser als wir gewinnen.

Wer aber macht sich schon darüber Gedanken, wenn er den Wasserhahn aufdreht, daß er pro Tag bis zu 400 Liter Wasser verbraucht? Kochten und wuschen unsere Vorfahren am Tag mit vier Liter Wasser, spülen wir heute ein Papiertaschentuch mit zehn Liter die Toilette hinunter. Obwohl es eigentlich in den Mülleimer gehörte. Und der private Verbrauch steigt. Unaufhörlich.

Doch nicht nur der einzelne Bürger vergeudet tagtäglich große Mengen an Wasser. Auch die Industrie. Die Wassermenge, die die Industrie für ihre Produktion verwendet, ist fast unvorstellbar. (So sind zum Beispiel zur Erzeugung einer Tonne Stahl rund 140 000 Liter Wasser erforderlich.) Eine mittelgroße Fleischfabrik braucht täglich ungefähr 14 Millionen Liter Wasser. Von der jeweiligen Gesamtmenge werden nur etwa 25 Prozent tatsächlich verbraucht. Die verbleibenden 75 Prozent werden größtenteils verschmutzt als Industrieabwässer in Flüsse, Seen und Meere geleitet.

Nach Schätzungen von Experten wird sich der Verbrauch an Süßwasser in den nächsten 20 Jahren mehr als verdoppeln. Umweltforscher der UNO sprechen sogar von der Möglichkeit einer „tödlichen Wasserknappheit" auf dem Gebiet des lebenswichtigen Süßwassers. Schon in absehbarer Zeit kann unser tägliches Wasser knapp und kontingentiert werden, wenn wir es weiterhin bedenkenlos und verschwenderisch verwenden. Die Redensart vom „kostbaren Naß" kann schon in Kürze einen realen Sinn annehmen. Wenn wir nämlich in Zukunft unser Süßwasser nicht sparsamer verbrauchen als bisher, wird es sich erheblich verteuern. Denn schon heute kostet es weit mehr als uns die Wasserwerke dafür berechnen. Wenn die Industrie benutztes Wasser nicht zunehmend wieder auffängt, aufbereitet und immer wieder neu verwendet, wird unser „Wasserfaß" eines Tages leer sein.

Bereits heute können unsere Wasserwerke den steigenden Bedarf an Süßwasser nicht mehr allein aus dem Grundwasser decken. Unser tägliches Wasser muß immer mehr aus dem Oberflächenwasser, also aus Flüssen, Seen und dem Meer aufbereitet werden. 20 Millionen Menschen beziehen bereits ihr Trinkwasser aus dem Rhein. 3 Millionen Menschen aus dem Bodensee. Schon heute müssen 40 Prozent des Trinkwassers in der Bundesrepublik aus offenen Gewässern gewonnen werden.

Doch urteilen Sie selbst: Wenn Sie in Köln oder Frankfurt, in München oder Stuttgart wohnen — wie schmeckt Ihnen Ihr Wasser? Wie schmeckt Ihr Tee oder Ihr Kaffee, den Sie mit dem Wasser aus Ihren Leitungen gekocht haben? Schmeckt Ihr Wasser nicht nach Chlor? Schmeckt es nicht nach einer Mischung von einer Vielzahl oxydierter Bakterien und Chlor-Nebenprodukten? Ist der „Genuß" des Wassers, das aus Ihren Leitungsrohren kommt, nicht oft geradezu ekelerregend?

Vor Tausenden von Jahren gab es schon einmal eine ähnliche Situation wie heute. Unter Pharao R a m s e s d. I I. (1290—1224) war das Wasser des Nils ungenießbar geworden. In 2. Mose 7 lesen wir:

„Der Nil war stinkend und die Ägypter konnten das Wasser aus dem Strom nicht trinken" (V. 21).

Mit unserem Wasser ist es heute nicht viel anders. Vielerorts sind bereits qualitative und quantitative Grenzwerte mit dem aufbereiteten Trinkwasser erreicht. Nicht nur bei uns in der Bundesrepublik. Auch woanders. In Holland, Belgien und Frankreich...

In allen Industriestaaten der Welt. Es sieht fast so aus, als würde sich das wiederholen, was einst Gott zur Züchtigung seines abtrünnigen Volkes anwandte:

„Ich speise sie mit Wermut und tränke sie mit Giftwasser" (Jeremia 9,14).

Die gottabgewandte Menschheit versucht diesem Übel zu begegnen — wenn auch in kümmerlicher und ungenügender Weise. Holland führt „reines Wasser" aus Norwegen ein. Wasser aus der Tüte, nicht aus der Leitung. Ein Zwei-Liter-Beutel kostet umgerechnet rund 1 Mark. Und dieses „Klare" findet reißenden Absatz. Trinkwasser aus Tüten oder Flaschen sieht auch eine langfristige Planung der Hamburger Holsten-Brauerei vor. Ein Sprecher der Brauerei erklärte, es sei nicht auszuschließen, daß auf Grund der zunehmenden Trinkwasserverschmutzung bald „Brunnenmineralwasser in Tüten oder Flaschen" verkauft wird. In den Vereinigten Staaten werden schon jetzt jährlich 80 Millionen Liter Quellwasser abgefüllt und an die Haushalte verkauft. Dieses Wasser wird in erster Linie zum Kochen von Tee und Kaffee verwendet.[26]

Ein Reservoir des Todes

Das Wasser — einst Zeichen und Ausdruck des Lebens — trägt heute in vielen Teilen der Welt den Keim des Todes in sich. Viele unserer Flüsse und Seen sind bereits todkrank. Die Situation ist hochalarmierend.

Der Rhein — einst gefühlvoll in vielen Liedern besungen — hat sich in den letzten Jahren in eine stinkende Brühe verwandelt. In seiner „Tagesration" von 100 000 Tonnen Wasser schwimmen 6 000 Giftstoffarten. Um nur eine ungefähre Vorstellung davon zu gewinnen, seien einige davon genannt: Öl, Fette, organische und anorganische Säuren, Farbstoffe, Alkohol, Bergbauabwässer, Aldekyde, Fluoride, Alkalien, Blei, Zink, Stärke, Phenole usw. Diese Vielzahl von zum Teil sehr gefährlichen Giftstoffarten wälzt sich in den trüben Fluten des Rheins talabwärts. Sie hat ihn zu „Europas größter und giftigster Kloake" gemacht. Und das im Namen des chemischen Fortschritts! Durch Industrieabwässer! Von denen die Hälfte ungeklärt ist. Und die Folgen dieses Wahnsinns?

Die Rheinfische sind längst ungenießbar geworden. Zudem sind sie Todeskandidaten. Immer mehr von ihnen sterben. Im Sommer 1969 vernichtete ein in den Rhein gelangtes Schädlingsbekämpfungsmittel Millionen von Fischen.

Durch Schwefelsäure, zahlreiche andere Gifte und Ölreste ist der Rhein so verseucht, daß es nur noch eine Frage der Zeit ist, bis er Feuer fängt und zu brennen beginnt.

Waren vor wenigen Jahren noch Leberentzündung und Kinderlähmung die einzigen aus dem Wasser des Rheins kommenden Viruskrankheiten, so sind es heute über einhundert. Eine Wasserstichprobe aus dem Rhein enthielt auf Grund einer wissenschaftlichen Analyse zum Beispiel folgende Krankheitsbakterien: Typhus, Paratyphus, Cholera, Salmonella, Tuberkulose, Kinderlähmung, Milzbrand, Starrkrampf sowie unzählige Viren.

Es sieht so aus, als stünde uns in ähnlicher Weise die Plage bevor, die Gott einst über die Ägypter wegen ihrer Gesetzlosigkeit und Uneinsichtigkeit ihres Handelns ankündigen ließ:

„Das Wasser im Nil soll in Blut verwandelt werden, damit die Fische im Strom sterben und der Strom stinkt" (2. Mose 7,17.18).

Was einst auf das Wasser im Nil zutraf, trifft heute nämlich weitgehend auch auf den Rhein zu. Auf die Elbe. Auf die Donau. Auf fast alle Flüsse und Ströme in den hochentwickelten Industriestaaten. Es trifft zunehmend auch schon auf unsere Seen und Weltmeere zu.

Viele unserer Flüsse und Seen gleichen toten Gewässern oder sind zumindest todkrank. Eine Vielzahl von toxischen Giften lassen einen großen Teil ihrer Wasserflora und Wasserfauna absterben. Dadurch wird die Selbstreinigungskraft des Wassers geschwächt und unter Umständen eines Tages gänzlich unmöglich gemacht.

Tonnenweise zerstören Phosphate, die zu 40 bis 50 Prozent in den Waschmitteln enthalten sind, das biologische Gleichgewicht der Gewässer. Außerdem werden die Gewässer durch Dünger der Landwirtschaft und durch menschliche Fäkalien überdüngt. Das bewirkt ein ungehemmtes Wachstum der Algen und Wasserpflanzen. Diese brauchen aber zu ihrer Zersetzung Sauerstoff in großen Mengen. Ist nun ihr Verbrauch an Sauerstoff größer als das Gewässer Sauerstoff aus der Luft und der Wasserflora aufnehmen kann, tritt ein kritischer Sauerstoffmangel ein. Das Gewässer „kippt" langsam um. Und stirbt daran den Erstickungstod. Fachleute nennen diese Krankheit mit oft tödlichem Ausgang „Eutrophierung".

Der Bodensee — vor Jahren noch ein stauerstoffreicher Gebirgssee — ist durch die Zufuhr einfließender Düngemittel von den umliegenden Landwirtschaftsflächen und durch die Zufuhr häuslicher Abwässer derartig rapiden Veränderungen unterworfen, daß er in den letzten zwei Jahrzehnten um 10 000 Jahre gealtert ist. Er ist in einem so labilen Stadium angelangt, daß er — wenn nicht Wesentliches geschieht — in fünf bis zehn Jahren biologisch tot ist.[27]

Auch der Ostsee droht ein ähnliches Schicksal. In den tieferen Tälern des Ostseebodens entdeckten die Forscher den für tierisches Leben tödlich wirkenden Schwefelwasserstoff und einen gefährlichen Mangel an Sauerstoff. Beides offenbar Folgen giftiger Abwässer, die einen verhängnisvollen Kreislauf von wucherndem Algenwuchs und einem ständig zunehmenden Absterben anderer Organismen in Gang gesetzt haben. Fabrikabwässer, Insektizide, Verschmutzung durch Öl und andere Chemikalien verwandeln nach Auffassung der Meeresforscher die Ostsee mehr und mehr in ein totes Meer. Außerdem führen „Mißgeschicke" in der Metall- und Kunststoffindustrie wiederholt zu einem großen Fischsterben.

Was auf den Bodensee und auf die Ostsee zutrifft, gilt in gleichem Maße für alle unsere Weltmeere. Sie sind verdreckt mit 8 Millionen Tonnen Mineralöl. Mit 200 000 Tonnen Blei. Mit einer nicht mehr feststellbaren Menge an Quecksilber, Cadmium, Phosphate und Düngemitteln. Und das durch unsere Industrie- und Konsumgesellschaft.

Wir müssen damit rechnen, daß möglicherweise in 25 bis 30 Jahren alles pflanzliche und tierische Leben in unseren Weltmeeren abgestorben sein wird, wenn wir weiter wie bisher das Wasser verseuchen. Und nicht sofort dringende weltweite Maßnahmen dagegen ergreifen.

Der bekannte französische Tiefseeforscher und Biologe Jacques-Yves Cousteau warnt:

„Die Flüsse und Meere sterben. Das Leben in ihnen ist in den letzten 20 Jahren um 40 Prozent zurückgegangen. Es ist die Schuld des Menschen. Wenn wir das Wasser weiterhin infolge der Industrialisierung verseuchen, kann es morgen zu spät sein."

Und der ebenfalls bekannte Schweizer Tiefseeforscher und Biologe Jacques Piccard prophezeit:

„Das erste Meer, das bald für immer sterben wird, ist die Ostsee. Die Adria steht an zweiter Stelle. Und schließlich kommt das Mittelmeer dran."

Was aber wird das für Folgen für das Leben auf Erden haben? Der Schriftsteller Otto König ist der Meinung:

„Wenn die Meere tot sind, werden wir ersticken. Nachdem nämlich die Landpflanzen den maßlos gesteigerten Sauerstoffbedarf nicht mehr decken können, leben wir heute schon von der Sauerstoffproduktion jener Meeresalgen, die wir morgen essen sollen, deren Vernichtung wir aber gleichzeitig betreiben."[28]

„Zeitbomben" auf dem Meeresboden

Die großen Meere sind für die Großchemie und Rüstungsindustrie zu den größten Abfalleimern des Erdballs geworden. Alles was man nicht oder nur unter schwierigen Umständen auf unseren Müllhalden deponieren kann, fährt man aufs Meer hinaus und versenkt es dort auf billigste und einfachste Weise. Denn das Meer ist ja „Niemandsland". Und schließlich muß man ja irgendwo die giftigen Abfallprodukte der Industrie lassen. Also werden tausende Tonnen von giftigem Arsen- und Bleischlamm sowie Zyanidverbindungen auf „hoher See" versenkt. Seit Jahrzehnten schon.

Allein in der Ostsee lagern 6,3 Millionen Kilogramm des tödlichen Giftes Arsen. In Betonbehältern verpackt. Seit 40 Jahren. Nun besteht die Befürchtung, daß sich die Behälter am Rande des Zerfalls befinden. Würde diese Menge Arsen eines Tages freiwerden, könnte sie 10 Milliarden Menschen vernichten.

Wissen wir immer noch nicht, was wir tun?

Die Rüstungsindustrie sieht im Meer oft die einzige Möglichkeit, viele ihrer veralteten aber noch tödlich wirkenden Waffen loszuwerden.

Seit 1965 haben die Amerikaner damit begonnen, ausrangierte Gasgranaten und andere Waffen im Atlantik zu versenken. Allein vor New York, 220 Kilometer von der Küste entfernt, liegen 1 705 Betonklötze mit 50 000 Gasgranaten in der Tiefe. Im August 1970 versenkten die Amerikaner trotz vielseitiger scharfer Proteste aus dem In- und Ausland 450 Kilometer vom amerikanischen Festland entfernt 305 durch Beton- und Stahlverkleidungen gesicherte Behälter mit 12 500 Nervengasgranaten in einer Tiefe von 5 000 Metern. Dort sollen die Nervengasgranaten für „alle Zeit" aus den Betonbehältern nicht mehr entweichen können. Aber werden sie wirklich für „alle Zeit" in ihren Särgen von Beton und Stahl schlummern? Ökologen und Ozeanographen sind jedoch skeptisch: Sie sehen zwischen Florida und den Bermudas eine „Zeitbombe" auf dem Meeresboden placiert, die nach Jahren oder Jahrzehnten hochgehen und eine verheerende Verseuchung des Atlantiks zur Folge haben könnte. Die Gasmenge würde ausreichen, das gesamte Leben im Atlantik und die gesamte Bevölkerung West-Europas auszurotten.

In zunehmender Weise werden die Weltmeere auch zur Ablagerung von radioaktivem Atommüll mißbraucht. Allein in den USA fallen nach vorsichtigen Schätzungen bis zum Jahre 2000 an hochradioaktivem Spaltmaterial solche Mengen an, daß sie der unheimlichen Radioaktivität von 60 000 Tonnen Radium entsprechen.[29] Die einzige Möglichkeit, diesen Atommüll loszuwerden, sehen die Amerikaner darin, das Spaltmaterial in den großen Tiefen der Weltmeere zu versenken. Aber auch hierbei bleibt die sorgenvolle Frage: Wird es dort tatsächlich für „alle Zeit", umgeben von starken Stahlbetonbehältern, „schlummern"? Oder wird es eines Tages durch ein Leck in den Behältern, durch Erdbeben oder kriegerische Einwirkungen freiwerden und zu einer katastrophalen radioaktiven Verseuchung der Meere führen? Heinrich Pestalozzi (1746—1827), der berühmte Schweizer Pädagoge und Sozialreformer, wies darauf hin:

„Früher oder später, aber gewiß immer, wird sich die Natur an allem Tun des Menschen rächen, das wider sie ist."

Im Blick auf die Vergiftung der Seen, Flüsse und Meere durch menschliches Tun und ihre möglichen Folgen für das Leben im Wasser und auf der Erde gewinnen die Aussagen von Johannes in Offenbarung 8 zunehmend an Aktualität. Wenn wir auch heute noch nicht mit letzter Sicherheit sagen können, wodurch das dort angekündigte Unheil konkret ausgelöst wird, so läßt es uns doch schon heute zutiefst erschrecken:

„Der dritte Teil des Meeres ward Blut. Der dritte Teil der Lebewesen im Meer starben. Der dritte Teil der Schiffe wurde zerstört. Der dritte Teil des Wassers ward Wermut. Und viele Menschen starben von den Wassern, weil sie so giftig geworden waren" (Offenbarung 8,8.9.11).

Doch es sieht so aus, als wüßten wir immer noch nicht was wir tun. Als könnten wir nach wie vor weiter unser Wasser — unsere Flüsse, Seen und Meere — zum Abfalleimer unserer produzierten Gifte machen. Muß denn erst die Katastrophe eingetreten sein, um zu begreifen, was wir getan haben? Aber wahrscheinlich wird es dann zu spät sein.

4. Das mißhandelte Trommelfell

Schlimmer als Cholera und Pest

Eine der dunkelsten Schattenseiten unserer Zivilisation ist der Lärm. Seine Gegenwart ist überall. Lärm auf den Straßen. Lärm in den Fabriken. Lärm in den Wohnungen. Lärm in der Luft.

In den Städten hupende Autos. Quietschende Reifen. Kreischende Bremsen. Aufheulende Martinshörner. Rumpelnde Lastwagen. Knatternde Motorräder. Lärmende Straßenbahnen. Ratternde Preßlufthämmer. Stampfende Dampframmen. Drillende Bohrer. Quietschende Pumpen. Zischende Preßluft ...

In den Betrieben dröhnende Motoren. Kreischende Sägen. Aufheulende Prüfstände ...

In den Häusern lärmende Rundfunk- und Fernsehgeräte. Schreiende Kinder. Lauter Familienstreit. Einlaufendes Badewasser. Toilettengeräusche ...

In der Luft dröhnende Flugzeugtriebwerke. Überschallknall ...

Selbst die Nacht in unseren Städten, Betrieben und Wohnungen ist zum „Tage" geworden und kennt vielerorts keine Stille mehr.

Vorbei sind die einst so idyllischen Tage, da der Philosoph S c h o -
p e n h a u e r (1788—1860) schon gegen das „wahrhaft infernale Peitschenklatschen in den hallenden Gassen der Städte" Gift und Galle spuckte. Heute müßte er gegen viel schlimmere „Gedankenmörder" und „Ruhestörer" wettern.

Der Lärm, der uns heute überall hin verfolgt, vor dem wir nirgends wirklich sicher sind, ist zu einer modernen Geißel unserer Zivilisation geworden. Das Max-Planck-Institut für Arbeitsphysiologie stellte fest, daß „Lärm das stärkste Umweltgift von heute" ist. Das sehen wir daran, daß viele Menschen den zunehmenden Lärmbelastungen psychisch und physisch nicht mehr gewachsen sind.

In kluger Vorausschau prophezeite bereits vor mehr als 60 Jahren der berühmte Bakteriologe und Nobelpreisträger R o b e r t K o c h (1843—1910):

„Der Tag wird kommen, da der Mensch gegen den Lärm als Erzfeind seiner Gesundheit zum Kampf wird antreten müssen wie gegen Cholera und Pest."

Dieser gefährliche Zeitpunkt ist gekommen. Denn der Lärm ist heute keine bloße Belästigung mehr. Der Lärm ist zu einer potentiellen Bedrohung der menschlichen Gesundheit geworden.

Dies wird um so deutlicher, wenn wir uns klarmachen, was eigentlich Lärm ist. Lärm besteht aus Schallwellen, die zumeist hörbare Geräusche verursachen. Sie sind durch die international eingeführte Einheit Dezibel (A) meßbar. Bei Null dB ist ein Normalton von 1 000 Hertz für das menschliche Ohr gerade unhörbar. Bei 130 dB sind die Geräusche so laut, daß wir sie nur noch als Schmerz empfinden.

Folgende Durchschnittswerte gelten für folgende Geräusche:

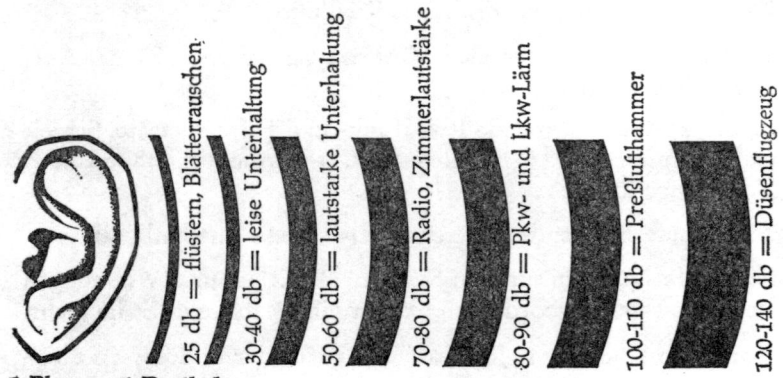

1 Phon = 1 Dezibel

Die verschieden starken Geräusche werden zunächst rein subjektiv sehr unterschiedlich empfunden. Es liegt weitgehend daran, ob wir sie selbst verursachen oder ihnen wider Willen ausgesetzt sind. Es liegt daran, ob wir ausgeruht oder abgespannt sind. Ob wir sie für unvermeidlich oder vermeidbar halten.

Objektiv jedoch sind die Wirkungen der verschiedenen Lärmbelastungen auf die Gesundheit des Menschen einheitlich.

Die folgende Vier-Lärmstufen-Einteilung gibt darüber Auskunft. (Es handelt sich hierbei um Durchschnittswerte):

1. Stufe = 0—35 dB = Normalgeräusche. Nicht störend, unschädlich.

2. Stufe = 36—60 dB = Lärmbelästigung. Wirkt psychisch auf den Menschen.

3. Stufe = 60—90 dB = Gefährdung der Gesundheit. Es kommt zu psychischen und vegetativen Störungen.

4. Stufe = 90—140 dB = Schädigung der Gesundheit.

Die Ärzte bestätigen die Wirkungen der einzelnen Lärmstufen auf die Gesundheit des Menschen. Die 2. Lärmstufe bewirkt nach ihren Aussagen, daß der Mensch sich gestört und belästigt fühlt. Er ärgert sich und ist leicht unwillig. Die 3. Lärmstufe bewirkt rasche Ermüdung, Beeinträchtigung der Konzentrationsfähigkeit, gesteigerte Reizbarkeit, eine innere motorische Unruhe, Leistungsabfall, aggressives Handeln, Schlaflosigkeit. Die 4. Lärmstufe führt zur Schädigung des Gehörs, des Blutkreislaufs, der Magentätigkeit. Es kann zum Irresein kommen und schlimmstenfalls zum Tod. Daraus geht hervor, daß der Lärm nicht nur auf das Ohr, sondern auch auf zahlreiche Zentren und Funktionen des Gehirns und damit des gesamten Organismus wirkt.

Besonders den Lärmstufen 2—4 sind in zunehmendem Maße die Menschen in den hochentwickelten Industrieländern ausgesetzt. Der Essener Lärm-Fachmann Prof. Werner Klosterkötter spricht von einem „chronischen Lärmkonflikt", dem viele von uns ausgesetzt sind.

Die Lärminvaliden der Industriegesellschaft

Laut einer Umfrage des Instituts für Demoskopie in Allensbach fühlen sich 43 Prozent der in der Bundesrepublik Befragten vom Lärm betroffen. In absoluten Zahlen ausgedrückt heißt das, daß rund 20 Millionen Bundesrepublikaner, die das 16. Lebensjahr vollendet haben, unter Lärm leiden.

Andere wissenschaftliche Untersuchungen ergaben, daß in München 76 Prozent der Befragten tagsüber in Wohnungen und Büros bei offenen Fenstern vom Lärm bei geistiger Arbeit gestört werden. 71 Prozent litten sogar nachts zur Schlafenszeit unter unerträglichen Verkehrsgeräuschen.

Schon spricht man davon, daß die Zahl der Lärmkranken bzw. Lärmgeschädigten in der Bundesrepublik eine Million längst überschritten hat. Und die „Lärmempfindlichkeit" nimmt immer mehr zu.

Vereinzelt kommt es bereits zu aufsehenerregenden „Handlungen" lärmgeschädigter Bundesbürger.

Gerhard K. wurde mit 41 Jahren arbeitsunfähig geschrieben. Ihn hatte der Dauerkrach in seiner Wohnung an einer verkehrsreichen Straße in Düsseldorf gesundheitlich so mitgenommen, daß er nicht mehr arbeiten konnte. Um auf sein Lärm-Elend aufmerksam zu machen, warf er mit Porzellan hinter vorbeiratternden Lastwagen her und hing Protestplakate an die Fenster seiner

Wohnung. Abwechselnd mit seiner Frau schlief er in der Bade-
wanne, da das Badezimmer der ruhigste Raum seiner Wohnung
war. Mit bitterer Ironie bezeichnete er sich selbst als Lärminvaliden. Durch seinen aufsehenerregenden Schritt in die Öffentlichkeit
aufgeschreckt, verschaffte ihm die Stadt Düsseldorf eine andere
Wohnung in ruhiger Lage. Gerhard K. wurde persönlich geholfen.
Der Krach zermürbt nun seinen Nachfolger.[30]

Ähnlich erging es dem 53jährigen Gerichtsdolmetscher Alois H.
Er hatte sich schon auf einen lärmfreien Samstag gefreut. Doch
U-Bahnen werden auch am Samstag gebaut. Also begann in der
Frühe wieder das Rasseln, Stampfen, Drillen, Quietschen und
Zischen in unverminderter Lautstärke. Da gingen dem bisher un-
bescholtenen Gerichtsdolmetscher die Nerven durch. Er füllte
Wasser in Nylon-Säcke und warf die prallen „Wasserbomben"
aus seiner Wohnung im sechsten Stock auf die unter ihm tätigen
Bauarbeiter. Die „Lärmerzeuger" gingen verdutzt in Deckung.
Ein paar „Wasserbomben" fielen auf abgestellte Autos und hin-
terließen kräftige Dellen. Doch damit nicht genug. Der Dolmet-
scher griff auch noch zum Gewehr, als ihm die selbstgebastelte
„Munition" ausging. Polizei und Feuerwehr wurden gerufen.
Dann wurde die Wohnung des „Unruhestifters" gestürmt. Der
Mann wurde abgeführt. Beim Amtsarzt stammelte er: „Es war
der Lärm, der mich verrückt gemacht hat. Seitdem die U-Bahn
gebaut wird, ist das Leben in unserem Hause zur Hölle geworden."

Wie viele unserer Zeitgenossen mögen im Blick auf den vielfältigen zermürbenden Lärm ähnliches denken. Oder sagen. So oder
auf ähnliche Weise handeln.

Ironisch und doch mit einer großen Portion Wahrheit schrieb
Heinz Schewe:

„Wenn die Stadtverwaltungen, die U-Bahnen bauen lassen, mit
der Zeit gehen wollen, sollten sie rechtzeitig an das Notwendig-
ste denken: Es müssen Nervenheilanstalten gebaut werden, Heilanstalten, nichts als Heilanstalten! Für die Lärmgeschädigten. Für
diejenigen, die das Rasseln, Stampfen, Drillen, Quietschen und
Zischen nicht mehr aushalten können."[31]

Der „laute Tod" der Zivilisation

Wenn nun heute schon unter dem Umweltlärm Millionen Menschen leiden und gesundheitliche Schäden davontragen, so fragen
wir: Wie wird es erst morgen sein? Denn der „Schallmüll" wächst.

Unerbittlich! Die „Lärmverschmutzung" wird immer gefährlicher! Und die möglichen gesundheitlichen Schäden immer katastrophaler!

Die Internationale Standardisierungsorganisation (ISO) in Genf machte die Voraussage, daß in 30 Jahren die Menschen, die in den großen Städten wohnen oder arbeiten, stocktaub sein werden infolge des stark zunehmenden Lärms. Es werde sogar Lärmtote geben!

Denn nicht erst in Tierversuchen wurde nachgewiesen, daß Lärm töten kann. Bereits die alten Chinesen wußten vor 2 000 Jahren, wie man Menschen auf höchst unblutige Weise ins Jenseits befördern konnte: Sie folterten Verbrecher mit schrillen Pfeifen und ohrenbetäubenden Werkzeugen, bis sie tot umfielen.

Droht uns nun in den westlichen Zivilisationsländern auch der „laute Tod"?

Umweltforscher sagen voraus, daß schritthaltend mit unserem gesellschaftlichen und industriellen Fortschritt sich die Gesamtlautstärke des Umweltlärms alle 10 Jahre verdoppeln werde.

Entscheidend wird zum Umweltlärm in Zukunft der Überschallflugverkehr beitragen. Vor allem, wenn Düsenmaschinen des sowjetrussischen Typs TU 144 und der englisch-französischen Concorde in dreifacher Überschallgeschwindigkeit in drei bis dreieinhalb Stunden über Europa nach Amerika oder Ostasien fliegen werden. Allein die Triebwerke eines Überschallverkehrsflugzeugs vom Typ Concorde machen soviel Lärm wie 5 oder 6 der größten herkömmlichen Düsenverkehrsmaschinen, der Jumbo-Jets, zusammen. Ernest E. Snyder schreibt dazu:

„Die ‚Concorde' oder ein anderes Fabrikat erzeugt am Boden eine Schallschleppe von 40—55 Kilometer Ausdehnung auf beiden Seiten des Flugkurses. Bei einer zurückgelegten Strecke von etwa 4 000 Kilometer werden die Menschen auf einem Gebiet von 220 000 Quadratkilometern dem mächtigen Donner zweier Düsentriebwerke ausgesetzt, der wahrscheinlich lauter ist als der dröhnendste Überschallknall, der jemals festgestellt wurde. Die Wucht dieser Donnergeräusche wird ausreichen, an Gebäuden und lebenden Organismen Schaden anzurichten." [32]

Wird Europa dann zum „Kontinent des Lärms" werden? Und ein „Irr"-Garten für Lärmgeschädigte?

Weiter ist zu fragen: Ist es überhaupt zu verantworten, daß einige wenige (im Verhältnis zur gesamten Bevölkerung Europas) mit Überschallgeschwindigkeit fliegen und durch den dadurch entstehenden Lärm Hunderttausende, vielleicht sogar Millionen von Menschen schwere und nie wieder gutzumachende gesundheitliche Schäden erleiden? Darf die Zukunft des Menschen denn nur ein paar Menschen vorbehalten bleiben?

Was der bekannte englische Geschichtsphilosoph A r n o l d J. T o y n b e e schrieb, kann nur unsere uneingeschränkte Zustimmung finden:

„Wenn wir uns von dem Bestreben leiten lassen, das größtmögliche Glück für die größtmögliche Zahl von Menschen zu erreichen, dann spricht alles gegen den Überschallflugverkehr. Wir revolutieren heute dagegen, daß wir von der Technik nur um der Technik willen gequält werden. Und eben dies ist eine sinnvolle Revolte. *Technologische Machbarkeit ist kein Ziel an sich. Sie ist nur wünschenswert, wenn sie der menschlichen Wohlfahrt dient* ... Der Schluß drängt sich auf, daß der Überschallflugverkehr für die menschliche Wohlfahrt keinen Nutzen bringt. Ich kann mir nicht vorstellen, daß die superschnellen Flugzeuge auf irgendeiner der Luftrouten, die die Metropolen der zivilisierten Welt miteinander verbinden, toleriert werden können. Denn Millionen Menschen müßten darunter leiden, daß eine Handvoll Leute einen zweifelhaften Vorteil genießt." [33]

... und kann ohne Lärm nicht leben

Wir sehen, daß der Lärm Zeichen eines Fortschritts ist, der sich selbst in Frage stellt. Weil seine humane Ausrichtung aus dem Blickfeld zu schwinden droht. Wenn nämlich der Fortschritt die menschliche Gesundheit bedroht und sogar zerstört, führt er sich selbst ad absurdum. Darum sollte jedem Fortschrittsfanatiker und jedem Urheber des Umweltlärms klarwerden, daß ein Volk von „Lärmkrüppeln" niemals in der Lage sein wird, den Wohlstand und damit ein besseres Leben für die Zukunft zu gewährleisten. Denn Wohlstand und besseres Leben sind letztlich abhängig von der Volksgesundheit.

Dem Lärm unserer Tage und der möglichen Lärmbelästigung in der Zukunft wird nur wirklich beizukommen sein durch eine Umkehr von den Prinzipien egoistischen Verhaltens und durch eine Rückkehr zur persönlichen Stille des Menschen, aus der schließlich die Sorge um Ruhe und Stille für seine Umwelt erwachsen würde. Das bestätigt auch Gottes Wort:

„Wenn ihr umkehrtet und stille bliebet, so würde euch geholfen ..."

Doch es heißt sogleich weiter:

„...aber ihr wollt nicht" (Jesaja 30,15).

Will der Mensch wirklich nicht die Ruhe und Stille in unserer Zeit? Ja und nein!

Er beklagt sich über den Lärm und will die Stille. Und doch fürchtet er nichts so sehr wie die Stille, wie Ruhe und Besinnung.

Er versucht sich gegen den Lärm der Zivilisation abzuschirmen und umgibt sich selbst ständig mit zahlreichen neuen Geräuschkulissen.

Er bekämpft die Steigerung des Lärms und fügt sich und anderen täglich noch eine starke Dosis Lärm hinzu.

Fast möchte man meinen, der moderne Mensch habe eine „Liebe zum Lärm". Er sei geradezu „lärmsüchtig". Zwar möchte er keinen Lärm — und k a n n doch nicht auf ihn verzichten. Er möchte Stille, Ruhe — und k a n n ohne Lärm doch nicht leben. Er möchte — und k a n n nicht... Das ist die Tragik des Menschen, der seine Umwelt mit Lärm erfüllt — und sich dabei selbst zerstört. Dahinter steckt die „Dämonologie des Teufels".

In einem Buch mit dem Titel „Dämonen im Angriff" wird der Lärm mit der Hölle in Verbindung gebracht. Der Autor läßt einen Dämonen sprechen:

„Stille — wie hasse ich sie! Wie dankbar sollten wir dafür sein, daß seit der Zeit, da unser Vater die Hölle betrat, nicht ein Quadratzentimeter des Höllenraumes noch eine Minute der Höllenzeit der Stille ausgeliefert worden ist. Alles ist hingegen erfüllt von Lärm: Lärm, die große Dynamik! Der hörbare Ausdruck alles Triumphierenden, Unbarmherzigen, Männlichen! Lärm, der uns allein schützt vor allen törichten Schwächeanfällen, vor zweifelnden Gewissensbissen, vor unmöglichen Wünschen! Wir werden am Ende das ganze Weltall zu einem einzigen Lärm machen." [34]

Wie wahr ist doch die Erkenntnis:

Je lauter der Mund — um so unmündiger der Mensch.
Je unmündiger der Mensch — um so lauter sein Tun.
Je lauter sein Tun — um so primitiver der Mensch.

5. Die planetarische Massenvergiftung

Schwerwiegende Eingriffe in die Natur

Schon seit langem ist der Mensch dabei, die Quellen, aus denen er seine Nahrungsmittel bezieht, systematisch auszubeuten, zu quälen und zu vergiften. Damit wird Wirklichkeit, was der Prophet Hosea (um 740—700) für unsere Erde vorausgesagt hatte:

„Das Land verfällt und alles, was darauf wohnt. Es siecht alles dahin bis zu den Tieren des Feldes und den Vögeln unter dem Himmel. Ja, auch die Fische im Meer werden dahingerafft" (Hosea 4,3).

Mehr als die Hälfte der Erdbevölkerung bezieht ihre Hauptnahrung aus dem M e e r. Diese Hauptnahrung sind Fische. Aber große Mengen der Fische im Meer sind vergiftet. Sie sind vergiftet durch mehr als eine halbe Million verschiedener Substanzen, die die Zivilisation dem Meer zuführt, wie Öl, chemische Abfallstoffe, Spurenelemente, organische Lösungsmittel, entzündliche Stoffe, Insektizide und zahllose andere Substanzgruppen. Viele dieser Giftstoffe speichern sich in den Fischen, die den Menschen zur Nahrung dienen, und gelangen durch ihren Verzehr in den menschlichen Organismus.

So wurden besonders hohe Mengen an Quecksilber in den Fischen der Nord- und Ostsee sowie des Pazifischen Ozeans festgestellt. Die meisten dieser Fische kommen jedoch unkontrolliert in den Handel und werden vom Menschen verzehrt. Dies wiederum kann zu einer gefährlichen Quecksilberanreicherung im menschlichen Organismus führen, die in ihrer schlimmsten Form zu schweren psychischen und physischen Veränderungen führen kann. Ein Toxikologe (Giftstoffwissenschaftler) schreibt:

„Die psychischen Störungen (durch Quecksilber im Körper) sind durch folgende Symptome charakterisiert: Befangenheit, Schüchternheit, grundlose Verlegenheit, Angstzustände, Unentschlossenheit, mangelnde Konzentrationsfähigkeit, Depressionen und Mutlosigkeit. Quecksilber hat also stark persönlichkeitsverändernde Wirkungen. Kopfweh, Müdigkeit, Schwächeanfälle, Schläfrigkeit sind häufig anzutreffen, außerdem wurde Schlaflosigkeit beobachtet. Im fortgeschrittenen Stadium kommt es zu Halluzinationen, Gedächtnisschwund und schließlich zum geistigen Zerfall. Eigentlich reicht das schon aus. Doch es gibt auch noch Dinge wie undeutliche Aussprache, Hemmungen, einen Satz zu beginnen, und Schwierigkeiten mit der Artikulation, während die Hände zittern und die Handschrift sich verändert. Schweißausbrüche, grundloses Erröten, Entzündungen des Zahnfleisches, Zahnausfall und Durchfall runden dieses bestrickende Krankheitsbild ab." [35]

Ähnlich wie der Mensch das Meer und die Lebewesen darin vergiftet, vergiftet er auch den *Erdboden und die darauf wachsenden Lebensmittel.*

Der Erdboden verliert heute in steigendem Maße seine Grundstoffe durch einen vielfältigen mißbräuchlichen Eingriff des Menschen. Durch immer größere Mengen an Chemikalien, die der Mensch dem Erdboden aus Produktions- und Gewinnsucht zuführt, wird er zum Fruchttragen gewaltsam künstlich angeregt. Das führt zwar zur Steigerung der Hektar-Erträge bis zu 50 Prozent, wird aber bezahlt durch einen Anstieg von Giftstoffen um 1 350 Prozent — und mit einem Abbau des Humuskapitals im Boden. Kunstdünger zerstört nämlich die Bakterien, die tote Mikroorganismen in Humus umwandeln. Unsere Ländereien in der Bundesrepublik haben im Durchschnitt nur noch 1½ bis 2 Prozent Humus. Gesunde und damit fruchtbare Böden haben aber mindestens 3½ Prozent Humus.

Die Humusarmut führt zum Abtrag der Böden durch Wind und Wasser. Es kommt zur Bodenerosion. In Deutschland sind bereits mehr als 10 Prozent der landwirtschaftlichen Nutzflächen durch Erosion gefährdet. Statistiken besagen, daß Europa pro Jahr und Quadratkilometer durchschnittlich 84 Tonnen Mutterboden durch Erosion verliert. In Afrika liegt die Menge sogar bei 715 Tonnen. Dadurch wird das gesamte Leben auf diesen Kontinenten bedroht. Denn das Überleben aller Landlebewesen einschließlich des Menschen hängt letztlich von der durchschnittlich 40 cm dicken, obersten Schicht des Erdbodens, dem Humus, ab. Die Natur aber braucht 2000 bis 7000 Jahre, um 20 cm Humus neu zu bilden!

Die Humusarmut des Bodens führt auch zur Vermehrung des Unkrauts und zu erhöhtem Schädlingsbefall bei pflanzlichen Nahrungsmitteln. Es sind etwa 25 000 Kulturpflanzenschädlinge bekannt, die auf der Welt jährlich Ernteverluste in Höhe von 250 Milliarden Mark verursachen. Jahr für Jahr fallen vom Reis, dem Hauptnahrungsmittel in Asien, 200 Millionen Tonnen den Schädlingen zum Opfer. Das entspricht ungefähr der Menge, die jährlich auf der Welt geerntet wird. Dies macht — vor allem für die Länder der „Dritten Welt" — eine gezielte Schädlingsbekämpfung notwendig. Sie könnte wirkungsvoll durchgeführt werden durch die Züchtung schädlingsresistenter Kulturpflanzen (was z. B. bei

Mais, Weizen, Gerste, Kartoffeln und Zuckerrohr schon gelungen ist) oder durch den Einsatz von Schädlingsparasiten und insektenfeindlichen Parasiten. Auch könnte die bereits mit Erfolg erprobte Selbstvernichtung von Schädlingen angewendet werden. Sie läßt sich durch Aussetzen künstlich unfruchtbar gemachter Insekten, die keine Nachkommen mehr hervorbringen, innerhalb weniger Generationen ermöglichen. In den USA gibt es bereits heute ganze Industrien, die Millionen von schädlichen Insekten pro Woche mit chemischen Mitteln oder mit Strahlen sterilisieren können.

Der wirkungsvolle Allestöter

Statt dessen werden Jahr für Jahr Hunderttausende von Tonnen des billigen und „wirkungsvollen Allestöters" DDT (Dichlordiphenyltrichloräthan) im Kampf gegen die Kulturpflanzenschädlinge eingesetzt. Bereits zwei Millionen Tonnen dieses biologisch schwer abbaubaren Insektengifts sind in den letzten Jahren auf der Erde verstreut worden.

DDT wurde 1942 entdeckt. Die Chemie brachte es auf den Markt. Die Erfolge waren großartig. Der Erfinder von DDT bekam den Nobelpreis.

Doch die anfänglichen Erfolge führten bald zu schwerwiegenden Folgen:

DDT förderte zugleich die Entwicklung widerstandsfähiger Insektenarten. Unter den Pflanzenschädlingen gibt es inzwischen mehr als 100 Arten, denen DDT und ähnliche Insektizide nichts mehr anhaben können.

DDT gelangte durch die Nahrungsmittelaufnahme in den menschlichen Körper. In unseren Nahrungsmitteln, die uns die Landwirtschaft liefert, also im Getreide, im Gemüse, in den Kartoffeln, im Obst — in den Tieren, deren Fleisch wir essen, und in der Milch, die wir trinken — ja sogar im Trinkwasser, wird schon seit Jahren DDT, das zu der Gruppe der „tödlichen Sieben" (DDT, Aldrin, Dieldrin, Endrin, Heptachlor, Clordan, Lindan) gehört, festgestellt. Im Körper sammelt sich das DDT (und andere Insektizide), dessen Moleküle eine Mindestlebensfähigkeit von 10 bis 15 Jahren haben, vornehmlich im Fettgewebe, im Nervengewebe, im Gehirn, in der Leber, in den Geschlechtsdrüsen, im ungeborenen Körper, in der Muttermilch. Der Umweltexperte Gordon Rattray Taylor schreibt:

„Die Muttermilch enthält heute schon soviel DDT, daß sie eigentlich gegen die Lebensmittelgesetze verstößt." [36]

Dies wurde durch zahlreiche weitere wissenschaftliche Untersuchungen bestätigt. In der Milch von stillenden Müttern hat man eine 2- bis 6fach höhere Menge an DDT festgestellt als in Kuhmilch. Würde Kuhmilch soviel DDT-Gehalt haben, würde man sie als Nahrungsmittel verbieten.

In diesem Zusammenhang ist besonders beachtenswert, was der namhafte deutsche Wissenschaftler Dr. med. habil. B o d o M a n s t e i n zur „Vergiftung" unserer Nahrungsmittel sagt:

„Die steigende Chemisierung unserer Nahrungsmittel hat schon solche Extremwerte erreicht, daß sie über Muttermilch und Säuglingsnahrung in die nächste Generation mit Keimschäden hineinwirken. Von den Amerikanern hat man voller bitterer Ironie gesagt, daß sie nicht einmal mehr für Kannibalen genießbar wären, da ihr Körperfett bereits 100 Prozent mehr DDT enthält, als die Lebensmittelgesetze für die üblichen Nahrungsmittel zulassen. Am schlimmsten sind zur Zeit die Inder mit DDT infolge des Versuchs der starken Bodenausnutzung durchsetzt." [37]

Aber auch der erwachsene Bundesbürger speichert bereits beträchtliche Mengen an DDT (und anderen Insektiziden!). Er weist gegenwärtig durchschnittlich 4 Milligramm DDT pro Kilogramm Fettgewebe auf. Totgeborene Kinder sogar schon mehr als die doppelte Menge.[38] Darum lautet ein Slogan der Ausstellung „Umwelt 2000" auch:

„Kannibalen, eßt keine Bundesbürger, es könnte euer Tod sein."

Da die „menschliche Zelle niemals vergißt", besteht der begründete Verdacht, daß DDT und andere Insektizide zu Erkrankungen des Zentralnervensystems führen, Krebs auslösen, Erbschäden verursachen und in besonderer Weise auf das Gehirn einwirken. Der Schweizer Arzt B i r c h e r - B e n n e r (1867—1939) wies bereits 1938 darauf hin:

„Jede Schädigung des Gehirns bedeutet Schwächung des Bewußtseins, Abfall vom Geist, Verlust von Zielrichtung und Ordnungsvermögen. Das Gehirn ist auf das feinste empfindlich gegen die Zusammensetzung von Speise und Trank. Sein Empfindungsvermögen leidet unter jeder leisesten Giftwirkung. Hier sieht man die Einheit von Geist, Seele und Körper." [39]

Und F. W. D a h m e n fragt in seiner Schrift: „Verantwortung für die Landschaft ist Verantwortung für den Mitmenschen":

„Könnten nicht Gedächtnisschwund, Konzentrationsschwäche und Orientierungsmangel — bei Tieren nachgewiesen — auch bei Menschen ihre Ursache in diesen Giften haben?" [40]

An Stimmen, die vor den mannigfachen Insektiziden, besonders vor dem DDT gewarnt haben, hat es nie gefehlt. Der erste Alarmruf gegen das DDT war das Buch „Stummer Frühling" der US-Biologin R a c h e l C a r s o n.[41] Es folgten seitdem zahlreiche weitere, u. a. „Das Selbstmordprogramm" von G o r d o n R a t t r a y T a y l o r.[42]

Jetzt wird das ehemals als Wundermittel gepriesene Nerven- und Erbschadstoff DDT in den reichen Ländern der Welt geächtet. Im Mai 1972 verabschiedete der Deutsche Bundestag das seit 1969 vorbereitete DDT-Verbot, dessen Ausnahmeregelungen allenfalls bis 1976 gelten sollen. Gleichzeitig stoppte die amerikanische Umweltschutz-Agentur den Gifteinsatz in den Vereinigten Staaten. US-Chemiefirmen allerdings dürfen DDT weiter produzieren — für die „Dritte Welt"! „Von Natur aus wie ein Nomade, wandert (nun) das DDT (weiter) durch die Landschaft wie ein Hippie" (D o n W i d e n e r[43]). Für Millionen von Menschen in den unterentwickelten Ländern der Welt besteht damit weiter die furchtbare Alternative: Tod durch Gift — oder Tod durch Hunger! Tragisch, daß wir den Völkern der unterentwickelten Länder nichts anderes anzubieten haben!

Mord an der gequälten Kreatur

Zum Zwecke der Produktionssteigerung quält der Mensch nicht nur den Erdboden mit seinen Giften (mit denen er sich letztlich selbst vergiftet). Er quält auch die T i e r e. Gemäß der abendländischen Philosophie (so bei R e n é D e s c a r t e s, 1596—1650). Danach sind die Menschen Besitzer der Natur. Die Tiere dagegen sind Maschinen in der Hand des Menschen. Die Menschheit ist dabei, diese Philosophie wie nie zuvor zu verwirklichen.

Durch unseren „zivilisatorischen Druck auf den Naturhaushalt", mit dem wir das Gleichgewicht auf der Erde zerstören, sind in den letzten 400 Jahren mehr als 130 Säugetier- und Vogelarten unwiederbringlich verlorengegangen. Allein in den letzten 50 Jahren sind 76 Tierarten ausgestorben. In Zukunft sterben möglicherweise jedes Jahr zwei weitere Tierarten aus. Viele noch lebende Tierarten sind selten geworden. Unmittelbar vom Untergang bedroht sind zum Beispiel in den USA der Weißkopfadler, das Wappentier der Vereinigten Staaten. In Deutschland sind es Störche, Habichte, Falken, Sumpf- und Wasservögel, aber auch Birkwild, Störe, Lachse, Flußkrebse und schließlich die Igel. Durch Jagd, zunehmende Besiedlung des Landes, Autoverkehr und gefährliche Umweltgifte stehen sie vor dem Aussterben.

Fast sämtliche der heute noch lebenden Tierarten (einschließlich der, die am Nord- und Südpol leben) laufen mit Blei, Strontium 90, DDT und anderen Giften, die die Zivilisation hervorgebracht hat, in ihrem Körper herum und Tausende von ihnen siechen langsam dahin. Viele der Tiere verenden mitunter zu Hunderten oder Tausenden gleichzeitig.

Der Weg von hier zu einer gezielten barbarischen Tierquälerei durch den Menschen „im Namen des Fortschritts und der Wissenschaft" ist nur ein kurzer. Er darf deshalb in diesem Zusammenhang nicht unerwähnt bleiben. Nachfolgend seien einige Ausführungen zitiert aus dem wertvollen Heft von G ü n t h e r S c h w a b : „Wie soll das weitergehen?"

„Der schmerzhafte Tierversuch erfolgt beileibe nicht immer zum Zwecke der Medizin, um leidenden Menschen zu helfen oder ihr Leben zu retten!

In Zehntausenden von Labors werden Tag für Tag Hunderttausende von Tieren völlig sinn- und zwecklos gemartert. Qualvolle Versuche, die bereits tausendmal gemacht wurden und deren Ergebnis längst bekannt ist, werden von Studierenden immer wiederholt, *um an der Qual der Kreatur zu lernen.*

Um was zu lernen? Man zerschlägt Hunden ohne Betäubung die Knochen, um die Schmerzreaktion zu studieren. Man schüttet ihnen siedendes Wasser in die Mägen. 85 Prozent aller Tierversuche erfolgen nicht in den Versuchsräumen der Wissenschaft, sondern in den Labors der chemisch-pharmazeutischen Industrie, der kosmetischen Industrie, ja man zieht hochentwickelte, warmblütige Tiere dazu heran, um jene Viren zu züchten, die man braucht, um neue Farbvarietäten an Tulpenzwiebeln zu erzielen. Hier tobt sich, hinter schalldichten Mauern, eine m e n s c h l i c h e B e - s t i a l i t ä t aus, die für den Durchschnittsmenschen völlig unfaßbar und unvorstellbar ist. Wenn diese Blutschuld im Sinne einer kosmischen Gerechtigkeit jemals auf das Menschengeschlecht zurückfallen sollte, so werden die Bilder der Apokalypse dagegen verblassen.

Wenn nun einzelne sogenannte ‚Forscher' behaupten, daß die Vivisektion für den sogenannten ‚Fortschritt' der Wissenschaft unbedingt notwendig sei, so ist wahrscheinlich jene sogenannte Wissenschaft gemeint, die uns die Atombombe schenkte und die eifrig daran arbeitet, uns mit neuen Viren, Bakterien, mit Nervengas und anderen Erfindungen zu beglücken, die für den Ausrottungskampf des Menschen gegen den Menschen bestimmt sind." [44]

Und wie geht der Mensch mit den Tieren um, die seiner Nahrung dienen?

Auf engstem Raum werden heute Hunderte, ja Tausende von Hühnern, Gänsen, Puten, Schweinen und Rindern in den Ställen der Schlachtviehhalter zusammengepfercht. Sie werden in „Lege- und Mastviehfabriken" industriell ausgebeutet.

Weibliche Tiere werden in den Großfarmen heute immer häufiger nur noch künstlich „aus der Ampulle" befruchtet.

Zum Zwecke des besseren Wachstums, der höheren Ausbeute, zur Vorbeugung gegen Infektionskrankheiten werden die Tiere mit einer Flut von Chemikalien, Medikamenten, Hormonen „behandelt", „gequält", „vergiftet". „Manche Tiere sind" — so der Direktor der Landwirtschaftschule Eutin — „bis über den Hals voll mit Antibiotika".[45]

Manche Großtierhalter greifen selbst zur Spritze, denn ein gut florierender grauer Medikamentenmarkt — geschätzter Umsatz 50 Millionen Mark pro Jahr — sorgt für eine vielseitige und reichliche „Hausapotheke für Schlachttiere". Zwar sind manche Medikamente in der Massentierhaltung verboten — wie z. B. Hormone —, aber was nützt das, wenn kaum Kontrollen stattfinden.

Doch was sind die Folgen dieser „Medikamentenbehandlung"?

☐ Konstitutionsmängel und Organschwächen nehmen bei den Tieren zu.

☐ Tiere sterben vorzeitig an Streß, an Herzinfarkt. Sie haben also durchaus menschliche Probleme.

☐ Die Fleischqualität wird immer schlechter.

Um wirtschaftliche Einbußen zu vermeiden, werden die Schlachttiere häufig einer zusätzlichen Medikamentenkur unterzogen. Sie erhalten Beruhigungsmittel gegen den drohenden Herzinfarkt, obwohl das gesetzlich verboten ist.

Die Qualen und Todesschreie, die der Mensch aus Profitgier und Forscherdrang direkt durch Medikamente und Experimente oder indirekt durch die Vergiftung und Zerstörung der Natur den Tieren am lebendigen Leibe zufügt, steigen zu Gott empor. Wie Gott das Schreien der jungen Raben, die Hunger haben, hört (Psalm 147,9), so hört Gott die Schreie der geängsteten und gequälten Kreatur, die sich nach Erlösung sehnt.

Es ist erschreckend, wozu der Mensch überall fähig ist, nachdem er den Auftrag Gottes, „sich die Erde untertan zu machen", mißbraucht hat.

Unsere Nahrung schlägt uns gewaltig auf den Magen

Die Folgen davon, daß der Mensch aus Profitgier die Tiere, die zu seiner Nahrung dienen, „quält", bekommt er heute selbst zu spüren. Sein Tun kommt wie ein Bumerang auf ihn zurück:

Er bekommt penicillinhaltige Milch zu trinken. Prof. D i e t e r G r o ß k l a u s vom Bundesgesundheitsamt in West-Berlin weist auf die bedrückende Tatsache hin:

„Es steht außer Zweifel, daß penicillinhaltige Milch und Milcherzeugnisse in den Verkehr gelangen."[46]

Es ist wissenschaftlich nachgewiesen, daß schon 20 Liter Milch mit geringfügigen Rückständen von Antibiotika genügen, um 20 000 Liter zu verseuchen. Und dann die lautstarke Werbung:

„Trinkt mehr Milch und ihr bleibt gesund!"

Also Milch im Kampf gegen die vergiftete Umwelt, gegen alles was uns heute mürbe und kaputtmacht. Doch von Antibiotika, Blei und anderen Giften in der Milch wird uns nichts gesagt. Denn wer merkt schon, ob die Milch antibiotika- oder bleihaltig ist. Darum schlägt uns diese Werbung nicht nur gewaltig auf den Magen, sondern auch solche Milch!

Ähnliches gilt für das Fleisch. In den Überwachungsämtern häufen sich die Alarmmeldungen über Rückstände von zahlreichen Medikamenten in den verschiedenen Fleischarten. Doch nur wenige der Massentierhalter ziehen daraus entsprechende Konsequenzen, sondern verfahren weiter in ihren bisherigen Praktiken — auf Kosten der Volksgesundheit!

Doch damit nicht genug. Bevor das Fleisch in den Handel gelangt, wird es in der Verarbeitungs- und Verpackungsindustrie mit einer weiteren „Welle" von chemischen Zusätzen „behandelt", die es konservieren, reifen, zarter und wohlriechender machen. Die es färben und würzen und die Gewinnspanne des verarbeitenden Unternehmens auf Kosten der Gesundheit der Verbraucher erweitern.

Nicht anders verhält es sich bei zahlreichen anderen Lebensmitteln. Zwar wirbt man lautstark mit dem verheißungsvollen Slogan: „Frisch auf den Tisch aus deutschen Landen!"

Doch die „Frische" dieser Lebensmittel schlägt uns ebenfalls auf den Magen. Durch zumeist gierige Geschäftemacherei werden unseren Nahrungsprodukten nicht nur oft viele der lebenswichtigen Mineralien und Vitamine entzogen — man setzt ihnen auch zahlreiche Chemikalien zu. Gegenwärtig finden mehr als 2 400 Lebensmittelzusätze im Handel Verwendung. Zwar wird immer wieder beteuert, sie seien unschädlich. Aber den Beweis konnte bisher niemand antreten. Im Gegenteil: Zahlreiche besorgte Wissenschaftler sagen, daß eine große Zahl der Lebensmittelzusätze im Laufe der Zeit sich für den menschlichen Körper schädlich auswirken werde. So sieht der holländische Pflanzenschutzexperte Cornelius Jan Brieger in den Lebensmittelzusätzen einen „glänzenden Schein, unter dem verborgene Gefahren lauern". In seinem Buch „Silberne Schleier — Gefahren chemischer Bekämpfungsmittel" [47] zeichnet er ein deprimierendes Gesamtbild der möglichen gesundheitlichen Folgen, wenn wir unsere „Lebensmittel" weiterhin unkontrolliert „vergiften". Der frühere Bundestagsabgeordnete Prof. Bechert sagte im Blick auf die Flut von Chemikalien, Medikamenten, Hormonen, billigen Futtermitteln, mit denen die Tiere, die unserer Nahrung dienen, gefüttert werden, und die falschen Praktiken bei der Lebensmittelherstellung und -erhaltung, voller Besorgnis:

„Wir wissen nicht, was wir an Unheil für uns und kommende Geschlechter anrichten und schon angerichtet haben."

Zahlreiche Wissenschaftler warnen bereits und sagen, daß wir durch den Mißbrauch bei Medikamenten in der Herstellung und Erhaltung von Nahrungsmitteln mit einer Katastrophe spielen, die den Umfang der Contergan-Affäre weit in den Schatten stellen könnte.

„Was der Mensch sät, das wird er ernten"

Die gesundheitlichen Folgen des fehlgeleiteten menschlichen Denkens und Tuns sind schon heute besorgniserregend. Forscher berichten, daß die Resistenz bestimmter Bakterientypen zunimmt — zuerst gegen Sulfonamide, dann gegen Tetracyklin, schließlich auch gegen Streptomycin und Ampicyllin. Die Folgen: Gesund bleiben die Tiere — der Mensch aber ist gefährlichen Infektionskrankheiten wehrlos ausgesetzt. Die stärksten Waffen gegen Infektionskrankheiten werden seit einigen Jahren immer stumpfer. Dafür ein Beispiel: Wenn jemand eines Tages eine harmlose Grippe bekommt mit einer nachfolgenden Lungenentzündung, kann es sein, daß der Krankheitserreger sich weiter frei entwickelt und die Behandlung mit Penicillin o. ä. zu keinem Erfolg führt. Welch eine unheimliche Aussicht, auf die die Ärzte schon seit langem hinweisen.

Doch es gibt noch andere Folgen für den Verbraucher. Der Verzehr von mit Antibiotika behandeltem Fleisch kann zur Schädigung der Darmflora führen. Ostrogenverseuchtes Fleisch zu Fehlsteuerungen im menschlichen Hormonhaushalt. Andere Mittel im Fleisch können beim Menschen Fehlgeburten und Schädigungen des menschlichen Embryos verursachen. Einige der chemischen Zusätze in anderen Nahrungsmitteln stehen im Verdacht krebserregend zu sein.

Wir fragen: Muß das sein? Muß das Fleisch, das wir essen, mit einer Flut von Chemieerzeugnissen „vergiftet" sein? Muß unser Obst und Gemüse mit chemischen Mitteln, wie Wachstumsregulatoren, Wuchsstoffe, durch die lebhaftere Fruchtfarben u. a. erreicht werden sollen, behandelt werden? Muß mit Jauche und Kunstdünger bei der Züchtung von Kopf- und Feldsalat, der zumeist roh verzehrt wird, Schindluder getrieben werden? Müssen die 2 400 Lebensmittelzusätze — und viele von ihnen in unkontrollierten Mengen —, die längst nicht alle auf schädliche Nebenwirkungen auf den menschlichen Organismus sorgfältig überprüft wurden, im Handel Verwendung finden?

Müssen unsere L e b e n s mittel immer mehr ihrer natürlichen, gesunden, lebendigen und vollwertigen Stoffe beraubt werden und zu bloßen N a h r u n g s mitteln absinken, indem sie nach rein ökonomischen Gesichtspunkten ausgebeutet, ausgewählt und bearbeitet werden?

Was wäre es für den Menschen doch ein Gewinn und eine Wohltat, Lebensmittel mit dem Wohlgeschmack natürlicher Frische und Reife zu essen, ohne Haltbarkeits- und Schädlingsbekämpfungsmittel. Lebensmittel aus gesunder Erde, von gesunden Tieren, ohne chemikale Behandlung. Unpräparierte Lebensmittel, die noch ihre ganze Köstlichkeit und den ganzen Reichtum ihrer Nährstoffe aufweisen, die Gott in sie gelegt hat.[48]

Statt dessen quält der Mensch die Natur, die Tiere, die seiner Nahrung dienen, vergiftet seine gesamten Lebensmittel um den Preis der Produktionssteigerung und eines gewissenlosen Profits und zahlt dafür eine hohe Zeche: Er bezahlt dafür mit seiner Gesundheit. Unter Umständen auf die Dauer gesehen mit Siechtum. Denn noch immer gilt — und zwar in positiver als auch in negativer Beziehung — das „Naturgesetz Gottes":

„Was der Mensch sät, das wird er ernten" (Galater 6,7).

Wenn wir weiterhin aus Profitgier, Gewissenlosigkeit und Hochmut in Rechthaberei, ohne rechte Übersicht und verantwortlicher Abwägung unseren Erdboden und die darauf wachsende lebenswichtige Nahrung für uns vergiften, wenn wir die Natur weiter quälen und Gottes gute Schöpfung weiter verseuchen, werden wir eines Tages den Fluch Gottes ernten und vor dem Generalstreik der Natur und der menschlichen Gesundheit stehen:

„Verflucht wirst du sein in der Stadt, verflucht auf dem Acker. Verflucht wird sein dein Korb und dein Backtrog. Verflucht wird sein die Frucht deines Leibes, die Frucht deines Landes, die Frucht deiner Rinder und die Frucht deiner Schafe" (5. Mose 28,16—18).

Was Gott einst seinem Volk Israel für den Fall androhte, daß sein heiliger Wille mißachtet würde, steht heute in solcher Deutlichkeit vor uns, daß man sich fragen muß, ob dieser Fluch nicht auch auf unsere Welt und Zeit von heute schon realistische Formen anzunehmen beginnt.

Wir essen und hungern uns krank

Jeder dritte Bundesbürger stirbt nach einem Bericht des Bonner Gesundheitsministeriums an einer Krankheit, die auf falscher Ernährung beruht.

Der Selbstmord beginnt beim Einkauf. Die meisten Menschen wissen nicht, welche Nährwerte und Wirkstoffe der Körper braucht. Darum sind sie auch völlig überfordert, wenn sie in einem Selbstbedienungsladen vor 2 000 bis 4 500 Produkten stehen und ihre Nahrungsmittel einkaufen. Also kaufen sie sie nach jahrzehntealten Gewohnheiten und nach der Reklame, die sie beeindruckt.

Schließlich wird in der Küche am Kochtopf der Selbstmord gründlicher vorbereitet. Nicht mit Arsen oder Strychnin. Sondern mit allerlei „Zutaten", die zu einem „guten Essen" gehören, wird auf „starker Flamme" möglichst lange und ausgiebig eine kalorienreiche und schwer verdauliche, ihrer Vitamine und Spurenelemente beraubte Kost zubereitet.

Der eigentliche Selbstmord beginnt dann beim Essen:

- Es wird nach Laune gegessen.
- Es wird zu unregelmäßig gegessen.
- Es wird zu hastig gegessen.
- Es wird zu reichlich gegessen.
- Es wird zu einseitig gegessen.

Aber fast niemals oder nie wird mit der Sorge gegessen, seinem Organismus das zuzuführen, was er benötigt — mengenmäßig und qualitätsmäßig.

Und was sind die Folgen dieser falschen Ernährungsweise?

- Fettsucht. Der Anteil Fettsüchtiger an der Bevölkerung der

Bundesrepublik wird auf 30 Prozent g e s c h ä t z t, da „Fettsucht keine meldepflichtige Krankheit ist" — so Prof. W i l l i W i r t h s vom Max-Planck-Institut für Ernährungsphysiologie in Dortmund. Statistiken weisen aber immerhin aus, daß im Durchschnitt jeder Bundesdeutsche Tag für Tag 500 Kalorien zuviel aufnimmt.

● M a n g e l e r s c h e i n u n g e n. Die Chemie unseres Körpers braucht für einen normalen und reibungslosen Ablauf der Funktionen unserer Organe eine Vielfalt von Mineralien und Spurenelemente. Fehlen diese auf längere Zeit durch eine falsche Ernährung, kommt eines Tages der gesamte Körperhaushalt durcheinander.

● A k u t e E r k r a n k u n g e n. Eine ungesunde Ernährungsweise kann zu Stoffwechselkrankheiten, Magen-, Darm-, Leber- und Gallenleiden, zu Herz- und Kreislauferkrankungen, wie Herzinfarkt oder zu hohem Blutdruck, Arteriosklerose und Gebißverfall führen.

Dank zunehmender Aufklärung über die Folgen ungesunder Ernährungsweise, werden immer mehr Menschen „ernährungsbewußter". Allerdings weniger in dem Sinne der Diätetik (Ernährungslehre) als vielmehr im Sinne einer Schlankheitskur durch Quell- und Füllstoffe einer geschäftstüchtigen Nahrungsmittelindustrie. Dem Trend zum Schlankwerden wird reichlich Genüge getan. Wunsch-Figuren werden verheißungsvoll auf den Packungen der „Freßdämpfer" mit folgenden Werbesprüchen angeboten:

„Löffeln Sie sich schlank."

„Trink Dich schlank."

„Das Abnehmen wird zum Vergnügen."

„In wohlschmeckender Weise satt."

„Schlank und satt mit wenig Kalorien."

„7 Pfund leichter in 10 Tagen ohne Hungern."

„Der neue ideale Weg, schlank zu werden und schlank zu bleiben."

Doch halten sie, was sie versprechen? Werden Wunsch-Figuren nicht nur s c h e i n b a r Wirklichkeit?

Und die Nebenwirkungen dieser „Schlankheitswundermittel"? „Keine", sagen die Produzenten. „Selbst bei Daueranwendung trägt der Körper keinerlei Schäden oder Nachteile davon." Aber gerade das bezweifeln mittlerweile führende westdeutsche Ernährungswissenschaftler. Institute und Behörden, dazu bestimmt, den Verbraucher zu schützen, melden Bedenken an. Die „Deutsche Gesellschaft für Ernährung" erklärte, daß „die Auswirkungen einer Verwendung größerer Mengen" von Füllstoffen „noch eingehender Untersuchungen bedürften". Und das Fachblatt „Ärztliche Praxis" warnte: Die Füllstoffe seien in ihren „langfristigen Auswirkungen noch völlig unbekannt".[49]

Wäre es darum nicht besser, im Blick auf eine gesunde Ernährungsweise, die Erkenntnisse der Diätetik anzuwenden? Wäre es nicht besser, unsere bisherigen Eßgewohnheiten zu ändern? Wäre es nicht besser, der Maßlosigkeit beim Genuß von Nahrungs- und Genußmitteln abzusagen? Und die sowohl von medizinischer als auch von biblischer Seite gesundheitsfördernde Praktiken des zeitweiligen Fastens (Nahrungs- und Genußmittelentzug) wieder neu zu entdecken und anzuwenden?

Wenn wir nicht bereit sind, schnellstens unsere bisherigen Lebens- und Eßgewohnheiten zu ändern, werden Körper und Geist eines Tages zerfallen. Schon ist für viele ihr Bauch zu ihrem Gott geworden. Zu einem Gott, dessen Bauch sich „aufbläht", dessen Geist aber degeneriert. Denn Körper und Geist sind voneinander untrennbar. Sie stehen in ständiger Wechselwirkung. Vielleicht erklärt dies das ständige Nachlassen des gesunden Menschenverstandes, die zunehmende Anfälligkeit des modernen Menschen für vorgefaßte Meinungen und althergebrachte Gewohnheiten sowie sein immer stärker werdendes seltsames, naturwidriges und lebensfeindliches Verhalten.

6. Der Abfallhaufen der Wegwerfgesellschaft

Produktion und Konsum als moderne Weltanschauung

Namen wie „Produktionsgesellschaft", „Konsumgesellschaft" und „Wegwerfgesellschaft" sind heute in vieler Mund. Doch nur wenige unserer Zeitgenossen wissen, was sie bedeuten. Nur wenige machen sich Gedanken darüber, was hinter ihnen steckt. Nämlich ein ganz bedrückendes Umweltdilemma von bedeutsamer Tragweite.

Wir leben gegenwärtig in einer Zeit noch nie dagewesener Verschwendung. Unsere Gesellschaft ist so „umweltbewußt" geworden, daß sie nur noch aus Produzieren, Benutzen und Wegwerfen besteht.

Die gesamte Wirtschaft beruht heute darauf, möglichst viele der kostbaren Rohstoffe zu gewinnen, sie in möglichst viele Konsumgüter umzuwandeln und diese in möglichst großer Zahl an die Konsumenten zu verkaufen. Alles was ökonomisch rentabel erscheint, wird in die Tat umgesetzt: Es wird produziert. Ob es sinnvoll ist, ist unwichtig. Ob es gesellschaftlich von Wert und Nutzen ist, ist zweitrangig. Ob es der menschlichen Gesundheit dient, ist uninteressant. Hauptsache, es läßt sich daran gut verdienen.

Hinzu kommt, daß alle Produkte auf einen schnellen Verbrauch und Verschleiß angelegt sind: Die Lebensdauer der einzelnen Waren wird immer kürzer. Das Mißverhältnis zwischen Wareninhalt und Verpackungsaufwand wird immer krasser. Der Umschlag der Waren immer schneller.

Je „produktionsbewußter" wir nun werden, um so „konsumbewußter" werden wir g e m a c h t. Durch Milliardenmark-Einsätze der Werbung! Von morgens bis abends werden wir in den Zeitungen, auf Plakatwänden, im Hörfunk und Werbefernsehen und durch Tausende von überflüssigen, wälderzerstörenden Prospekten geradezu terrorisiert, tausenderlei Dinge zu kaufen. Und alles was wir brauchen, schnellstens zu erneuern. Und diese „geheime Verführung" hat Erfolg!

Wir kaufen heute vielfach Gegenstände, die wir gar nicht oder noch nicht brauchen. Wir kaufen auch Produkte, die wir längst nicht mehr wirklich v e r b r a u c h e n. Wir b e n u t z e n sie nur noch — und werfen sie baldmöglichst einfach weg. Ohne uns groß Gedanken darüber zu machen, was damit passiert. Unsere gesamte Lebensform ist nur noch auf den Konsum ausgerichtet, der geradezu zu einer Weltanschauung geworden ist.

Victor Lebow, ein bekannter amerikanischer Marktberater sagt:

„Unsere ungeheuer produktive Wirtschaft verlangt, daß wir den Konsum zur Weltanschauung machen, daß wir Kauf und Gebrauch von Gütern zum Ritual erheben, daß wir unsere geistige Befriedigung unseres Ich im Verbrauch suchen."[50]

Doch was sind die Folgen dieser „Weltanschauung", dieses „Rituals", dieser „Selbstbefriedigung"?

Raubbau an den Naturschätzen

1. Rohstoffe werden knapp

Alle Materialien, aus denen der Mensch seine Industriegesellschaft aufbaut, entnimmt er der Erdkruste. Sie ist, wie wir heute wissen, sehr dünn. Sie umhüllt das flüssige Erdinnere wie eine Eischale. An manchen Stellen ist sie nur acht, höchstens jedoch 50 Kilometer dick.

Jede Steigerung der Produktion, jede Steigerung der Lebensansprüche entzieht nun dieser dünnen Erdkruste wertvolle Rohstoffe. Rohstoffe, die von Menschenhand schneller abgebaut werden als sie sich neu bilden können. Die Produktionsgesellschaft hat innerhalb weniger Jahrzehnte viele der Rohstoffe unserer Erde schon so ausgebeutet und vergeudet, daß wir an die Grenzen dieses so wichtigen Erdkapitals stoßen. Wenn wir so weiterwirtschaften wie bisher, werden in wenigen Jahrzehnten viele der wertvollen und unersetzlichen Rohstoffe verbraucht sein.

So reichen z. B. die Erdölreserven, soweit sie bekannt sind, nach einer ESSO-Schätzung noch für 35 Jahre, nach amerikanischen Schätzungen allerdings nur noch für 25 Jahre. Der amerikanische Unterstaatssekretär im Wirtschaftsministerium wies darauf hin, daß die westlichen Industrieländer nach dem Jahre 1980 mit einem akuten Treibstoffmangel rechnen müssen. Nach Schätzungen amerikanischer Geologen werde Erdgas in 20 Jahren, Uran in 12 Jahren, Blei in 10 Jahren, Kupfer in 50 Jahren, Zink in 15 Jahren, Zinn in 20 Jahren verbraucht sein. Die Vorräte an Kohle, Eisen und Aluminium werden noch für 200 Jahre reichen. Dann sind die wichtigsten Vorräte der Erde ausgebeutet!

In dem Bericht des „Club of Rome" zur Lage der Menschheit, der 1972 in dem Buch „Die Grenzen des Wachstums" veröffentlicht wurde, wird darum in aller Eindringlichkeit darauf hingewiesen, daß unsere Erde kein „Land der unbegrenzten Möglichkeiten" ist:

„Unsere Erde ist nicht unendlich. Je mehr sich die menschliche Aktivität den Grenzen der irdischen Kapazität nähert, um so sichtbarer und unlösbarer werden die Schwierigkeiten.

Die menschliche Gesellschaft hat noch nicht gelernt, diese Schwierigkeiten zu erkennen und sie zu beherrschen. Das offensichtliche Ziel des Weltsystems ist gegenwärtig, immer noch mehr Menschen zu erzeugen und sie mit noch mehr Nahrungs- und Gebrauchsgütern zu versorgen. Wir haben gezeigt, daß die Gesellschaft bei weiterer Verfolgung dieses Ziels über kurz oder lang gegen eine der vielen endgültigen Grenzen für das Wachstum auf der Erde stoßen wird."[51]

Doch wer hört schon auf einen solchen Appell? Wer schert sich um die möglichen Folgen? Statt dessen wird durch eine profitgierige Industrie und Wirtschaft der „Ausverkauf" der wertvollen und unersetzlichen Rohstoffe der Erde in einem Tempo vorangetrieben wie nie zuvor. Ohne an die Zukunft zu denken! Wenn wir aber weiterhin gewissenlos und bedenkenlos schneller und verschwenderischer produzieren als die Natur ihre Rohstoffe, wird es eines Tages zu spät sein und wir werden vor leeren „Regalen" der Natur stehen.

Eine neue Industrie zur Wiederverwendung von Schrott und Abfall ist nötig, wenn die Erde nicht sehr bald mit ihren Rohstoffvorräten am Ende sein soll.

Wann wird uns der Dreck bis zum Hals stehen?

2. Steigende Abfallmengen

Wirtschaft und Industrie haben uns nicht nur „produktionsbewußt" und „konsumbewußt" gemacht, sondern als Folge davon auch „abfallbewußt".

Seit Jahrzehnten steigen die Müllhalden der „Wegwerfgesellschaft" ins Unermeßliche. Gegenwärtig produzieren wir in der Bundesrepublik nicht weniger als 260 Millionen Tonnen Abfälle pro Jahr. Das sind 350 Millionen Kubikmeter. Diese riesige Abfallmenge stammt sowohl von der Verbraucherseite als auch von der der Produktion. Im einzelnen setzt sich dieser Müll wie folgt zusammen:[52]

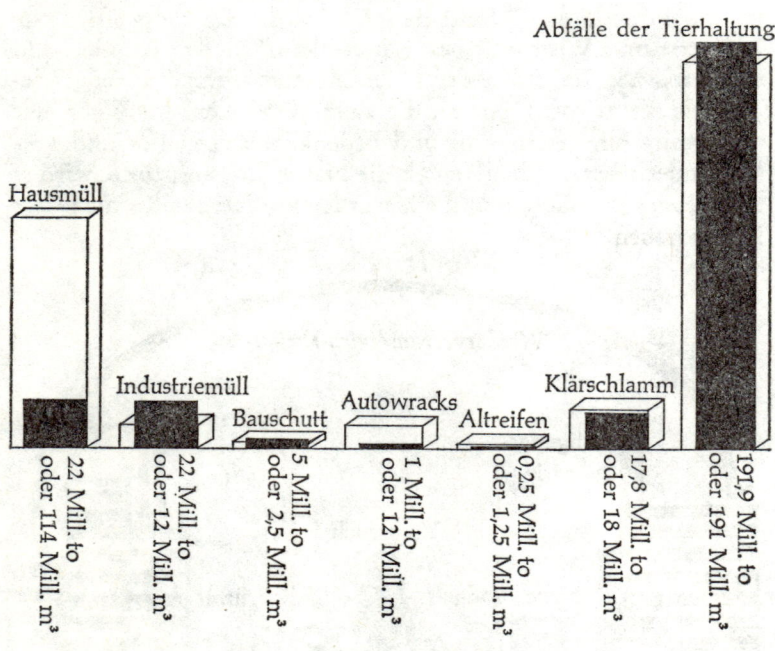

Abfälle der Tierhaltung

Hausmüll

Industriemüll

Bauschutt

Autowracks

Altreifen

Klärschlamm

22 Mill. to oder 114 Mill. m³

22 Mill to oder 12 Mill. m³

5 Mill. to oder 2,5 Mill. m³

1 Mill. to oder 12 Mill. m³

0,25 Mill. to oder 1,25 Mill. m³

17,8 Mill. to oder 18 Mill. m³

191,9 Mill. to oder 191 Mill. m³

Von den 22 Millionen Tonnen Hausmüll hat jeder Bundesbürger einen persönlichen Anteil von fast 6 Zentner, die er jährlich „produziert". Im einzelnen sind das:[53]

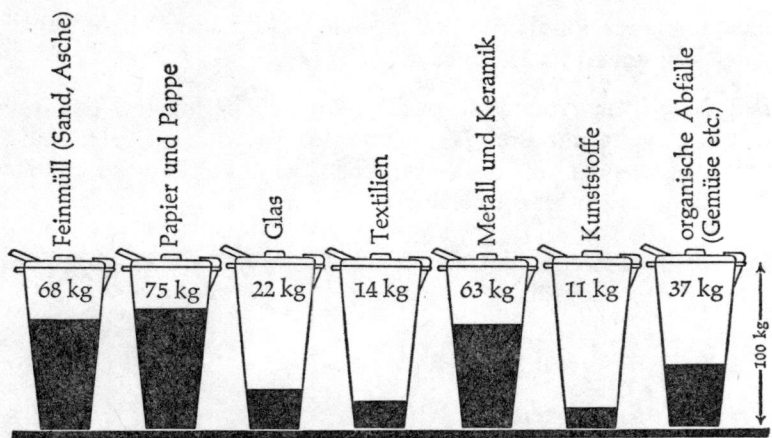

Mit diesem riesigen Volumen an Produktions- und Verbrauchsmüll ließe sich die gesamte Fläche des Bodensees oder 73 000 Fußballplätze mit einer 65 Zentimeter hohen Schicht bedecken. Es ließe sich damit auch jedes Jahr ein Berg aufschütten von 3 000 Meter Höhe (Vergleich: die Zugspitze!). In wenigen Jahren könnte die Bundesrepublik eine imposante „Alpen"-Landschaft aus Müll haben, deren Gipfel man „Monte Scherbelino" nennen müßte.

Diese Befürchtungen mögen sicher nicht nur auf die Bundesrepublik zutreffen, sondern vergleichsweise auf alle hochentwickelten Industriestaaten der Welt. Vor Jahren fielen zum Beispiel in den USA jährlich folgende Mengen an Abfall an:[54]

	7 Mill. Autowracks
	20 Mill. to Papier
	100 Mill. Autoreifen
	142 Mill. to Gift- und Abgase
	3 000 Mill. to Industrieabfälle
	28 000 Mill. Flaschen
	48 000 Mill. Konservenbüchsen

Heute steigern sich die Abfallmengen in den USA im Durchschnitt jedes Jahr um 10 bis 15 Prozent.

Das Münchner Ärzteblatt „Praxis-Kurier" befürchtet, daß es möglicherweise nur drei Jahrzehnte dauern würde, „dann sind unsere Städte von Müllwällen umgeben, die das Volumen der großen Chinesischen Mauer bei weitem übertreffen."

Für die Bundesrepublik sind für das Jahr 1980 pro Kopf insgesamt 10 Zentner Müll zu erwarten:[55]

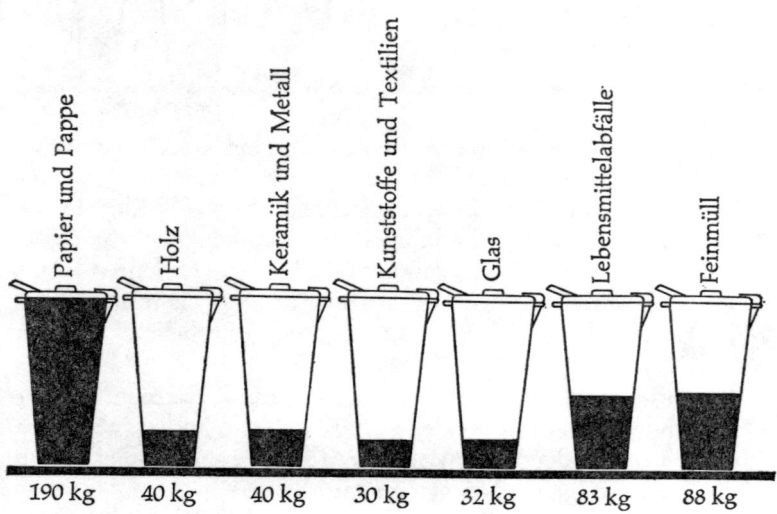

Papier und Pappe	Holz	Keramik und Metall	Kunststoffe und Textilien	Glas	Lebensmittelabfälle	Feinmüll
190 kg	40 kg	40 kg	30 kg	32 kg	83 kg	88 kg

Bedingt durch die rapide Zunahme der Weltbevölkerung, der weiteren Produktionssteigerung, des immer schnelleren Umsatzes von Nahrungsmitteln und Gebrauchsgütern wird in Zukunft die Müllmenge auf der Erde zwangsläufig erheblich wachsen, so daß namhafte Ökologen schon vom „Müllplaneten Erde" sprechen.[56]

Drei Ratten auf einen Bundesbürger

Wohin aber mit dem ganzen Abfall? Der Durchschnittsbürger macht sich darüber wenig Gedanken. Bedenkenlos kauft er Getränke in Wegwerfflaschen. Er greift nach Waren mit schönen und aufwendigen Verpackungen. Er läßt seine Einkaufstasche oder sein Einkaufsnetz zu Hause und bringt bei jedem Einkauf lieber eine bunte Tragetasche mit. Nicht lange danach wandert dies und vieles andere mehr in die Mülltonne. Doch meistens ist sie voll.

Übervoll sogar. Und das Tage, bevor die „Müllmänner" kommen. Wohin aber mit dem Abfall, der nicht mehr in die Mülltonne paßt? Wohin mit den leeren Flaschen, dem benutzten Papier, den leeren Dosen? Wohin mit den „Resten" nach dem Picknick im Freien? Irgendwo in die Landschaft an den Straßenrand, in den Wald, in Bäche und Teiche. Oder es wird in Selbsthilfe verbrannt. Denn irgendwie muß man sich ja seiner „unerwünschten Hinterlassenschaften" entledigen.

Wohin mit dem ganzen Müll? So fragen sich auch die Verantwortlichen. Zwar gibt es Müllplätze. 50 000 an der Zahl. Aber nur ganze 150 sind „korrekt" angelegt. Das heißt, sie gefährden die Umwelt nicht durch Rauch und Gestank, durch Verseuchung des Grundwassers u. a. Dagegen sind die meisten der Müllkippen in der Bundesrepublik nicht „umwelthygienisch". Sie gefährden die Wasserversorgung. Verschandeln die Landschaft. Sind oft Brutstätten von Krankheitserregern. Sind Eldorados für Ungeziefer und Insekten. Vor allem auch für Ratten. Gerade in „wilden Müllkippen" gedeihen Ratten prächtig. Hier können sie ihrer unstillbaren Freßlust frönen. Ihre Fruchtbarkeit ist beängstigend. Gleich viermal jährlich wirft eine Rattenmutter 10 bis 12 Junge. Nach 6 Wochen sind sie bereits selbst fortpflanzungsfähig. Man kann deshalb nicht eindringlich genug davor warnen, Nahrungsmittelreste „wild" wegzuwerfen. Andernfalls wird uns — wie Umweltexperten sagen — unsere „Wegwerfgesellschaft eine Rattenplage bescheren." Bereits heute gibt es 3 Ratten auf jeden Bundesbürger. Sie leben alle von unserem Abfall!

Wohin mit dem ganzen Müll? Seine Beseitigung bereitet bereits vielen Verantwortlichen ungeheures Kopfzerbrechen und ist zu einem fast unlösbaren Problem geworden. Wo soll all der Unrat, den die Menschen produziert haben, verbleiben?

Man denkt daran, Müll mehr als bisher zu verbrennen. Doch dies hat den Nachteil, daß es die Luft verschmutzt. Man denkt daran, den Müll durch Kompostierung zu beseitigen. Aber nicht alles läßt sich kompostieren. Man denkt daran, den Müll ins Meer zu kippen. Dadurch verseucht man aber das Wasser der Meere. Schließlich denkt man daran, Müll auf andere Planeten zu schießen. Aber das ist ein teures Unterfangen.

Ratlos schaut man vor allem auf den Müll, der sich biologisch durch Bakterien, Pilze und andere Organismen nicht so schnell oder gar nicht zersetzt. Wie zum Beispiel Flaschen, die durch das hemmungslose Ex- und -hopp-Prinzip immer mehr die Landschaft verschandeln. Oder denken wir an den Abfall aus Kunststoff (PVC), der besonders durch die modernen Verpackungsmethoden entsteht.

Ein erster vager Lichtblick auf eine mögliche Teillösung dieses Problems ist das am 2. März 1972 durch den Deutschen Bundestag verabschiedete „Abfallbeseitigungsgesetz". Es ist in seiner Art das modernste Europas.

Doch mit Gesetzen allein wird man der immer höher werdenden „Müllberge" und ihrer Beseitigung aufs Ganze gesehen nicht beikommen. Das Problem wäre nur lösbar durch eine bewußt gewollte, von allen Beteiligten unterstützte, drastische Einschränkung von Produktion und Verbrauch. Nicht Wohlstand, sondern Wohlfahrt müßte das beherrschende Prinzip unserer Gesellschaft werden. Wenn wir aber nicht bereit sind, bald einen grundlegenden Wandel in der Produktion und im Verbrauch von Konsumgütern zu schaffen, werden wir eines Tages — trotz allem Fortschritt — im eigenen Wohlstandsdreck ersticken.

7. Flirt mit dem Dritten Weltkrieg

Die häßlichste aller Verschmutzungen

Seit vor etwa 30 Jahren über der Wüste von Alamogardo in Neu-Mexiko/USA der Feuerball der ersten Atombombenexplosion aufblitzte, verfügen die Menschen über ein Vernichtungsinstrument, mit dem sie heute mindestens 50mal die gesamte Menschheit auslöschen und unseren Planeten zu einer geschwärzten Erde machen könnten mit absoluter Totenstille. Die Militärstrategen nennen dies „overkill capacity", was nach der Interpretation des bekannten Physikers und Friedensforschers Carl Friedrich von Weizsäcker heißt:

„Die Fähigkeit, mehr Menschen umzubringen, als da sind."

UNO-Generalsekretär Kurt Waldheim bezeichnete darum auf der Umweltschutzkonferenz im Juni 1972 in Stockholm vor den 1 200 Delegierten aus 112 Mitgliedsländern der Welt-Organisation als „häßlichste aller Verschmutzungen auf der Erde die Verseuchung durch Waffen".

Noch nie in der Geschichte war unsere Erde ein solcher von Waffen strotzender Lagerplatz wie heute. Und noch nie in der Geschichte war die gesamte Welt gleichzeitig in der Gefahr, ein globales Krematorium zu werden wie heute.

Wie kam es zu dieser „häßlichsten aller Verschmutzungen auf der Erde"? Wie kam es zu der Verseuchung unserer Erde mit Waffen?

In dem Maße, wie in den letzten 30 Jahren unsere Umwelt durch Profitgier, Produktion und Konsum ausgebeutet, vergiftet und zerstört wurde, hat eine ähnliche Verschmutzung und Bedrohung unserer Erde durch eine Eskalation der Waffentechnik und Waffenproduktion stattgefunden.

10 Tonnen TNT für jeden Menschen

Es begann mit der Uranbombe 135 und der Plutoniumbombe 239. Mit ihnen wurden die beiden japanischen Städte Hiroshima und Nagasaki dem Erdboden gleichgemacht. Die Wirkung dieser beiden A-Bomben war gewaltig. Dennoch fand man sie in ihrer Wirkungsweise ungenügend. Es kam zur Entwicklung und zum serienmäßigen Bau der Wasserstoffbombe. Mit ihr könnten nach Ansicht des deutschen Atomforschers Prof. Otto Hahn (1879—

1968), Millionenstädte wie New York, London, Paris in einem einzigen Augenblick völlig zerstört und das gesamte Leben dort ausgelöscht werden. Aber auch die Wasserstoffbombe genügte nicht. Es wurde die Kobaltbombe konstruiert, deren Vernichtungskapazität 300 000 mal stärker als die erste Wasserstoffbombe ist.[57]

Aber auch damit gab man sich noch nicht zufrieden. Der verschmutzte Geist des Menschen drängte auf eine weitere Eskalation der Waffentechnik. Also „schuf" der Mensch die Weltraumbombe (Fractional Orbital Bombing Systems). Sie kann in eine Umlaufbahn um unseren Planeten geschossen werden, um von dort jeden Punkt der Erde mit ihrer vernichtenden Kraft anzusteuern.

Die drei bedeutendsten Weltmächte haben von den verschiedenen Atomwaffen zusammen etwa 8¹/₂tausend einsatzbereit, wie das folgende Schaubild verdeutlicht (Stand 1972):[58]

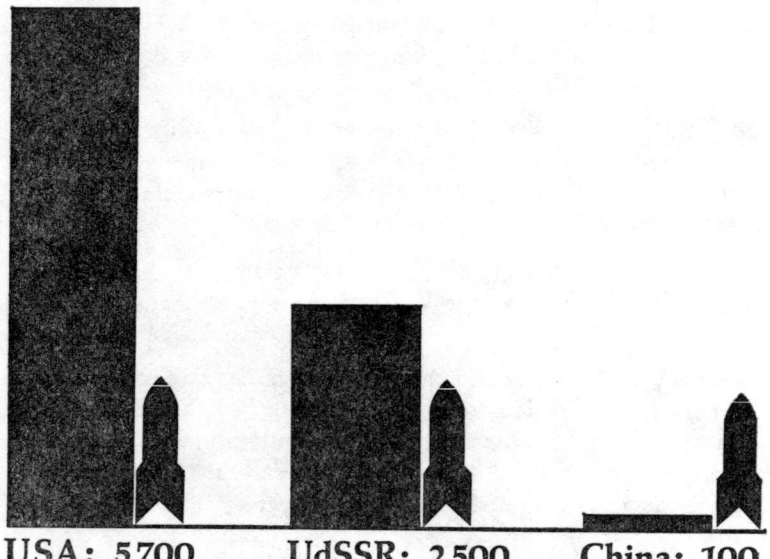

USA: 5700   UdSSR: 2500   China: 100

Diese A-Waffen haben zusammengenommen eine Sprengkraft von 30 Milliarden Tonnen herkömmlichen Sprengstoffes TNT (Trinitrotuluol). Das sind rund 10 Tonnen TNT für jeden Menschen auf der Welt.

Ein schauerliches Bild möglicher Vernichtungskraft allein durch amerikanische Atomwaffen zeichnet Robert S. McNamara in seinem Buch „Die Sicherheit des Westens". Der Autor, der von

1961 bis 1968 dem amerikanischen Verteidigungsministerium, dem Pentagon, vorstand und laut des früheren amerikanischen Präsidenten L. B. J o h n s o n (1908—1972) der „beste Verteidigungsminister war, den Amerika je hatte", schreibt:

„Unser eigenes strategisches Angriffspotential ist überwältigend . . . Unsere Alarmverbände allein können mehr als 5 000 Kernwaffen zum Einsatz bringen . . . Schon 400 solcher Waffen würden genügen, um mehr als ein Drittel der gesamten Bevölkerung und die Hälfte der Industrie der Sowjet-Union zu vernichten. Alle diese flexiblen und äußerst präzise funktionierenden Kampfmittel sind mit Geräten ausgestattet, die gewährleisten, daß die sowjetischen Verteidigungsanlagen durchbrochen werden." [59]

Die Möglichkeit der Zerstörung weiter Teile unserer Erde durch einen massiven Einsatz atomarer Waffen wird um so wahrscheinlicher, wenn man bedenkt, daß immer mehr Staaten nach eigenen Atomwaffen verlangen. Bereits heute könnten industriell hinreichend ausgestattete Länder, wie Israel, Ägypten, Schweden, Südafrika, Indien, Japan und die Bundesrepublik Deutschland mit einem Aufwand von je 800 Millionen DM 100 Atombomben von der Größe der Hiroshima-Bombe bauen. Bis zum Jahre 2000 werden die Kosten weiter sinken. Es besteht daher die ernste Gefahr, daß die Ausweitung des Atomwaffenbesitzes, unbeschadet aller Verträge, wie Atomtest-Stopp-Abkommen, Atomwaffen-Sperrvertrag und Salt-Abkommen, weitergehen und schließlich auch kleinere Staaten wie Kuba, Nordvietnam, Nordkorea oder die DDR erfassen wird.

„. . . und ihre Zunge wird im Munde verwesen"

Parallel zu den Atomwaffen wurden von den Weltmächten zunehmend biologische (bakteriologische) und chemische Kampfstoffe entwickelt und produziert. Das Feldhandbuch der amerikanischen Armee zählt zum Beispiel 8 chemische Kampfstoffe auf:

- 2 Nervengase
- 1 Hautgift
- 1 Lähmungsgas
- 2 Brechmittel
- 2 chemische Stoffe gegen Demonstranten

Als biologische Kampfstoffe werden Erreger von Milzbrand, Pest, Ruhr und anderen Krankheiten, sowie das menschliche Gehirn beeinflussende Erreger genannt.

Über die Wirkungsweise dieser Kampfstoffe ist nur wenig bekannt, da sie zumeist verschwiegen wird. Nur bei wenigen Autoren kann man etwas darüber erfahren. So schreibt Prof. Dr. Ernest E. Snyder:

„Wird ein winziger Tropfen (des Nervengases) VX oder GB eingeatmet, absorbiert oder eingenommen, entstehen Fehlfunktionen der willkürlichen und unwillkürlichen Muskeln. Muskelzusammenziehungen können nicht mehr kontrolliert werden. Die Pupillen werden sehr klein und der Patient hat Sehschwierigkeiten. Er kann Darmentleerungen nicht mehr kontrollieren. Es tritt übermäßige Schweiß- und Speichelbildung auf. Weitere Symptome sind Kopfschmerzen, Verwirrungen, Spasma, Koma. Die Muskeln lösen unwillkürliche und unkontrollierte Bewegungen der Glieder aus. Der Tod kann, je nach Dosierung, innerhalb von Minuten oder Stunden eintreten und ist wahrscheinlich einem Versagen der Muskulatur zuzuschreiben." [60]

Wie aktuell werden im Zusammenhang dieser Ausführungen die Aussagen des Propheten Sacharja (um 520—510):

„Das wird die Plage sein, damit der Herr plagen wird alle Völ-

1. *Bildseite*
„Die gesamte Kreatur ängstigt sich und sehnt sich nach Erlösung" (Römer 8, 21.22). Die Qualen und Todesschreie, die der Mensch aus Profitgier und Forscherdrang in oft unnötiger Weise den Tieren am lebendigen Leibe zufügt, steigen zu Gott empor. (Foto Windstosser — Bavaria)

2. *Bildseite*
„Vielen ist der Bauch ihr Gott" (Philipper 3, 19). Millionen Menschen in den Wohlstandsländern essen oder hungern sich krank. (Foto pbp-Poss)

3. *Bildseite — oben*
Industrie und Wirtschaft haben uns nicht nur „produktionsbewußt" und „konsumbewußt" gemacht, sondern als Folge davon auch „abfallbewußt".
(Foto Lachmann)

3. *Bildseite — unten*
Wohin mit dem ganzen Müll? Verbrennen? Doch dies hat den Nachteil, daß es die Luft verschmutzt. (Foto pbp-Poss)

4. *Bildseite*
„Der Himmel wird zergehen mit großem Krachen, die Elemente werden vor Hitze zerschmelzen und die Erde mit ihren Werken verbrennen" (2. Petrus 3, 10). Mit dem heutigen Atomwaffenarsenal der Großmächte kann man mindestens 50mal die gesamte Menschheit auslöschen und unseren Planeten zu einer geschwärzten Erde machen. Dessen ungeachtet dreht sich das Rüstungskarussel der siebziger Jahre weiter auf vollen Hochtouren, um ein atomares Harmagedon noch perfekter vorzubereiten. (Foto Associated Press)

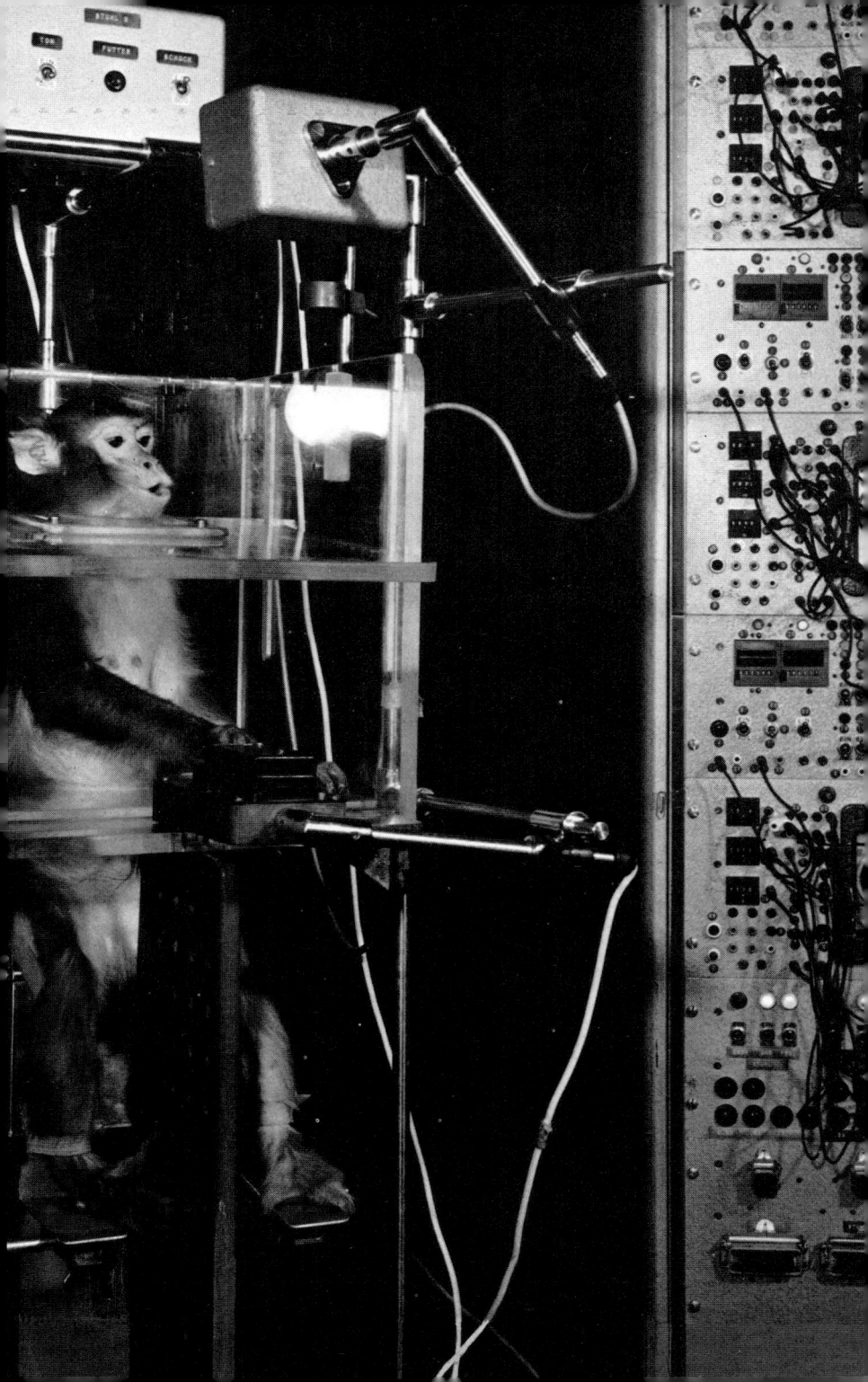

Eine neue große Serie von Gerda ... denen ihr Aussehen und ihre Gesu...

SCHLANK WERDEN

SCHLANK BLEIBEN

Warum ...
wahre ...
schling...
währen...
ißt und...
lang in 6...
zu we...
es einer Z...
sich zwar...
figur" ...
aber nicht...
erreichte...
halten? E...
kürzlich an...
135 Kilo...
130 Kilo...
nicht unter...
Sie abstreic...
uns in der...
Ist Dicksein...
es Schicksal...
Drüsen? A...
licher „Futter...

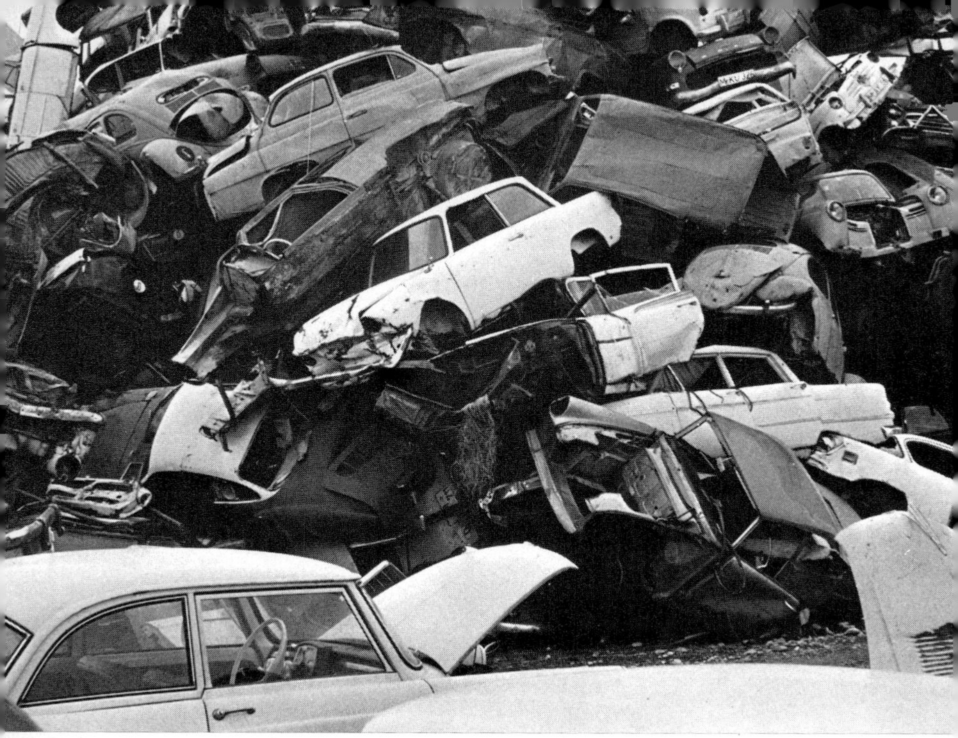

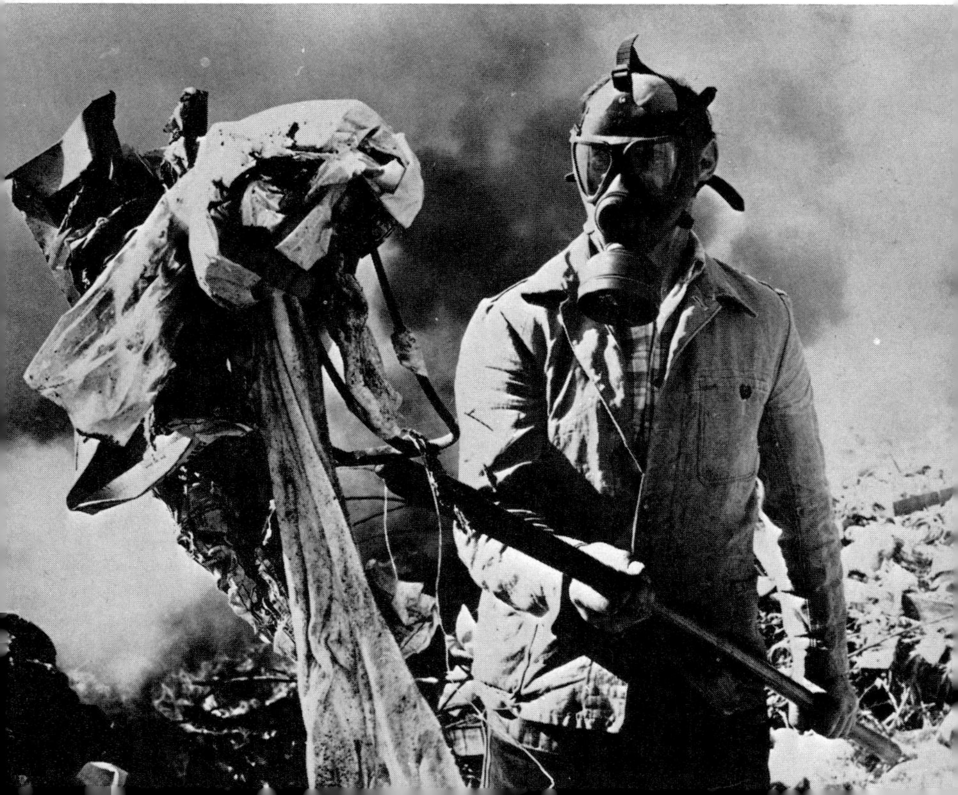

ker, die gegen Jerusalem streiten: Ihr Fleisch wird verwesen, obwohl sie noch auf ihren Füßen stehen, und ihre Augen werden in den Löchern verwesen und ihre Zunge im Munde verwesen" (Sacharja 14,12).

Biologische und chemische Kampfstoffe, die ganze Armeen zu wandelnden Leichnamen machen können, gehören längst nicht mehr in das Reich der Utopie. Militärbiologen sagen, daß die nächsten zehn Jahre einige bedeutende Fortschritte in der Weiterentwicklung und Herstellung, sowie in der Verwendung dieser Waffen bringen wird. Strenge Geheimhaltung auf diesem Gebiet macht es schwer, genaue Angaben zu erhalten. Doch es gilt als sicher, daß zivile medizinische Entdeckungen und Experimente von militärischer Seite übernommen, entsprechend weiterentwickelt und im Ernstfall angewandt werden. Dazu gehört u. a. die Anwendung von Spezialdrogen, die Wahnsinnserscheinungen hervorrufen und eine gegnerische Armee, ja sogar ein ganzes Volk in ein richtiggehendes Irrenhaus tobender Schizophrener verwandeln können.

Vorbereitung auf ein atomares Harmagedon [61]

Um die atomaren, biologischen und chemischen Waffen ins feindliche Ziel zu bringen, wurden von Anfang an entsprechende Trägerraketen mit einer ausgeklügelten Elektronik entwickelt. Die erste Rakete dieser Art, die entwickelt wurde, flog nur einige wenige Kilometer weit. Sie entsprach nicht den Erwartungen der Rüstungsingenieure. Es wurde die Mittelstreckenrakete (Reichweite etwa 1 600 km) entwickelt. Bald wurde sie überflügelt durch die Interkontinentalrakete. Sie hat eine Reichweite von zirka 13 000 km. Damit können die beiden Supermächte USA und UdSSR jeden Punkt der Erde erreichen. Es folgten schließlich Unterwasserraketen, die von beweglichen Marine-Einheiten abgefeuert werden können, und Antiraketen-Raketen, die gegen anfliegende Raketen eingesetzt werden und sie in der Luft zerstören können.

Das Schaubild Seite 82 gibt die Zahl der einsatzbereiten Interkontinentalraketen der drei größten Weltmächte wieder (Stand 1972).[62]

Sämtliche dieser Trägerraketen können mit entsprechenden A-, B- oder C-Sprengköpfen ausgerüstet werden. Viele der Raketen können sogar jeweils mehrere Sprengköpfe tragen und im Zielgebiet unabhängig voneinander verschiedene Einzelziele ansteuern (Multiple Intepedent Reentry-Vehicels, abgek. MIRV). So kann

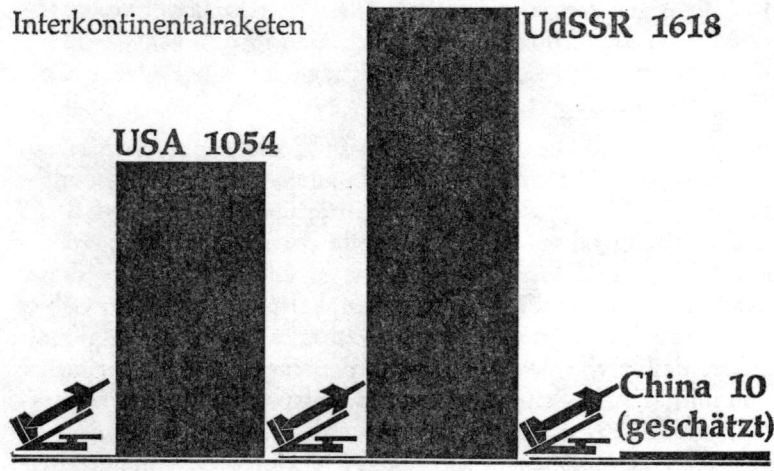

Interkontinentalraketen

USA 1054

UdSSR 1618

China 10 (geschätzt)

ein Teil der sowjetischen Raketen gleichzeitig drei Sprengköpfe in verschiedene Ziele bringen, ein Teil der amerikanischen Raketen sogar gleichzeitig zehn.

Die einsatzbereiten Raketenwaffen sind mit den dazu gehörenden Sprengköpfen auf Abschußrampen in unterirdischen Silos eingebunkert, sowie an Bord von Schiffen und Flugzeugen installiert. Während die Zahl der unterirdischen Raketen-Silos offiziell nicht bekannt ist, zeigt die folgende Übersicht die Zahl der einsatzbereiten Atom-U-Boote und strategischen Bomber, die Nuklearwaffen an Bord haben (Stand 1972): [63]

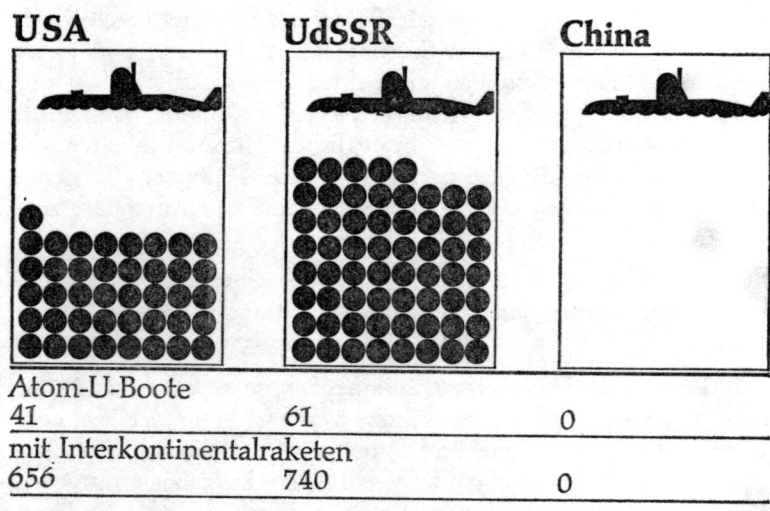

USA	UdSSR	China
Atom-U-Boote		
41	61	0
mit Interkontinentalraketen		
656	740	0

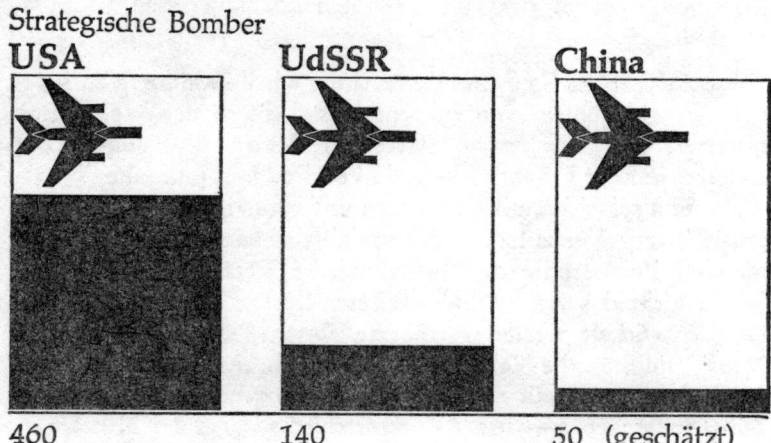

Strategische Bomber

USA	UdSSR	China
460	140	50 (geschätzt)

Das rasante Tempo in der Entwicklung der Nuklearwaffentechnik und Produktion innerhalb der letzten 30 Jahre hat eine Situation heraufbeschworen, die die ganze Welt an den Rand einer möglichen Totalvernichtung gebracht hat.

Die beiden Supermächte USA und UdSSR sind unermüdlich dabei — trotz des Salt-Abkommens, das eine Begrenzung der strategischen Waffen vorsieht — die Eskalation des Waffenwahns noch weiterzutreiben. Dabei geht es ihnen nicht mehr um eine zahlenmäßig weitere Anhäufung von ABC-Waffen, sondern vielmehr um eine qualitative Verbesserung dieser Waffen. Die alten Waffensysteme sollen durch neuere, noch wirksamere — und aufwendigere ersetzt werden.

Nach Ansicht des Stockholmer Instituts für Friedensforschung wird das Salt-Abkommen zwischen den USA und der UdSSR zur Fertigstellung neuer Waffen führen, die zur Zeit des Vertragsabschlusses noch nicht einsatzbereit waren. Auch werde die Zahl der von Unterseebooten abzuschießenden Raketen zunehmen. Das Institut meint weiter:

„Die Zahl der nuklearen Sprengköpfe, die von jeder Rakete getragen werden, wird sich vervielfachen, und ein Wettlauf ohne Ende scheint mit Sicherheit bevorzustehen. Die Entwicklung neuer hochentwickelter Langstreckenbomber auf den Gebieten, die von den Vereinbarungen nicht erfaßt sind, wie zum Beispiel die amerikanische B-1 oder der moderne sowjetische Überschall-Schwenk-

83

flügelbomber oder die von U-Booten abzufeuernden Raketen, wird weitergehen." [64]

Diese Ansicht des Stockholmer Instituts wird noch durch entsprechende Erklärungen von führenden Politikern der Weltmächte erhärtet. Der sowjetische Parteichef L e o n i d B r e s c h n e w erklärte in aller Öffentlichkeit, daß es die Hauptaufgabe der Sowjetunion sei, sich „mit den besten und modernsten Waffen auszurüsten zur Verteidigung des sozialistischen Lagers". Und zur gleichen Zeit drohte der amerikanische Verteidigungsminister: Wenn nicht das Antiraketen-Raketen-System „Safequard" forciert entwickelt werde (geschätzte Kosten über 40 Milliarden Mark), müßten die Vereinigten Staaten ihr Arsenal an strategischen Atomwaffen über die MIRV-Planung hinaus noch vergrößern. Sonst werde — so die unerforschliche Logik der Militärs — „das Risiko für die Sicherheit des Friedens unerträglich". Fazit: „Sicherung des Friedens" durch immer bessere strategische Atomwaffen!

Ein trügerischer Friede

Dadurch wird aber der „Flirt mit dem Dritten Weltkrieg" weiter eskaliert. Und das in einer Zeit, wo alle anscheinend den Frieden suchen. Wo führende Staatsmänner der Welt verstärkt vom Frieden reden. Wo unterschiedliche Gesellschaftssysteme über eine friedliche Ko-Existenz miteinander verhandeln. Und die akuten Kriegsherde in der Welt zu erlöschen beginnen. Hier einige Streiflichter:

■ Annäherung Rot-Chinas an den Westen. Aufnahme Rot-Chinas in die UNO. Der Besuch des amerikanischen Präsidenten R. N i x o n in Peking erregte weltweites Aufsehen.

■ Verhandlungen zwischen Nord- und Südkorea mit dem Ziel einer Wiedervereinigung beider Staaten.

■ Friedensnobelpreis für Bundeskanzler W i l l y B r a n d t. Als „Friedens"-Politiker im In- und Ausland bestaunt. Seine „Friedens"-Politik führte zu Verträgen mit der Sowjetunion, Polen und der DDR. Lautstarke „Friedens"-Parolen verkündete die SPD beim Bundestagswahlkampf 1972.

■ Am 28. Januar 1973 Waffenstillstand zwischen Nordvietnam und den USA. Ist damit der 30jährige Krieg in Indochina endgültig zu Ende?

■ Friedensbemühungen im Nahen Osten.

■ Intensive Friedensforschung in der nichtkommunistischen Welt. 150 größere und kleinere Forschungsinstitutionen oder Gesellschaften im Westen betreiben Friedensforschung oder pflegen die wissenschaftliche Kommunikation über diese Fragen. Jährlich werden in den etwa 70 Zeitschriften der Friedensforschung 1 700—1 800 Artikel veröffentlicht. Hinzu kommen jährlich 500—600 Bücher auf diesem Arbeitsgebiet.[65]

Es ist geradezu erstaunlich, welche Aktivitäten gegenwärtig für den Frieden entwickelt werden — und dies vielfach mit bemerkenswerten Erfolgen. Es sieht so aus, als würde sich endlich nach und nach ein weltweiter Friede verwirklichen, nachdem systematisch die Spannungen in der Welt abgebaut werden.

Viele unserer Zeitgenossen geben sich schon blindlings einem Friedenstaumel hin. Ist dieser „Friede" aber nicht trügerisch? Gleicht er nicht der „unheimlichen Ruhe vor dem Sturm"? Ich glaube, es wird notwendig sein, heute vermehrt daran zu denken, was der Apostel P a u l u s über die „Friedensseligkeit" schrieb:

„Sie werden sagen: Es ist Friede! Es hat keine Gefahr! Plötzlich aber wird sie das Verderben überfallen, wie der Schmerz eine Schwangere überfällt, und sie werden nicht entfliehen" (1. Thessalonicher 5,3).

Das besagt für unsere Zeit, daß wir uns über den augenblicklichen sogenannten „Frieden" und menschliche Friedenserwartungen keinen Illusionen hingeben dürfen. Jederzeit können die noch bestehenden Krisenherde sich zum Krieg entwickeln. Oder es können neue Krisenherde entstehen. Jederzeit kann es zu einer direkten Konfrontation der Supermächte kommen. Die einen Weltenbrand auslöst. Mit verheerenden Folgen für alle. Bei dem es keine Gewinner und keine Verlierer geben wird.

Der Grund dafür? Weil die Völker und ihre Regierungen ihr Denken, Reden und Tun nicht an den Ordnungen Gottes, die das menschliche und völkische Zusammenleben regeln, ausgerichtet haben. Sondern an der eigenen Ichhaftigkeit als oberste Instanz. Darum hat auch die Menschheit in den vergangenen Jahrtausenden nie einen wirklichen Frieden schaffen können. J a k o b u s schreibt in seinem Brief im Neuen Testament zum Thema „Krieg":

„Woher kommen die Kriege? Woher kommen die Streitigkeiten bei euch selbst? Kommen sie nicht daher, daß die Gier nach Lust in eurem Leibe euch gegeneinander treibt? Ihr giert, aber ihr erlangt nicht, was ihr sucht. Ihr mordet und eifert und könnt dabei nichts gewinnen. Ihr seid ständig in Kampf und Streit verwickelt,

85

aber ihr habt doch nicht, was euch befriedigen könnte" (Jakobus 4, 1.2).

Wenn die Völker und ihre Regierungen wirklich bereit zum Frieden wären, dann würden sie nicht nur eine „papierne Abrüstung" vollziehen, sondern zuerst mit der Abrüstung in ihrem eigenen Herzen beginnen: Gütige und versöhnende Gedanken füreinander hegen! Das würde sie zu Verbündeten Gottes machen. Sie hätten Gott auf ihrer Seite. Er würde ihre Sicherheit garantieren. Auch wenn ihre Feinde „bis an die Zähne bewaffnet" an ihren Landesgrenzen stehen würden. Der bedeutende Kern- und Elektrophysiker Prof. Bernhard Philberth meint:

„Ja, wenn die freien Völker — allen Nuklearwaffen in der Faust des Feindes zum Trotz — statt ihrer Macht, Gott anbeten würden und bedingungslos seinen Geboten zu folgen bereit wären, würde das Ende in weite Ferne rücken. Noch ist es nicht zu spät, Gott anzurufen und das Unheil abzuwenden. Sonst vollzieht sich das Gericht durch die zornverblendeten Völker, die der Erde das Verderben bereiten."

Wird aber die Menschheit abkehren von ihrem verderbenbringenden Weg des Hasses, der Rüstung?

Die Geschichte lehrt, daß sie ungeachtet der jeweiligen Warnungen, ungeachtet der jeweiligen Folgen ihrer kriegerischen Auseinandersetzungen und ungeachtet ihrer Friedensbemühungen im Grunde genommen bis heute nichts gelernt hat. Völker und Staaten meinen noch immer, daß zu ihrer Sicherheit das „Gleichgewicht des Schreckens" notwendig sei. Wie falsch dies ist, versucht der weltweit anerkannte österreichische Kulturphilosoph und UNO-Diplomat Prof. Dr. Kurt Becsi in seinem Buch „Aufmarsch zur Apokalypse", das den Untertitel trägt: „Große Allianz oder Dritter Weltkrieg", zu verdeutlichen:

„Wir vergessen oft, daß es keine Sicherheit gibt, niemals gegeben hat. Noch immer glauben die Menschen, daß das Rüstungsgleichgewicht, die Balance des Schreckens, diese apokalyptische Waage, den Frieden hält. Doch das ist trügerische Illusion. Denn inzwischen wird der nukleare Abgrund immer tiefer, werden seine Ränder immer brüchiger. Die Zahl der Länder, die Kernwaffen besitzen, wird größer, und die Verteidigungssysteme werden immer unstabiler. Die Möglichkeit eines Zufalls oder einer falschen Lagebeurteilung wächst, wenn die Nationen sich immer mehr auf Waffensysteme für Angriff und Verteidigung verlassen, die im Bruchteil einer Sekunde ausgelöst werden können. Der furchtbare

Untergang aller Völker, aller Kulturen kann theoretisch in jedem Augenblick, wie ein Dieb in den Alltag einbrechen."[66]

Aber wer will dies wahrhaben? Statt dessen treffen wir eine weitverbreitete Schizophrenie[67] an: das Nebeneinander von friedlichem Wollen und gleichzeitiger Vorbereitung auf ein atomares Harmagedon. Das Rüstungskarussell der siebziger Jahre dreht sich weiter auf vollen Touren durch Entwicklung und Erprobung neuer Waffentechniken.

In Kreisen der Rüstungsindustrie schenkt man gegenwärtig Infraschallwellen ein besonderes Augenmerk, die als mögliche Waffe der Zukunft in Frage kommt. Prof. G a v r e a u in Marseille entdeckte bei Experimenten mit Infraschallwellen ihre zerstörende Wirkung. Ihm und seinen Mitarbeitern wurde übel. Die inneren Organe, wie Magen, Herz und Lunge vibrierten. Die Wände des Labors bekamen Risse. Bei dieser „Todesposaune von Marseille" handelt es sich um eine riesige „Pfeife", die mit Preßluft betrieben wird und Infraschallwellen aussendet. Unhörbar für das menschliche Ohr, aber um so verheerender für den menschlichen Organismus. Der „lautlose Lärm" ruft nach Berichten des Leiters der britischen Gesellschaft zur Lärmbekämpfung, J o h n C o n n e l l, „zunächst Schwindelgefühl, nervöse Erschöpfung und Seekrankheit, später dann schnellen und schmerzvollen Tod" hervor. Umfangreiche Experimente mit Infraschallwellen werden gegenwärtig für kriegstechnische Zwecke im größeren Rahmen im französischen staatlichen Zentrum für wissenschaftliche Forschung in Marseille durchgeführt. Man hofft spätestens 1976 die „Waffe" einsatzbereit zu haben.

Bombardement aus dem Weltall

Weiter wird erwogen, eine Bombe aus Antimaterie herzustellen. Der französische Militärtechniker C a m i l l e R o u g e r o n befaßte sich bereits mit dem technischen Aspekt dieser Antimaterie-Bombe, die eine 50- bis 75fache Sprengkraft einer Wasserstoffbombe haben soll mit einer Vernichtungskapazität von 1 000 oder 5 000 Megatonnen. Eine solche in großer Höhe zur Explosion gebrachte Bombe könnte ganz Amerika oder Europa auslöschen.

Bei Russen und Amerikanern bestehen gegenwärtig ernsthafte Pläne, Raketen mit Atomsprengköpfen auf erdumkreisende Satelliten zu installieren, um sie im Ernstfall direkt über das feindliche Gebiet abzufeuern. Ja, man denkt sogar an eine Asteroidenbombe. Der Plan des amerikanischen Raketenforschers D a n - d r i d g e M. C o l e sieht vor, Wasserstoffbomben mit einem

Raumschiff auf einen der kleinen Planeten unseres Sonnensystems, deren Umlaufbahn zeitweise erdnah verläuft, zu transportieren. Prof. Kurt Becsi bemerkt dazu:

„Durch die Explosion der Wasserstoffbomben würde einer dieser kleinen Planeten aus seiner Bahn geworfen und auf der Erde in einer vorausberechenbaren Weise aufschlagen. Die bei diesem furchtbaren Zusammenstoß freiwerdende Energie würde einer gleichzeitigen Explosion von etwa 100-Megatonnen-Bomben entsprechen. Ein solcher ‚Angriff' könnte als Naturkatastrophe maskiert werden, so daß sich der Angreifer der Rache Überlebender entziehen könnte." [68]

Nach der Meinung von Cole ist noch in den siebziger Jahren ein solches ungeheuerliches Spiel mit den kosmischen Kräften technisch durchaus möglich. Offenbar spricht sogar auch die biblische Apokalypse von einem solchen zur Erde fallenden Asteroiden:

„Der dritte Engel stieß in die Posaune. Da fiel vom Himmel ein großer Stern, der wie eine Fackel brannte . . ." (Offenbarung 8,10)

Prof. Bernhard Philberth vertritt die Ansicht, daß die dritte Posaune nach Offenbarung 8,10 und 11 den Einsatz eines militärischen Erdsatelliten ankündigt, dessen Kunstharzmantel wie eine Fackel brennt.[69]

Nachdem durch Atombombenversuche in der Atmosphäre die Wetterverhältnisse auf der Erde manipuliert werden können, prüfen Militärmeteorologen Möglichkeiten, wie durch großangelegte Klimabeeinflussungen schwerwiegende Störungen der irdischen Umwelt herbeigeführt werden können. Denn das Wetter spielt auch und gerade bei den hochtechnisierten modernen Armeen eine schlachten-, gelegentlich sogar kriegsentscheidende Rolle. Schneestürme und Hochwasser können Kriegsschauplätze paralysieren. Nebelfelder die Luftflotten an den Boden zwingen. Militärs haben bereits erfolgreich vorhandene Luftfeuchtigkeit durch Impfung mit Kristallen, meist Silbersalzen, soweit kondensiert, daß sie als Niederschlag ausfällt. Je höher die Luftfeuchtigkeit ist, desto größer ist die Aussicht auf Erfolg. Bei Versuchen wurden schon Niederschlagsmengen gemessen, die siebenmal größer als normal waren. Nach Ansicht von zahlreichen Militärstrategen wird der meteorologischen Kriegsführung in Zukunft eine besondere Bedeutung beigemessen.

Auf diesem Hintergrund gewinnen zahlreiche biblische Aussagen eine aktuelle Bedeutung:

„Der Herr antwortete Hiob aus dem Wetter und sprach: . . . hast du die Speicher des Hagels gesehen, den ich aufgehalten habe bis auf die Zeit der Trübsal und auf den Tag des Streites und der Schlacht?" (Hiob 38,1.22.23)

Nach Offenbarung 16,21 wird in der Aufzählung der sieben Plagen im letzten Weltkrieg ebenfalls jener Hagel vorausgesagt:

„Ein Hagel, wie Steinbrocken schwer, fiel vom Himmel auf die Menschen. Und sie schrien ihren Haß gegen Gott empor, mitten aus der furchtbaren Qual, die der ungeheure Hagel ihnen zufügte."

Diese prophetischen Aussagen von gewaltigen Hagelunwettern im letzten Zorngericht Gottes über eine ihm feindlich gegenüber eingestellte Menschheit, rücken heute schon in den Bereich des Möglichen.

In der Strato- und Ionosphäre wird eine von Jahr zu Jahr zunehmende — von Wissenschaftlern bestätigte — „Eiskristallbildung" festgestellt, die über Grönland und Alaska bereits zu sogenannten „Eisblock-Kometenregen" geführt hat. Der in Alaska und auf dem Mount Palomar arbeitende Stratosphärenmeteorologe und Astronom Dr. L o u s h n e r erklärte:

„Wenn es auch über unser Vorstellungsvermögen hinausgeht, daß wir mit einem Eisbombardement aus dem Weltenraum rechnen müssen, so scheinen doch bisher unbekannte Kräfte am Werk zu sein, welche die Natur in Reserve hält."

Und der Meteorologe Dr. H a v v e l s bezeichnete die Möglichkeit eines „Eisbombardements" als eine „schleichende Gefahr für alles Irdische".

Zwar können wir heute noch nicht mit Sicherheit sagen, wodurch ein solches „Eisbombardement" ausgelöst werden wird. Denn es kann ausgelöst werden sowohl durch eine direkte meteorologische Kriegsführung als auch durch eine indirekte Beeinflussung der Naturkräfte als Folge des vom menschlichen Fortschritt veränderten Naturhaushalts.

Im Blick auf die vielen Vernichtungsmöglichkeiten, die Menschen sich einander zufügen können, und der weiteren Vervollkommnung der Zerstörungstechnik, fragt man sich, was der durch und durch verschmutzte menschliche Geist trotz seines Suchens nach Frieden noch alles ersinnen wird, um den globalen Selbstmord noch perfekter vorzubereiten.

8. Die Bevölkerungsbombe

Warum sich die Weltbevölkerung rapide vermehrt

Die Weltbevölkerung sieht sich einer Krise nach der anderen gegenüber. Und eine scheint größer zu sein als die andere.

Es gibt Voraussagen über kommende weltweite Hungersnöte, denen Hunderte von Millionen Erdenbürger zum Opfer fallen werden, wenn die Weltbevölkerung weiter so rapide wie bisher zunehmen und nicht ausreichend Platz und Nahrung für sie geschaffen wird.

Seit geraumer Zeit spricht man von einer „Bevölkerungsbombe", die zukunftsgerichtet wie im Zeitraffertempo explodiert und das Ende unserer Zivilisation von Jahr zu Jahr beschleunigt.

Vergegenwärtigen wir uns zunächst nur einmal die bisherige Entwicklung der Weltbevölkerung.[70] Es gab

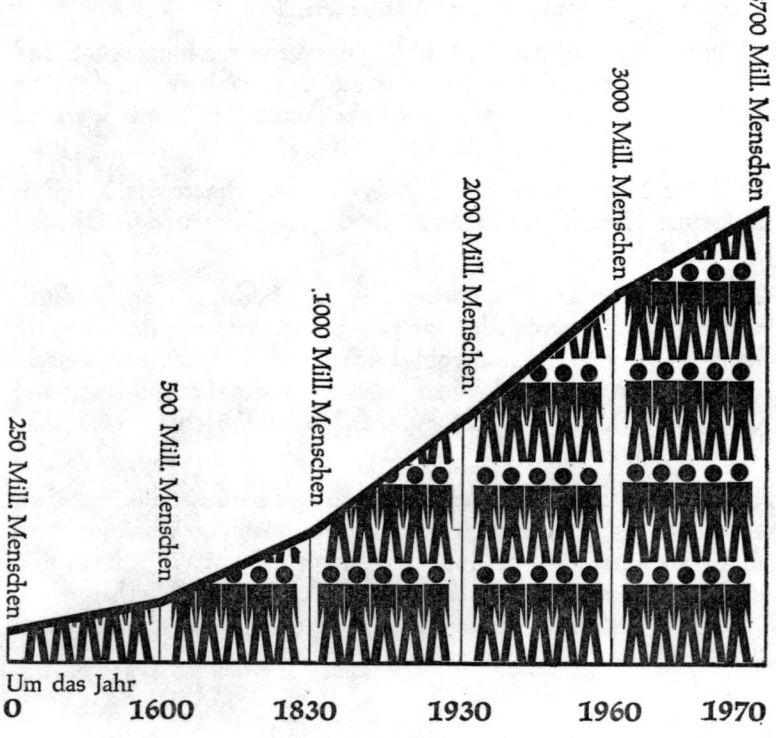

250 Mill. Menschen
500 Mill. Menschen
1000 Mill. Menschen
2000 Mill. Menschen
3000 Mill. Menschen
3700 Mill. Menschen

Um das Jahr
0   1600   1830   1930   1960   1970

Die meisten dieser 3,7 Milliarden Menschen leben in den folgenden 15 bevölkerungsreichsten Staaten der Erde:[71]

1. Volksrepublik China
760 Mill. Einwohner

2. Indien
545 Mill. Einwohner

3. Sowjetunion
240 Mill. Einwohner

4. USA
203 Mill. Einwohner

5. Indonesien
116 Mill. Einwohner

6. Pakistan
112 Mill. Einwohner

7. Japan
102 Mill. Einwohner

8. Brasilien
91 Mill. Einwohner

9. Nigeria
64 Mill. Einwohner

10. Bundesrepublik (einschl. West-Berlin)
61 Mill. Einwohner

11. Großbritannien
56 Mill. Einwohner

12. Italien
53 Mill. Einwohner

13. Frankreich
50 Mill. Einwohner

14. Mexiko
49 Mill. Einwohner

15. Philippinen
37 Mill. Einwohner

Das Wachstum der Bevölkerung ist in diesen Staaten weiter im Steigen. In den beiden volkreichsten Staaten der Welt (China und Indien) und in den zahlreichen unterentwickelten Nationen, der sogenannten „Dritten Welt", bedeutend stärker als in den westlichen Industriestaaten. Fast die Hälfte aller in der „Dritten Welt" lebenden Menschen ist unter 18 Jahren. Sie werden demnächst heiraten und den größten Baby-Boom produzieren, den die Welt je gesehen hat.

Wir fragen: Welches sind die Gründe für eine solche Entwicklung? Wie ist das möglich, daß die Weltbevölkerung sich bis heute so schnell vermehrt hat und in Zukunft sich noch schneller vermehren wird?

Liegt es an der Geburtenquote? Viele Jahrhunderte hindurch hat sich die Weltbevölkerung nicht wesentlich durch die Zahl der Geburten verändert. Dafür sorgte der Tod. Er fraß sich an der Kindersterblichkeit satt.

Liegt es an der Sterblichkeitsquote? In früheren Jahrhunderten war die Lebenserwartung des Menschen — auch in Europa — sehr niedrig. Schlechte Hygiene und Seuchen sorgten für eine Sterblichkeitsquote, die nur gering unter der Geburtenquote sich bewegte. Die Weltbevölkerung stieg also nur geringfügig an.

Mit dem 19. Jahrhundert änderte sich dies jedoch einschneidend. War 1830 eine Milliarde Menschen auf der Welt, so waren es nur hundert Jahre später, 1930, zwei Milliarden Menschen.

Worauf aber ist die Verdoppelung der Menschheit in nur hundert Jahren zurückzuführen? Auf die phänomenalen Erfolge der medizinischen Wissenschaft!

Nur einige ihrer „großen" Vertreter seien genannt: E d u a r d J e n n e r entwickelte gegen Ende des 18. Jahrhunderts die Pockenschutzimpfung. Im Laufe des 19. Jahrhunderts und später machten L o u i s P a s t e u r, J o s e f L i s t e r und R o b e r t K o c h ihre die Welt bewegenden Entdeckungen über Keime (Tuberkulosebakterium, Choleraerreger u. a.).

Pasteurisierung, chemische Desinfektion, antiseptische Chirurgie und Impfungen gegen gewisse Krankheiten ließen nun viele der jungen und alten „Todeskandidaten" am Leben bleiben. Die Kindersterblichkeit sank und die Lebenserwartung stieg. Unterweisung in richtiger persönlicher Gesundheitspflege und Hygiene waren weitere wichtige Faktoren in der Schlacht gegen den Tod.

Daraus wird ersichtlich, daß letztlich nicht die Geburtenquote, sondern die Sterblichkeitsquote den Bevölkerungszuwachs und ihr Verhältnis zueinander bestimmt hat — und in Zukunft bestimmen wird.

Durch die Kontrolle der Sterblichkeit, die immer besser wird, steigt die Lebenserwartung unablässig weiter an.

In der Bundesrepublik hat z. B. die durchschnittliche Lebenserwartung der Bundesbürger in etwa 10 Jahren die 80-Jahres-Grenze erreicht. Diese Grenze schiebt sich weiter hinaus. Die Zahl der Hundertjährigen in der BRD, die vor einigen Jahren nur knapp zwei Dutzend betragen hat, ist auf über 600 gestiegen. Dies trifft in ähnlicher Weise auf alle hochentwickelten Länder (mit Ausnahme Japans) zu. In den westlichen Zivilisationsländern rechnet man damit, daß in wenigen Jahren das durchschnittliche Lebensalter sich auf 85 Jahre erhöhen wird.

Und wie ist es in den unterentwickelten Ländern der Erde? In Indien, das gewöhnlich als „Testfall" für die Situation in den Ländern der „Dritten Welt" gilt, ist in den letzten 10 Jahren die durchschnittliche Lebenserwartung noch schneller gestiegen als in den Industrienationen des Westens: Von 25 Jahre auf fast 50 Jahre. In den meisten der unterentwickelten Staaten wird für die nächsten 10 Jahre eine durchschnittliche Lebenserwartung von 60 bis 70 Jahren vorausgesagt.

Und die Folgen dieser Entwicklung?

Der Platz auf der Erde wird knapp

1. Bevölkerungsexplosion

Durch die höhere Lebenserwartung in fast allen Ländern der Erde kommt eine beängstigende Bevölkerungsexplosion auf uns zu. Sie wird zudem noch gefördert durch eine drastische Senkung

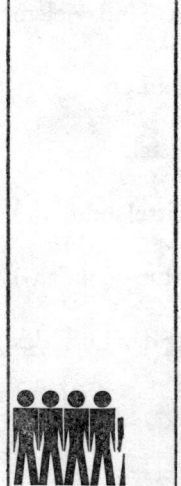  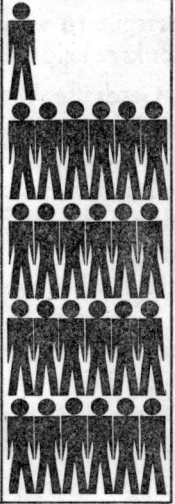 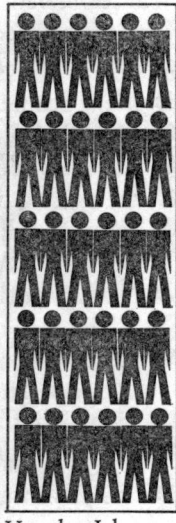

Um das Jahr **1975**	Um das Jahr **2000**	Um das Jahr **2050**	Um das Jahr **2070**
4,1 Milliarden Menschen	7,5 Milliarden Menschen	25 Milliarden Menschen	30 Milliarden Menschen

der Kindersterblichkeit infolge verbesserter Hygiene, verbesserter ärztlicher Versorgung und verbesserter Lebensbedingungen.

Für die Industrienationen mag das zunächst keine unmittelbare innere Bedrohung darstellen, da sich Geburtenziffer und Sterblichkeitsquote bei ihnen einigermaßen die Waage halten und nur eine geringfügige Bevölkerungszunahme zu verzeichnen ist.

Für die unterentwickelten Länder der „Dritten Welt" sind jedoch die unmittelbaren Folgen katastrophal. Nehmen wir nur das Beispiel Indien. Mit mehr als einer halben Milliarde Menschen hat das Land mehr Einwohner als Afrika und Lateinamerika zusammen. Jedes Jahr vermehrt sich (unter Berücksichtigung der Geburtenziffer und Sterblichkeitsquote) die Bevölkerung um 12 Millionen. Das sind mehr Menschen als in Holland oder Australien wohnen. Um das Jahr 2000 wird Indiens Bevölkerung rund 900 Millionen Menschen betragen. Ähnliches gilt für zahlreiche andere Länder der Erde. So daß mit großer Wahrscheinlichkeit die Entwicklung der Weltbevölkerung s o weitergehen wird, wie es die grafische Darstellung bildhaft zeigt.[72]

30 Milliarden Menschen im Jahre 2070! Das sind fast zehnmal soviele wie 1970. Aber nur 100 Jahre später.

2. Mehr Industrie = mehr Umweltverschmutzung

Alle diese Milliarden Menschen werden den verständlichen Wunsch haben, zu leben und nicht dahinvegetieren zu müssen. Sie werden mit Bedarfsgütern versorgt werden müssen. Und vielem anderen mehr. Konkret heißt das:

● Mehr Schulen, Geschäfte, Wohnungen, Krankenhäuser.
● Mehr Fabriken, Wasserwerke, Kläranlagen.
● Mehr Straßen, Autos und öffentliche Verkehrsmittel.
● Steigerung der Nahrungsmittelproduktion.
● Weitere Schädlingsbekämpfungs- und Düngemittel und ihre vermehrte Anwendung.
● Noch schnellere Ausbeutung unersetzlicher Natur- (Boden-) Schätze.
● Weiter zunehmende Vergiftung und Verseuchung der Luft, des Wassers, der Vegetation.
● Mehr Konflikte und Probleme als bisher.
● Zunehmende Aggressivität und Kriminalität.

Diese Aussichten sind düster und entmutigend.

3. Platzmangel

Dr. P a u l R. E h r l i c h von der Biologischen Fakultät der Stanford Universität, Autor des Buches „The Population Bomb" („Die

Bevölkerungsbombe" [73]), sagte auf der „Welt-Hunger-Konferenz" in Anaheim, Kalifornien:

„Überträgt man die gegenwärtige Wachstumsrate der Erdbevölkerung in die Zukunft, dann wird es im Jahr 2000 7½ Milliarden Menschen geben; und in 900 Jahren schon müßten es dann für jeden Quadratkilometer der Erdoberfläche 10 760 Menschen sein. Nach weiteren tausend Jahren würde das Gesamtgewicht der Menschen dem Gewicht der Erde entsprechen ..."

Sicher klingen diese Aussagen sehr utopisch. Dennoch verdeutlichen sie, daß die Zunahme der Weltbevölkerung dazu führen wird, daß die Bevölkerungsdichte pro Quadratkilometer zunehmen wird. Das heißt, die Menschen werden vor allem in den Ballungsgebieten und volkreichsten Ländern mehr oder weniger auf Tuchfühlung leben. Man wird nirgendwo noch wirklich allein sein können. Die Menschen werden sich — bildlich gesprochen — Licht, Luft und Nahrung wegnehmen. Tausende auf einem Quadratkilometer zusammengepfercht, werden dahinvegetieren, einander anekeln und die Köpfe einschlagen.

Die Hungerleichen und die Superreichen

4. Hunger

Durch die wachsende Zahl von Menschen in den Entwicklungsländern werden die Armen dort immer ärmer und die Hungrigen immer hungriger. Schon heute ist die Situation katastrophal. Hier einige „himmelschreiende" Fakten:

Von den rund 300 Millionen gegenwärtig in der Landwirtschaft beschäftigten Familien besitzen mindestens 250 Millionen — das sind mehr als 70 Prozent — als einziges Werkzeug entweder eine Hacke oder einen Holzpflug.

In jedem zweiten Dorf Indiens gibt es noch kein elektrisches Licht.

Vier von zehn Menschen in aller Welt können nicht lesen und nicht schreiben. Nach Berechnungen der UNESCO gibt es mehr als 800 Millionen Analphabeten auf der Welt.

Allein in den Entwicklungsländern sind mehr als 100 Millionen Menschen arbeitslos.

Etwa die Hälfte der Weltbevölkerung ist unterernährt. Jährlich sterben etwa 30 Millionen Menschen den Hungertod. Oder an den Folgeerscheinungen des Hungers.

In fast allen Entwicklungsländern mangelt es an Eiweiß in der

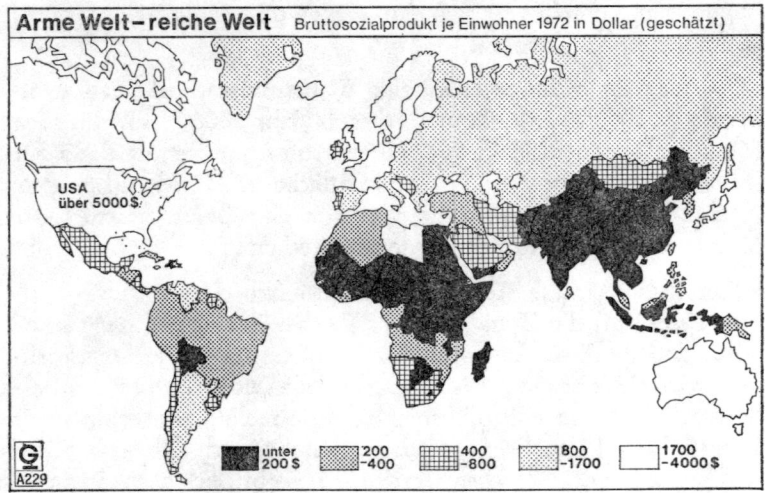

Arme Welt–reiche Welt — Bruttosozialprodukt je Einwohner 1972 in Dollar (geschätzt)

USA über 5000 $

unter 200 $ | 200–400 | 400–800 | 800–1700 | 1700–4000 $

G A229

Ernährung. Der Lebensmittelbedarf der Entwicklungsländer wird 1985 um 110 Prozent höher als 1965 sein.

In 70 Ländern der Erde leben fast zwei Milliarden Menschen hart an der Grenze des Existenzminimums. 65 Prozent der Weltbevölkerung sind nur mit einem Zehntel am Welteinkommen beteiligt. Das obige Schaubild verdeutlicht die gravierenden Unterschiede des Bruttosozialprodukts in den verschiedenen Ländern.

Auch die „Speisekarte" zwischen den Zivilisations- und Entwicklungsländern weist starke Unterschiede auf, wie folgender Vergleich zeigt (Verbrauch pro Kopf und Tag):[74]

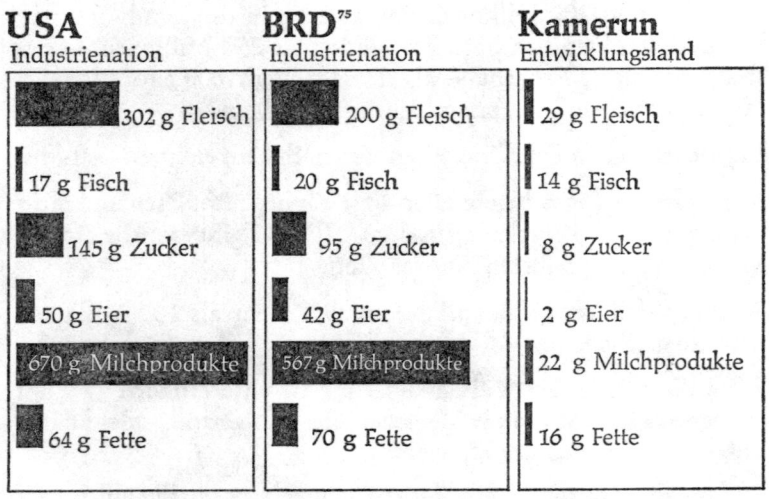

USA Industrienation	BRD[75] Industrienation	Kamerun Entwicklungsland
302 g Fleisch	200 g Fleisch	29 g Fleisch
17 g Fisch	20 g Fisch	14 g Fisch
145 g Zucker	95 g Zucker	8 g Zucker
50 g Eier	42 g Eier	2 g Eier
670 g Milchprodukte	567 g Milchprodukte	22 g Milchprodukte
64 g Fette	70 g Fette	16 g Fette

96

Während zwei Drittel der Menschheit immer hungriger wird, wird ein Drittel der Menschheit immer fetter. Den Hungerleichen folgen zunehmend die „Leichen mit den dicken Bäuchen". In den westlichen Industriestaaten begehen immer mehr Menschen Selbstmord mit Messer und Gabel. Es ist längst kein Geheimnis mehr, daß Übergewicht die Sterblichkeitsrate an Nieren- und Leberleiden um das Doppelte, bei Herz- und Kreislaufleiden um zwei Drittel, bei Diabetes um das Vierfache ansteigen läßt.

Während die meisten Menschen in den unterentwickelten Ländern oft noch nicht einmal den nötigen täglichen Bedarf an Nahrungsmitteln haben, wissen die reichen Staaten der Welt und ihre Bewohner noch nicht einmal, was sie mit ihrem Überfluß machen sollen. Will Berthold schreibt in einer Serie über die Welt von morgen über den Verbleib überschüssiger Nahrungsmittel in den Wohlstandsländern:

„Während die Kirchen beider Konfessionen alljährlich um Brot für die Welt betteln, gibt die EWG-Gemeinschaft auf Befehl Brüsseler Eurokraten ungeheure Beträge für die Vernichtung erzeugter, doch unverkäuflicher Lebensmittel aus.

Im Jahre 1970 waren es über 100 Millionen Mark für die Beseitigung von 803 Millionen Kilo Lebensmittel, vorwiegend Obst und Gemüse. Wie Bundesernährungsminister Josef Ertl mitteilte, mußten die Landesprodukte aus dem Verkehr gezogen werden, um die Agrarpreise zu stützen. Nach den EWG-Bestimmungen hätte man sie höchstens als Futtermittel, Alkohol oder Wohltätigkeitsgaben verwenden dürfen. Warum man nicht wenigstens die dritte dieser Lösungen vorzog, verschwieg des Ministers Höflichkeit.

Alle Jahre wieder schmelzen wir einen riesigen Butterberg ein wie Schrott, um wenigstens durch Substanzverlust von ihm herunterzukommen. 146 000 Tonnen lagern in Kühlhäusern des EWG-Raums, sündhaft teure Ware, wenn auch Ladenhüter. Desgleichen 90 000 Tonnen Milchpulver. Das Übersoll an Milch wird im laufenden Jahr auf 4 Milliarden Tonnen veranschlagt. Die Silos können die Weizenüberschüsse nicht mehr aufnehmen. Keiner weiß, wohin mit den zwei Millionen Tonnen Zuckerüberschuß."[76]

Nicht nur Europa hat solche „Sorgen": Die Japaner „ersticken" geradezu im Reisüberschuß. 8 Millionen Tonnen Reis haben sie auf Halde. Das ist mehr als ein Jahresverbrauch auf der ganzen Welt.

In Amerika herrscht eine ähnliche Situation: Eine einzige amerikanische Familie wirft zum Beispiel so viele brauchbare Nahrungsmittel als Abfälle weg, wie eine indische Familie im Monat zum Überleben braucht.

Welch ein himmelschreiendes Unrecht! Welch eine grobe Mißachtung einfachster Mitmenschlichkeit! Welch ein Hohn auf die Solidarität der menschlichen Rasse!

Gewiß soll und darf nicht die Hilfe verschwiegen werden, die die reichen Industriestaaten der Welt den armen Völkern gewähren in Form von Entwicklungshilfe: Verbesserung von landwirtschaftlichen Anbaumethoden. Ankurbelung einer eigenen einheimischen Industrie. Geldmittel und Experten für Erziehung, Wirtschaft und Industrie. Gesundheitsfürsorge und Anleitung zur Empfängnisverhütung. Einführung neuer Techniken für den Häuser-, Straßen- und Städtebau. Verbesserung der allgemeinen Lebensbedingungen.

Doch was hilft's? Die Menschen vermehren sich immer schneller. Die Hungrigen werden immer hungriger. Not und Elend werden immer schlimmer.

Woran liegt das? An der jahrhundertealten Schuld der Kolonialmächte, die heute die reichen Industriestaaten der Welt sind. An ihrer Kolonialpolitik, die in Ausnutzung und Unterdrückung einer „minderwertigen Rasse", in der Zerstörung der natürlichen Umwelt und in der Ausbeutung der Naturschätze der beherrschten Kolonien bestand und auf der die Völker des Abendlandes ihren Wohlstand aufgebaut haben. Das heutige Elend der unterentwickelten Länder liegt schließlich in schwerwiegenden Versäumnissen der früheren Kolonialmächte auf dem Gebiete der Bildung und der Hebung des Lebensstandards unter den Völkern Asiens, Afrikas und Lateinamerikas.

Nun kommen die reichen Zivilisationsländer mit ihrer Hilfe zu spät. Es gelingt ihnen nicht, den Hunger auszumerzen. Das Analphabetentum zu beheben. Die Arbeitslosigkeit zu beseitigen. Die Zunahme der Weltbevölkerung zu verhindern. Oder auch nur erheblich zu drosseln. Sie sind gegenüber den Problemen der „Dritten Welt" machtlos, von denen Hunger und Bevölkerungszunahme die wichtigsten sind.

Aber gerade diese beiden Probleme drängen auf eine Lösung. Und werden eine Lösung finden! Allerdings auf eine Art und Weise, die uns nicht nur Unbehagen, sondern schon heute Furcht und Schrecken einflößt.

Die Invasion aus Asien

Im Jahre 2000 werden schätzungsweise den 1,7 Milliarden Bewohnern hochentwickelter Staaten mehr als 5 Milliarden Hungerleidern gegenüberstehen. Diese gewaltigen Menschenmassen könnten die Oasen des Wohlstandes wegschwemmen. Aber schon lange vor dem Jahre 2000 kann es zu einem für die Wohlstandsländer tödlichen Massenaufstand der Habenichtse kommen. E r n e s t E. S n y d e r schreibt:

„Es besteht die an Sicherheit grenzende Wahrscheinlichkeit eines sozialen und politischen Chaos, denn die hungernden Menschen auf dieser Erde werden verzweifelt versuchen, ihren Hunger zu stillen und einen Platz zu suchen, wo sie leben und Nahrung anbauen können. Wie sehr wir auch den Gedanken verabscheuen mögen, aber in einer Welt, in der die Reichen immer fetter und die Hungrigen immer hungriger werden, können weltweite Anarchie und Kannibalismus nicht von der Hand gewiesen werden."[77]

Dann zeigt Snyder in diesem Zusammenhang eine interessante Perspektive auf:

„Hunger könnte sehr wohl der zündende Funke für den Ausbruch eines atomaren Weltkrieges sein. Vergessen Sie nicht, daß Rot-China atomare Waffen produziert, und 750 Millionen Chinesen könnten sehr schnell sehr hungrig werden."

Man könnte fast annehmen, Snyder habe diese Perspektive der biblischen Prophetie entnommen. Denn die biblische Prophetie sieht tatsächlich in der Endphase des Ablaufs der Weltgeschichte Völker des Ostens (aus Asien) in den Lebensraum der Völker des Westens einbrechen.

Zahlreiche Bibelstellen sprechen deutlich von diesem Ereignis der Zukunft. Und erwecken schon heute unser großes Interesse:

„Siehe, ich will über euch ein Volk *von ferne* bringen, ein mächtiges Volk, ein Volk *von altersher,* das wie ein Adler fliegt, *dessen Sprache du nicht verstehst, und kannst nicht vernehmen, was sie reden"* (Jeremia 5,15; vergl. 5. Mose 28,49).

„Schaut unter den Heiden, seht und wundert euch! Denn ich will etwas tun zu euren Zeiten, *welches ihr nicht glauben werdet, wenn man euch davon sagen wird,* denn siehe, ich will ... ein grimmiges und ungestümes Volk erwecken, *welches ziehen wird soweit die Erde ist, Wohnungen einzunehmen, die nicht sein sind"* (Habakuk 1,5—6).

„Es zieht herauf in mein Land ein mächtiges Volk ohne Zahl ... Das verwüstet meinen Weinberg und streift meinen Feigenbaum

ab. Schält ihn und verwirft ihn, daß seine Zweige weiß dastehen. *Ist nicht die Speise vor euren Augen weggenommen?"* (Joel 1,6.7. 16).

„Der sechste Engel goß aus seine Schale auf den großen Wasserstrom E u p h r a t. Da trockneten seine Wasser aus. Und der Weg wurde frei für die *Könige, die vom Osten her einbrechen"* (Offenbarung 16,12).

„Der sechste Engel posaunte: Löse die vier Engel, die gebunden sind an dem großen Wasserstrom E u p h r a t. Und es wurden die vier Engel los, die bereit waren auf die Stunde, auf den Tag, auf den Monat und auf das Jahr, daß sie töteten den dritten Teil der Menschheit. Und *die Zahl des riesigen Volkes war zwanzigtausend mal zehntausend"* (Offenbarung 9,13—16).

Welche Völker sind mit den „Königen vom Osten" gemeint? Welches Volk spricht „eine Sprache, die man nicht versteht"? Welches Volk in Asien ist „mächtig, ein riesiges Volk ohne Zahl"? Welches Volk kann 200 Millionen Soldaten aufbieten?

Da obige Aussagen aus der geographischen Sicht Israels gemacht

1. Bildseite
Indien — neben Rot-China — das volkreichste Land der Erde hat mehr Einwohner als Afrika und Lateinamerika zusammen. Jedes Jahr vermehrt sich Indiens Bevölkerung um 12 Millionen Menschen. Sie alle wollen leben und nicht nur dahinvegetieren. (Foto magnum laenderpress)

2. Bildseite — oben
„Ein mächtiges Volk von altersher, dessen Sprache du nicht verstehst ... Es zieht herauf ... Und ihre Zahl war zwanzigtausend mal zehntausend» (Jeremia 5, 15; Joel 1, 6; Offenbarung 9, 16). Wird die Invasion aus Asien mit 200 Millionen Soldaten Rot-China anführen? (dpa-Bild)

2. Bildseite — unten
Die 4 apokalyptischen Reiter, die die gottfeindliche Weltdiktatur, Krieg, Hunger und Tod symbolisieren. (Foto Robert Holder)

3. Bildseite
„Ausgekehrt und entleert wird die Erde, ausgeraubt und ausgeplündert. Das Land ist entheiligt von seinen Einwohnern. Darum frißt der Fluch das Land, denn sie verschulden's, die darin wohnen" (Jesaja 24, 3—6). Die apokalyptische Auswanderung des christlichen Glaubens aus Kirche und Gesellschaft ist mit ein entscheidender Grund für die zunehmende Umweltverschmutzung und Umweltzerstörung. (Foto Lachmann)

4. Bildseite
„Laßt euch von niemand verführen ..." (Epheser 5, 6) Der Käufer fühlt sich im Selbstbedienungsladen als König. Und doch — ohne es zu merken — wird er das Opfer von Verkaufsstrategen. (Foto Dr. Wolff & Tritschler)

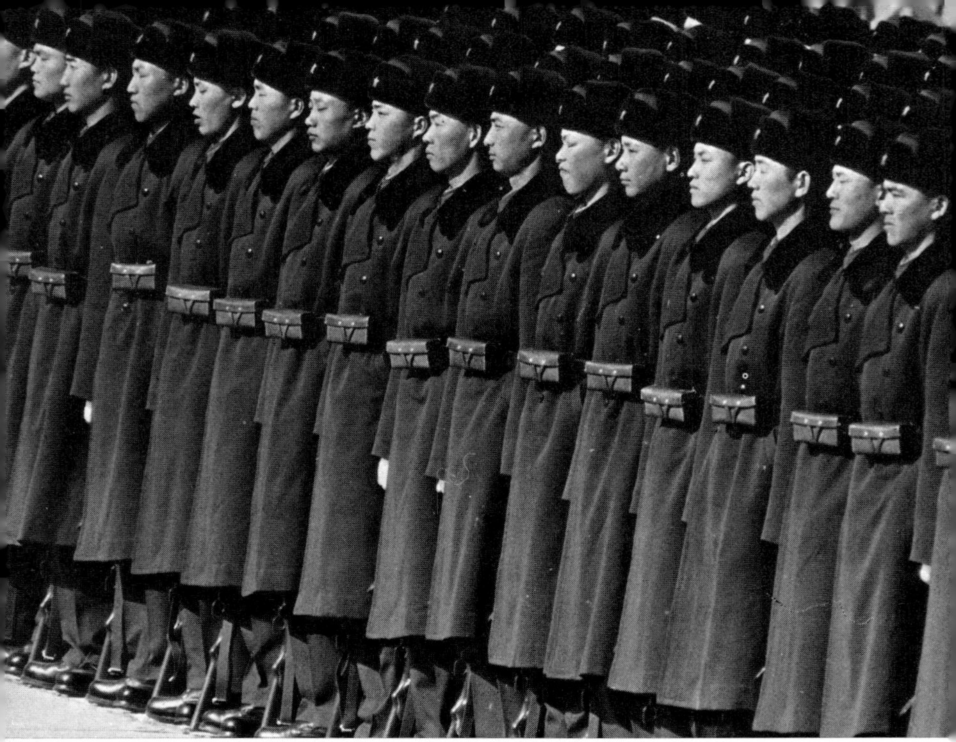
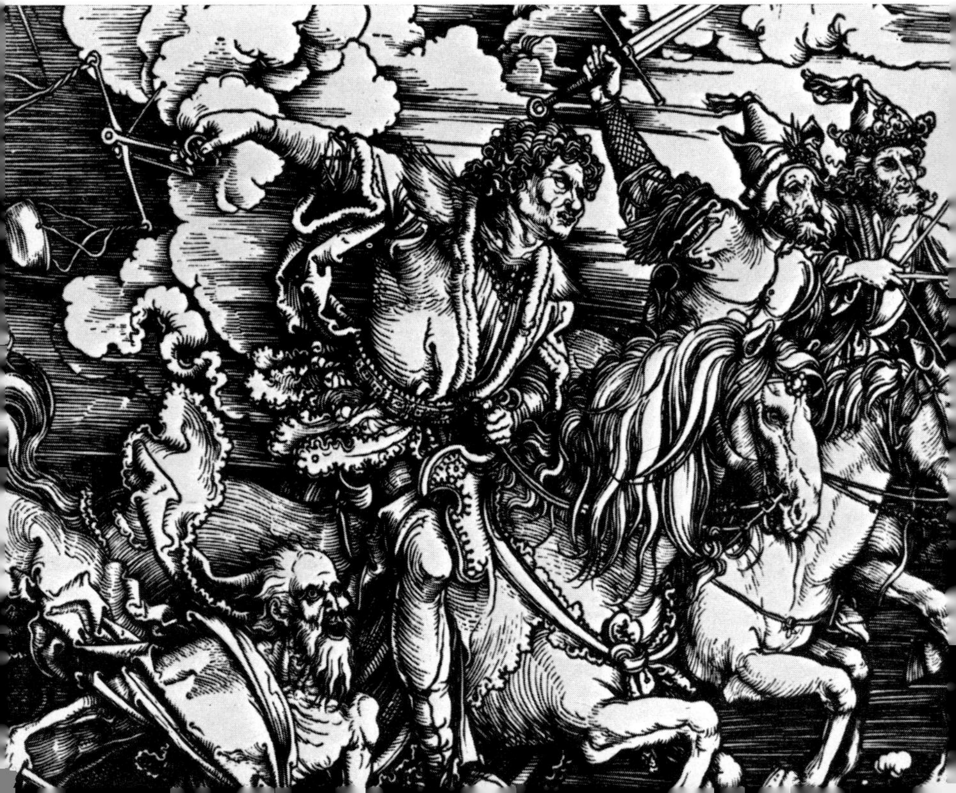

worden sind, ist es nicht schwer auf der Landkarte nachzusehen, welches Volk in erster Linie gemeint ist: China, das volkreichste Land der Erde! Und die „Könige aus dem Osten"? Können das nicht die anderen volkreichen Staaten Asiens sein: Indien, Indonesien, Pakistan? Also die „Dritte Welt"?

Nach biblischer Prophetie werden sie nicht nur das moderne und reiche, zu den Industriestaaten des Westens gehörenden Land Israel einbrechen, sondern von dort auch ihren Siegeszug antreten „soweit die Erde ist" (Habakuk 1,6).

Es ist anzunehmen, daß Gott — nachdem die Industriestaaten der „Alten Welt" das Hunger- und Bevölkerungsproblem infolge jahrhundertealter Schuld nicht zu lösen vermochten — auf diese Weise die Probleme lösen wird, die bereits heute auf eine Lösung drängen.

Schon leben die Menschen in den Industriestaaten der westlichen Welt in Angst vor der Zukunft, wenn sie an die Bevölkerungsbombe der „Dritten Welt" denken, die mit Sicherheit eines Tages mit aller Wucht explodieren wird. M a u r i c e G u e r n i e r schrieb in einem Artikel mit dem Titel „Das schwarze Buch der Dritten Welt", der in der Pariser Zeitung „Le Monde" erschien:

„Wozu all unsere Errungenschaften? Wozu unsere individuellen 10 000-Dollar-Einkünfte im Jahre 2000? Was sollen unsere ‚Concorde'-Flugzeuge mit ihrer Geschwindigkeit von 2 000 Stundenkilometern und unsere Rechenmaschinen? Wozu das alles, wenn wir auf einem Planeten leben, besiedelt von mehr als 5 Milliarden Unglückseligen, die sich auflehnen werden? Von Hungernden, die einander töten? Von Unwissenden, die die Cholera- und Anarchie-Bazillen verbreiten werden? *Wir lassen uns eine Welt aufbauen, in der nicht zu leben ist.*"[78]

9. Apokalyptische Prophetie

„Schrecklich ist uns're Erde anzuschauen ..."

Sachlich betrachtet und ohne besondere Schwarzmalerei ist die gegenwärtige Weltlage und die sich bereits abzeichnenden Entwicklungen in der Zukunft trotz eines bei vielen Zeitgenossen verbreiteten „Gegenwartsoptimismus" und dem Gerede von einer „heilen Welt" dunkel, ja geradezu hoffnungslos. Das wird von zahlreichen Menschen, die „tiefer" schauen, unumwunden zugegeben.

So hat zum Beispiel Dieter Schneider zur Situation unserer Welt, wie sie sich ihm gegenwärtig darstellt, ein Lied [79] mit folgendem Text geschrieben:

„Jesus Christ,
schrecklich ist
uns're Erde anzuschauen.
Sie ist voller Angst und Grauen.
Statt ein Paradies zu bauen,
Not schreit himmelan:
Vater, sieh uns an!"

Wenn heute schon unsere Erde am Sterben ist und die Menschheit nach Geist, Seele und Leib degeneriert, weil sie mit dem Fortschritt nicht mehr fertig wird, sondern von ihm fertiggemacht wird — wie wird es dann erst morgen sein? Haben wir eine schöne, neue Welt zu erwarten — oder Chaos und Untergang?

Vieles deutet darauf hin, daß unser Planet und mit ihm die Menschheit einer dunklen Zukunft entgegengeht. Der nüchterne und realistische Beobachter unserer Zeit muß — auch ohne Pessimist zu sein — zu der Überzeugung kommen, daß wir keinen sogenannten „rosa Zeiten" entgegengehen. Sondern daß es mit dem Menschen und mit seiner Umwelt insgesamt immer schlechter wird.

„Propheten" der Apokalypse

In einem Interview sagte Dr. Hans Penner, Diplom-Chemiker und wissenschaftlicher Mitarbeiter im Kernforschungszentrum Karlsruhe u. a.:

„Ich bin überzeugt, daß die Bibel recht hat in ihrer Prognose, daß tatsächlich die Kräfte des Verderbens zunehmen werden." [80]

Es ist auffallend, daß in zunehmender Weise zahlreiche ernstzunehmende Wissenschaftler von hohem Rang voller Sorge jeweils aus ihrer speziellen Sicht auf die Möglichkeiten eines weltweiten Unheils hinweisen. Und damit zu „Propheten" der Apokalypse in unserer Zeit werden.

Der bekannte Psychoanalytiker und Sozialpolitiker Prof. Alexander Mitscherlich fragt voller Sorge:

„Wohin treiben wir? Zu neuen Höchstleistungen des technischen Fortschritts, zur Perfektion immer unbeschränkterer Macht? Gehen wir einer langsam entstehenden Weltorganisation des Konformitätszwanges ohne Erbarmen entgegen oder einer Welt, die uns dienstbar ist zur idyllischen Entwicklung humaner Begabungen, in einer von Arbeit nahezu befreiten Zivilisation? Werden wir ... einer Einsamkeit ausgesetzt sein, die zu durchbrechen uns die Voraussetzungen fehlen, nämlich die Erfahrungen eines Lebens, in dem man gelernt hat, empfindend, mitfühlend am Leben des anderen teilzunehmen?"[81]

Der österreichische Kulturphilosoph Prof. Dr. Kurt Becsi schreibt:

„Die Konsumproduktion unserer Zeit, die chromblitzenden Warenhäuser, diese Dome unserer Zivilisation, gaukeln uns die Chimäre (Trugbild) eines langsam alle Menschen ergreifenden Paradieses vor. Die Idee einer zweckmäßig geplanten und genormten Wohlstandsgesellschaft, eines uns fast ausschließlich umgreifenden Alltags, täuscht über die Dämonen hinweg, die wie elegante Modepuppen hinter großen Schaufenstern freundlich lachen, aber nur darauf lauern, uns alle zu vernichten."[82]

Der Schweizer Dramatiker Friedrich Dürrenmatt läßt in seiner Komödie „Die Physiker" resignierend sagen:

„Wir haben das Ende unseres Weges erreicht. Aber die Menschheit ist noch nicht so weit. Wir haben uns vorgekämpft, nun folgt uns niemand nach, wir sind ins Leere gestoßen. Unsere Wissenschaft ist schrecklich geworden, unsere Forschung gefährlich, unsere Erkenntnisse tödlich. Es gibt für uns Physiker nur noch die Kapitulation vor der Wirklichkeit."

Der Wirtschaftswissenschaftler Prof. Fritz Baade, trifft die Feststellung:

„Drei Tatbestände bringen die Menschheit in die ernste Gefahr, daß in dem dramatischen Wettlauf zwischen Vernunft und Wahnsinn nicht die Vernunft, sondern der Wahnsinn siegt:

Der e r s t e Tatbestand ist die furchtbare Wirksamkeit der Waffen, über welche die atomgerüsteten Völker heute verfügen.

Der z w e i t e Tatbestand ist der entsetzliche Haufen von geistigem und seelischem Unrat, der in den Köpfen und Herzen der Menschen im Laufe der bisherigen Menschheitsgeschichte sich angesammelt hat.

Der d r i t t e Tatbestand endlich ist die geradezu unfaßbare Unfähigkeit leitender Politiker, für die einfachsten, ihnen gestellten Aufgaben eine vernünftige Lösung zu finden."[83]

Der schwedische Wissenschaftler G o r a n L ö f r a t h warnt:

„Es gibt die Möglichkeit einer menschlichen Tragödie globalen Ausmaßes, wenn wir unsere gegenwärtigen Gewohnheiten unkontrolliert beibehalten. Müssen wir denn wirklich die ersten Zeichen der Katastrophe sehen, bevor wir handeln?"[84]

Prof. Dr. E r n e s t E. S n y d e r vertritt die Auffassung, daß die Erdbewohner in Zukunft mit vier Möglichkeiten konfrontiert werden dürften:

„1. Einen totalen Atomkrieg, nach dem die Überlebenden (sofern es welche gibt) wieder von vorne anfangen.

2. Einer langsamen Ausrottung der Menschen durch Umweltverseuchung.

3. Wiederherstellung der Umwelt durch universelle Opfer und internationale Zusammenarbeit.

4. Göttliches Einschreiten."

Snyder schreibt dann:

„Hoffen wir, daß das Gedicht von W i l l i a m T. B a r r y nicht prophetisch ist:

Schlamm, Überfluß.
Gleiten, Durchstoßen, Befruchten, Keimen.
Wachstum, Komplexität, Aufblühen, Koordinierung, Kooperation.
Vordatierung, Parasitentum, Migration, Wettbewerb, Anpassung, Auswahl.
Überbevölkerung, Hungertod, Krankheit, Völker.
Verschiedenheit, Tarnung, Nachahmung.
Spezialisierung, Verringerung, Ausschluß, Umwandlung, Gifthauch, Dürre.
Druck, Niederlage, Verfall, Rauch, Dezimierung.
Explosion, Mißbrauch, Unwissenheit, Ausschöpfen.
Verseuchung, Rückstand, Ersticken, Stille, Totenstille.
Schlamm."[85]

Es ist erstaunlich, daß bereits lange vor diesen modernen „Propheten" Jesus und seine Apostel von dem apokalyptischen Geschehen in unserer Zeit sprachen. In seiner Rede über die Zukunft der Welt (Matthäus 24, vergl. Lukas 17) wies Jesus auf einen gewaltigen Aufruhr auf unserem Planeten hin, der die gesamte Natur und die gesamte Menschheit erfassen werde. Unter anderem werden folgende Ereignisse stattfinden:

- Erdbeben
- Weltweite Hungersnöte
- Gefährliche Seuchen und Krankheiten
- Kriegsgerüchte, Kriegshetze
- Weltweite Kriege
- Kosmische Ereignisse

Gerichte, die die Welt erschüttern werden

Der Apostel Johannes schreibt in der „Apokalypse" (Offenbarung) von einer in der Zukunft liegenden *teilweisen Zerstörung unserer Erde und einer gewaltigen Reduzierung der Weltbevölkerung als Folge göttlicher Gerichte über einer von Gott abgefallenen und gottabgewandten Menschheit.*

Johannes sieht drei „Gerichtswellen" über die Erde ziehen:

1. *Die Siegelgerichte* (Offenbarung 6)
   1. Siegel: Ein weißes Pferd = die christus- und glaubensfeindliche Weltdiktatur als Verkörperung des weltweiten Bösen (V. 1.2).
   2. Siegel: Ein rotes Pferd = Krieg (V. 3.4).
   3. Siegel: Ein schwarzes Pferd = Hunger (V. 5.6).
   4. Siegel: Ein fahles (graues) Pferd = Tod (V. 7.8).
   5. Siegel: Die Kirche = Christenverfolgung (V. 9—11).
   6. Siegel: Die Erde und das Weltall = Kosmische Ereignisse, geologische Veränderungen (V. 12—17).
2. *Die Posaunengerichte* (Offenbarung 8—11)
   1. Posaune: Ein Drittel der Vegetation vernichtet (8,7).
   2. Posaune: Ein Drittel der Lebewesen im Meer getötet (8,8.9).
   3. Posaune: Ein Drittel der Weltmeere vergiftet (8,10.11).
   4. Posaune: Ein Drittel der Erdoberfläche auf unnatürliche Weise in Dunkelheit gehüllt (8,12).
   5. Posaune: Ein Drittel der Menschheit durch eine feindliche Weltmacht unterdrückt (9,1—12).
   6. Posaune: Ein Drittel der Weltbevölkerung ausgelöscht (9,13—21).
   7. Posaune: Das Reich Gottes löst die Reiche der Welt ab (11,15—19).

3. Die Zornesschalengerichte (Offenbarung 16)

1. Zornesschale: Krebskrankheiten (V. 2).
2. Zornesschale: Alle Lebewesen im Meer getötet (V. 3).
3. Zornesschale: Die Quellen und Flüsse vergiftet (V. 4 ff).
4. Zornesschale: Eine weltweite Hitzewelle quält die Menschen (V. 8.9).
5. Zornesschale: Das Reich der christus- und glaubensfeindlichen Weltdiktatur in Dunkelheit gehüllt (V. 10.11).
6. Zornesschale: Ein 200-Millionen-Heer im Krieg gegen Israel und den mit Israel verbündeten Staaten des Westens (V. 12—16).
7. Zornesschale: Weltweite Erdbeben und Hagelunwetter (V. 17—21).

Diese drei „Gerichtswellen" können zeitlich nacheinander, aber auch miteinander und nebeneinander über unseren Planeten ziehen.

Erstaunlich ist, daß einige der führenden Wissenschaftler bei ihren Voraussagen für die Zukunft gerade auf diese in der Apokalypse des Johannes genannten Gerichte Bezug nehmen.

Die beiden amerikanischen Futurologen H e r m a n n K a h n und A n t h o n y J. W i e n e r nennen in ihrem Buch „Ihr werdet es erleben" als grundlegende Ereignisse im letzten Drittel des 20. Jahrhunderts u. a. Invasion und Krieg, Bürgerkrieg und Revolution, Hungersnöte, Seuchen, Gewaltherrschaft, Naturkatastrophen und beziehen dies „auf die vier Reiter der Apokalypse aus dem sechsten Kapitel der Offenbarung des Johannes...", die auch den „sechs Siegeln des Buches ähneln, von dem die Offenbarung handelt".[86]

Der Kern- und Elektrophysiker Prof. B e r n h a r d P h i l b e r t h hat bei der Beschäftigung mit den Aussagen der Apokalypse des Johannes festgestellt, daß die Schilderungen in Offenbarung 8,9 und 16 genau dem entsprechen, was bei einem Krieg der Weltmächte mit ABC-Waffen eintreten wird. Er hat seine Erkenntnisse niedergeschrieben in seinem Buch „Christliche Prophetie und Nuklearenergie".[87]

In einer faszinierenden Denkleistung weist der österreichische Kulturphilosoph Prof. Dr. K u r t B e c s i nach, daß die Apokalypse des Johannes Wort für Wort unsere Stunde Null verzeichnet. Seine „Entschlüsselung" der johanneischen Prophetie und ihre Gegenüberstellung mit realen Gegebenheiten unserer Zeit ist ebenso kühn wie von zwingender Logik. In seinem Buch „Aufmarsch zur Apokalypse" schreibt er:

„Die Visionsreihen der Apokalypse (des Johannes) schildern in ihren insgesamt 22 Kapiteln die entscheidenden Schlüsselereignisse des göttlichen, geistigen, kosmischen und menschlichen Geschehens. Jedes Wort, jeder Satz, jedes Bild stellt gleichsam einen Perspektivpunkt einer apokalyptischen Geometrie dar. Vor allem aber ist der prophetische Scheinwerfer der Offenbarung auf die sogenannte Endzeit der Menschheit, aber auch auf die Neuschöpfung des Universums, insgesamt auf eine kosmische und revolutionäre Wandlung, gerichtet. Die Visionsreihen der Apokalypse gehen vom Schicksal eines alten Kosmos aus. Sie charakterisieren die Geschehnisse der Endzeit, Ereignisse, die sowohl geistig, wie politisch konkret bezeichnet werden. Sie deuten die Vorgänge bis zum Untergang des alten Universums, dem Weltgericht. Das Weltgericht selbst wird sozusagen zu einer geistigen, metaphysisch chemischen Analyse. In dieser Analyse wird das Negative ausgeschieden. Ein neuer Kosmos, eine neue geistige Kernstruktur einer neuen Schöpfung entsteht."[88]

Die kommenden Ereignisse auf unserer Erde, wie sie uns die biblische Prophetie ankündigt und auf die sich zahlreiche ernstzunehmende und bekannte Wissenschaftler unserer Zeit beziehen, werden für die gesamte Menschheit zu einem für sie schicksalsentscheidenden Anruf: *Gebt Gott die Ehre!*

Johannes schreibt:

„Ich sah einen Engel hoch in der Luft fliegen. Er hatte eine Botschaft, die niemals ihre Gültigkeit verlieren wird. Er sollte sie allen Menschen auf der Erde mitteilen, allen Nationen, Völkern, Stämmen und Sprachgruppen. Er sprach mit lauter Stimme: Fürchtet Gott und erweist ihm Ehre! Die Zeit ist gekommen, daß er die Menschheit vor Gericht stellt. Betet den an, der Himmel, die Erde, das Meer und die Quellen geschaffen hat" (Offenbarung 14,6.7).

Sind wir dazu bereit, Gott die Ehre zu geben und ihn anzubeten? Das hieße, das Suchen nach eigener Ehre aufzugeben und aufzuhören, die Macht des Menschen, sein Können anzubeten.

Die kommenden Gerichte Gottes, die die Welt erschüttern werden, sind zugleich ein Ruf zur Umkehr vom Weg der menschlichen Selbstherrlichkeit, Selbstgerechtigkeit und Selbsterlösungsversuche. Im Sprachgebrauch der Bibel heißt eine solche Umkehr „Buße tun":

„Gott hat die Zeit der Unwissenheit übersehen. Nun aber gebietet er allen Menschen Buße zu tun. Denn er hat einen Tag gesetzt, an dem er den Kreis des Erdbodens richten wird mit Gerechtigkeit durch Jesus Christus, in dem er den Glauben beschlossen hat und jedermann den Glauben vorhält" (Apostelgeschichte 17,30.31).

Schenken wir deshalb — sofern wir noch keine oder keine überzeugten und entschiedenen Christen mehr sind — Jesus Christus Glauben und dem, was er, seine Apostel, die Propheten Gottes in der Bibel über die Zukunft der Welt gesagt haben. Schenken wir Jesus Christus Glauben, indem wir — sofern wir es noch nicht bewußt getan haben — ihn als unseren Herrn anerkennen und durch Gebet in unser Leben aufnehmen. Jesus Christus, dem nach dem Zeugnis der Bibel — trotz allem augenblicklichen Widerschein — alle Macht im Himmel und auf Erden gegeben ist, wird wiederkommen und uns, die wir an ihn glauben, hindurchretten durch die Gerichte, die die Welt erschüttern werden.

Allein mit Jesus Christus werden wir die Zukunft überleben!

II. Teil

Die weltweite geistige Verschmutzung

1. Der Mensch im Aufruhr der Endzeit

Menschliche Arroganz und Überheblichkeit verändern die Welt

Die erheblich zunehmende Bedrohung unserer gesamten Umwelt und ihre mögliche Zerstörung durch Verschmutzung und Vergiftung, durch Ausbeutung und grenzenloses Profitstreben, durch weitere Waffeneskalation und einer auf uns zukommenden Bevölkerungsexplosion, stehen in einem engen Zusammenhang mit der fortschreitenden geistigen Verschmutzung der Menschheit.

Unsere heutige Umwelt stellt das dar, was in unserem Innern, in unseren Köpfen, in unseren Gedanken vor sich geht. Sie ist das Ergebnis unseres Geistes. In unserer Umwelt sehen wir unser eigenes Spiegelbild. Und erkennen zugleich, worauf die schleichende Apokalypse, die unsere Erde in einen sterbenden Planeten verwandelt, zurückzuführen ist: auf unsere geistige Verschmutzung!

Vielfach wird immer noch die Ansicht vertreten, daß der Mensch das Ergebnis seiner Umwelt sei. Das ist jedoch nur bedingt richtig. Der Mensch hat zunächst seine Umwelt durch sein Denken und Tun beeinflußt und verändert. Die Umwelt hat darauf nun ihrerseits wieder den Menschen beeinflußt und verändert. Es kann also letztlich nicht heißen, daß der Mensch das Ergebnis seiner Umwelt ist. Es muß vielmehr heißen, daß die heutige Umwelt das Ergebnis des menschlichen Denkens und Tuns ist. Darum können wir auch nicht sagen, daß die Erfindungen der Neuzeit, die Technik unseres Jahrhunderts, das Anwachsen der Industrie an und für sich schlecht sind. Im Gegenteil: Es liegt letztlich am Menschen. B a s i l e a S c h l i n k schreibt in ihrem Heft „Umweltverschmutzung — und dennoch Hoffnung" sehr richtig:

„Nicht Wissenschaft, Erfindungen, Technik, Industrie haben zu diesem Fiasko geführt, sondern der Geist, in dem man weithin mit den Erfindungen umging, der Wissenschaft, Technik, Industrie zumeist leitete. Man mißbrauchte Erkenntnisse, Erfindungen, die dem Guten hätten dienen können, durch menschliche Arroganz und Überheblichkeit."[89]

Es ist bedauerlich, daß viele unserer Zeitgenossen dies nicht wahrhaben wollen, daß der Mensch es ist, der seine Umwelt mißbraucht und zum Negativen hin verändert — durch seinen verschmutzten Geist.

Die Bibel hat bereits vor langer Zeit vielfältig auf die Tatsache hingewiesen, daß „vor dem Ende" sich nicht nur die Natur und die kosmischen Kräfte in Aufruhr befinden werden, sondern auch der von Gott losgelöste selbstherrliche Geist des Menschen. Die Bosheit des menschlichen Geistes werde nicht nur zunehmen, sondern auch überhandnehmen. Sie werde unkontrollierbare und überdimensionale Ausmaße erreichen und alle Bereiche des menschlichen Lebens verseuchen.

In seiner Rede über die Zukunft der Menschheit (Matthäus 24) sprach Jesus von schrecklichen Ereignissen als Folge des durch und durch verschmutzten menschlichen Geistes. Er nannte u. a.:

Ereignisse im Bereich des Geistigen

■ Verführung (Manipulation): Verführung durch Wissenschaft und Technik, durch Philosophien und Ideologien (Politik), Verführung durch Massenmedien und Drogen, Verführung durch Mächte des Aberglaubens wie Okkultismus und Spiritismus.
■ Haß: Bruderhaß, Gesellschaftshaß, Völkerhaß, Rassenhaß.
■ Angst: Lebensangst, ichhafte Angst, krankhafte Angst.

Danach wird der Mensch von heute und morgen sein —
☐ ein verführter Mensch.
☐ ein manipulierter Mensch.
☐ ein haßerfüllter Mensch.
☐ ein ängstlicher Mensch.

Ereignisse im Bereich des Persönlich-Menschlichen

■ Krankheiten (Seuchen): Zunahme von Kreislaufstörungen, Herzinfarkte, Krebserkrankungen, Geschlechtskrankheiten, psychische Erkrankungen.
■ Hunger — als Folge der Bevölkerungsexplosion, durch Mißernten, durch ungenügende Hilfeleistungen der reichen Völker.
■ Gesetzlosigkeit: Autoritätsfeindlichkeit, Aggressivität, Kriminalität, Brutalität, Ungerechtigkeit, Verrat.
■ Lieblosigkeit: Verständnislosigkeit für den Nächsten, Ichhaftigkeit, Erbarmungslosigkeit, Verachtung des Menschen, Menschenfeindlichkeit.
■ Maßlosigkeit: Fortschrittsbesessenheit, Profitgier, Ausbeutung, Konsumrausch.
■ Falsche Sicherheit: Verharmlosung, Beschwichtigung, Friedensseligkeit.

Danach wird der Mensch von heute und morgen sein —
☐ ein kranker Mensch.
☐ ein hungernder Mensch.

- [ ] ein gesetzloser Mensch.
- [ ] ein liebloser Mensch.
- [ ] ein maßloser Mensch.
- [ ] ein sich in falscher Sicherheit wiegender Mensch.

Ereignisse im Bereich des Glaubens

■ Religiöse Verführung: Verführung durch falsche Christusse und falsche Propheten, Verführung durch eine gottesleugnerische Theologie und sektiererische Irrlehren.

■ Verfolgung der Christen: Unterdrückung des christlichen Einflusses in Staat und Gesellschaft, Einschränkung der Religionsfreiheit, Verhaftung und Folterung von Christen.

Danach werden heute und morgen Christen
- [ ] religiös verführt werden,
- [ ] durch einen schleichenden oder offenen Atheismus verfolgt werden,
- [ ] ihrem Glauben absagen.

Die heutige Menschheit liefert für die Wahrheit dieser vor rund 2000 Jahren von Jesus Christus angekündigten Ereignisse bereits drastische Beispiele — wie sie heute jeder unvoreingenommene Mensch sehen, hören und erleben kann.

„Es werden grauenvolle Zeiten kommen ..."

Auch der Apostel P a u l u s hat sich in der Heiligen Schrift über den Menschen der Zukunft geäußert (2. Timotheus 3). Seine knappen aber präzise formulierten Aussagen beginnt er mit den Worten:

„Es werden grauenvolle Zeiten kommen, denn es werden Menschen sein ..."

Dann nennt Paulus eine Reihe typischer Eigenschaften und Verhaltensweisen der Menschen, denen wir heute ständig begegnen:

- ● Die Menschen werden selbstsüchtig sein.
- ● Die Menschen werden geldgierig (profitgierig) sein.
- ● Die Menschen werden gegenüber anderen große Worte machen.
- ● Die Menschen werden gegenüber Gott hochmütig sein.
- ● Die Menschen werden gegen Gott und den christlichen Glauben lästern.
- ● Die Menschen werden autoritätsfeindlich eingestellt sein.
- ● Die Menschen werden für alles undankbar sein.
- ● Die Menschen werden von Gott nicht viel halten.

- Die Menschen werden keine wahre Liebe mehr kennen (obwohl sie so viel davon reden).
- Die Menschen werden unversöhnlich sein.
- Sie werden Wahrheit in Lüge und Lüge in Wahrheit verkehren.
- Sie werden auf allen Gebieten des Lebens unenthaltsam und zügellos sein.
- Sie werden brutal aneinander handeln und kein Erbarmen mehr kennen.
- Sie werden dem Guten gegenüber gleichgültig sein.
- Sie werden einander verraten und „das Wasser abgraben".
- Sie werden leichtfertig, verwegen und voreilig handeln.
- Sie werden sich über alles erhaben dünken.
- Sie werden das Vergnügen mehr lieben als Gott.
- Sie werden menschliches Wissen in Fülle besitzen und die göttliche Weisheit mißachten.
- Viele werden dem Namen nach Christen sein, aber keine göttliche Kraft in ihrem Leben haben.

Diese Eigenschaften und Verhaltensweisen der Menschen, die Paulus für die „letzte Zeit" voraussagte, finden heute ihre realistische Verwirklichung und Bestätigung. Sie weisen hin auf eine umfassende Degeneration des menschlichen Geistes, der Seele und des Leibes — eine Degeneration, die unsere gesamte Umwelt nachhaltig zum Negativen hin beeinflußt.

2. Das Umweltproblem – ein theologisches Problem

Die Diagnose steht fest

Gott, der Allmächtige und Allweise, der Schöpfer Himmels und der Erde, wußte, daß die Menschheit sich selbst in eine ausweglose Lage bringen würde, wenn sie in der Loslösung von ihm darin fortfährt, dem Weg der menschlichen Natur zu folgen, dem Weg der Lust, der Gier, der Überheblichkeit und der völligen Gleichgültigkeit für das Wohl des Nächsten und seiner Umwelt.

Dem Propheten J e s a j a (um 740—690) wurden einmal die Augen geöffnet, seine Zeit aus dem Blickwinkel Gottes zu sehen. Er schreibt:
„Ausgekehrt und entleert wird die Erde, ausgeraubt und ausgeplündert...
Das Land ist entheiligt von seinen Einwohnern. D a r u m frißt der Fluch das Land, denn sie verschulden's, die darin wohnen. D a r u m verdorren die Einwohner des Landes, also daß wenig Leute übrigbleiben" (Jesaja 24,5.6).

Ähnlich gab der Prophet H o s e a , ein Zeitgenosse Jesajas, eine ins einzelne gehende Schilderung der göttlichen Diagnose:

„Hört des Herrn Wort! Denn der Herr hat Ursache zu schelten, die im Lande wohnen. Es ist keine Treue, keine Liebe, keine Erkenntnis Gottes im Lande. Sondern Gotteslästerung, Lügen, Morden, Stehlen und Ehebrechen hat überhandgenommen und eine Blutschuld kommt nach der anderen. D a r u m wird das Land jämmerlich stehen und allen Einwohnern wird's übel gehen. Auch die Tiere auf dem Felde, die Vögel unter dem Himmel und die Fische im Meer werden weggerafft werden" (Hosea 4,1—3).

Sind das nicht Aussagen, die sich höchst modern anhören? Kann man sich eine bessere Beschreibung der Lebensweise und der Umwelt von heute vorstellen?

Diese beiden Prophetenworte — stellvertretend für zahlreiche ähnlicher Art —, auf Weisung Gottes gesprochen und aufgeschrieben, zeigen die eigentliche Ursache auf für die geistige Verschmutzung des Menschen und die materielle Verschmutzung seiner Umwelt: Sie liegt in der Abwendung des Menschen von dem lebendigen Gott!

Erstaunlich ist die Tatsache, daß sogar namhafte Wissenschaftler unserer Zeit, die über eine bloße Bestandsaufnahme unserer sterbenden Welt nach den geistigen Hintergründen einer solchen Entwicklung fragen, — unabhängig von den Aussagen der Bibel — ebenfalls zu dieser Feststellung kommen. So schreibt zum Beispiel Gordon Rattray Taylor:

„Der Zusammenbruch des Glaubens an die göttliche Ordnung führte zu einem moralischen Vakuum, in welchem alles sinnlos war ... Dieser Zusammenbruch wurde durch den Aufstieg des Rationalismus gebannt. Die Vernunft genügte als Legitimation... Rationalismus und Naturwissenschaft nahmen den bisherigen Platz der Religion ein ... Heute ist der Glaube an die Religion noch weiter geschwunden ... (Darum) versteht man heute die Verrücktheiten und Grausamkeiten des Menschen um so besser, (denn) Bildung und steigender Lebensstandard haben keine neue Rasse von freundlichen und vernünftigen Menschen geschaffen ...“[90]

Das ist die bemerkenswerte Feststellung eines Wissenschaftlers, der von sich nicht behauptet, ein engagierter Christ zu sein.

Damit ist die eigentliche und tiefere Ursache für unsere heutigen Umweltprobleme auf dem Gebiet der Luft, des Wassers, des Lärms, des Mülls, der Ernährung, der sich häufenden Zivilisationsschäden und Zivilisationskrankheiten, des weithin entgleisten Lebensrhythmusses in unseren Tagen und der zunehmenden Bedrohung der Völker untereinander offenkundig: Sie liegt in der sich seit langem vollziehenden Verdrängung der göttlichen Lebensordnungen aus dem Bewußtsein unserer menschlichen Gesellschaft, die zu einer Inthronisierung des menschlichen Geistes geführt hat.

Es ist auffallend, daß gerade die westlichen Industrie- und Wohlstandsländer, die ursprünglich mit die ersten waren, die das Evangelium von Jesus Christus hörten und sich dem Christentum zuwandten, die Länder sind, die heute am meisten unsere Umwelt quälen, vergiften und zu Tode martern. Und die unvorstellbare Mengen an geistigem und materiellem Wohlstandsdreck produzieren. Es sind die Länder, die sich den Götzen des Fortschritts und Wohlstands mit all ihrem Denken und Tun verschrieben haben. Es sind vorwiegend die Länder, deren Bewohner sich im wesentlichen noch dem Namen nach als „Christen“ bezeichnen, für die aber in Wirklichkeit Gott und der christliche Glaube keine wesentliche Bedeutung mehr haben.

Jesus und die Augstein GmbH

In einem Artikel einer christlichen Zeitschrift heißt es u. a.:

„Zur Zeit spielt sich innerhalb des ‚Christentums‘ eine Umschichtung von Werten ab, die tiefgreifender ist als die der Reformation. Seit den Tagen der Apostel hat es keine so einschneidende Änderung mehr gegeben. Es findet ein Verlust der wichtigsten Glaubensinhalte statt, der in der Geschichte ohne Beispiel ist. Wir sehen eine Woge des Unglaubens über die Kirche hinweggehen, größer als jene, die das Anwachsen des modernen wissenschaftlichen Materialismus im 19. Jahrhundert begleitete und die des Rationalismus im 18. Jahrhundert. Und die eigentlichen Leute des Unglaubens sind ausgerechnet solche, von denen wir nie erwartet hatten, daß ihnen das passiert wäre — die ausgebildeten Theologen, die früher fertige Antworten auf jeden möglichen Zweifel hatten.“ [91]

Was vertreten diese „Leute des Unglaubens“?

Zunächst sei klar herausgestellt, daß wir die eigentlichen Leute des Unglaubens zwar vorwiegend unter gewissen ausgebildeten Theologen unserer Zeit zu finden haben. Aber nicht nur unter ihnen. Wir finden sie zunehmend auch unter den Pseudo-Theologen, unter den Atheisten, die sich einen „Theologenkopf“ aufgesetzt haben.

Zu ihnen gehört zweifelsohne der derzeitige „Spiegel“-Chef R u - d o l f A u g s t e i n , dessen Buch „Jesus — Menschensohn“ [92] nach den Worten des Paderborner Kardinals L o r e n z J ä g e r „das antichristlichste Buch der letzten Jahrhunderte“ ist.

Für Augstein ist der geschichtliche Jesus mit dem Christus des Glaubens schlechterdings unvereinbar. Jesus selbst ist für Augstein ein eschatologischer Querkopf, ein Spinner gewesen, der am Rand der jüdischen Theologie lebte, völlig ohne Originalität. Jesus hat auch — so Augstein — von sich aus nie und in keiner Weise auf jene Eigentümlichkeiten Anspruch erhoben, die ihm der christliche Glaube an den Messias, an den Gottessohn und so weiter zuschreibt. Der Christus des Glaubens ist eine reine Kultlegende. Nach Augstein eine Erfindung der Urgemeinde und des späteren Christentums von grandiosem Irrtum. Der Ursprung der Kirche ist nicht Jesus, sondern die Kirche selbst.

Wörtlich schreibt Augstein u. a.:

„Das Christentum stieg auf wie eine Rakete mit dreistufigem Treibsatz, jede Stufe ein explosiver Irrtum: Erst Jesu Irrtum, daß die jüdische Endzeit gekommen sei. Dann der Irrtum seiner Anhänger, er sei auferstanden. Und schließlich der Irrtum des Paulus und der Synoptiker, er werde demnächst wiederkommen und alle Welt richten." [93] —

„Der Heilige Geist konnte nur durch einen parlamentarischen Trick zur dritten Gottheit aufrücken." [94] —

„Jesus war nicht unbedingt ein Rabbi, schon gar kein studierter, sondern ein Wunderdoktor." [95] —

„Es führt kein analytischer Weg, keine erkennbare Verbindung von irgendeinem ‚historischen‘ Verkündiger Jesus zu dem verkündigten Christus des Glaubens." [96]

Das Buch Augsteins ist von Anfang bis Ende eine radikale Ablehnung Jesu und des gesamten Christentums.

Doch Augstein ist nicht der einzige Diener des Unglaubens, der dem fortschreitenden Glaubensverfall unserer Gesellschaft von heute nachzuhelfen bemüht ist. Zu ihm gehört eine ganze „GmbH", die es sich zur Aufgabe gesetzt hat, die Menschen unserer Zeit über Jesus und den Glauben „aufzuklären". Die Bibel von angeblichen Sagen, Fabeln und orientalischen Märchen zu entmythologisieren. Die entscheidenden Heilstatsachen als irrational und unglaubwürdig zu erklären. Jesus als bloßen Menschen herauszustellen, der im Grunde ein Revolutionär und Sozialreformer war. Und Gott in der sogenannten „Gott-ist-tot-Theologie" zu begraben.

Einige „Mitglieder" dieser „GmbH" seien im folgenden kurz mit ihren Bemühungen, die „Menschen unserer Zeit über den wahren Sachverhalt zur Person Jesu aufzuklären", vorgestellt:

Dr. Johannes Lehmann, Publizist und Theologe, behauptet in seinem „Jesus-Report": [97]

- Die Evangelien sind aus zweiter Hand geschrieben.
- Jesus war kein friedlicher Mensch, sondern ein Guerilla-Führer.
- Jesus war ein führender Mönch der Geheimsekte der „Essener" von Qumran.
- Paulus hat den historischen Jesus, sein Leben und seine Lehre total umfunktioniert und wurde dadurch zum „Verderber des Evangeliums". [98]

Michael Taylor, Theologe und Direktor des Northern Baptist College in England, sagte auf der Konferenz der Babtisten-Union von Großbritannien und Irland in einem Referat zum Thema: „Inwieweit war Jesus Mensch?" abschließend:

„Ich glaube, daß wir in dem Menschen Jesus Gott begegnen. Ich glaube, daß Gott in Jesus handelte, aber es reicht nicht ganz aus, kategorisch zu erklären: Jesus ist Gott. Jesus ist einzigartig, aber seine Einzigartigkeit führt nicht dazu, daß er von ganz anderer Art wäre als wir. Er ist ein Lebewesen von gleicher Art. Er ist ganz und unzweideutig ein Mensch. Der Unterschied zwischen ihm und uns liegt nicht darin, wie Gott in Jesus gegenwärtig war. Der Unterschied liegt darin, was Gott in und durch diesen Menschen tat. Er liegt in dem Ausmaß, mit dem dieser Mensch für Gott empfänglich war und mit ihm zusammen wirkte." [99]

Vorher hatte Taylor ausführlich deutlich gemacht, daß er der traditionellen Anschauung, daß Jesus Gott ist, nicht zustimmen könne. Er sagte, „daß die Lehre des Glaubensbekenntnisses, wonach Jesus wahrer Gott und wahrer Mensch gewesen ist, ein Widerspruch sei". Dann fuhr er fort, daß Theologen dies ein Paradoxon nennen, er bezeichne es jedoch lieber als einen Widerspruch. Taylors Ausführungen führten unter den englischen Baptisten zu einem offenen Streit über die Gottheit Jesu.

Williams E. Phipps, amerikanischer Theologie-Professor, will in der Bibel Indizien dafür entdeckt haben, daß Jesus verheiratet gewesen sei mit der in den Evangelien als Sünderin beschriebenen Frau, die Maria Magdalena gewesen sein soll. Jesus habe sie im zweiten Jahrzehnt seines Lebens geheiratet. Diese Ehe sei aber später durch Maria Magdalena gebrochen worden. Nach Jahren habe Jesus ihr dann vergeben. Daraufhin sei sie Jesus in Treue ergeben gewesen bis zu seinem Ende. Doch Phipps stellt gleichzeitig noch drei weitere Varianten auf. Er hat sie in einem Buch veröffentlicht, das in Amerika und England großes Aufsehen erregte und viele Menschen schockierte. [100]

Adolf Holl, katholischer Kaplan und Privatdozent der Theologischen Fakultät der Universität Wien, weiß allerlei über die Leute zu berichten, mit denen sich Jesus abgab. Er nennt sie Hysteriker, Abweichler, Obdachlose, Benachteiligte, Vagabunden, Psychopathen, Revolutionäre, Kriminelle, Analphabeten, Dirnen, Ausbeuter ... Darum sieht Holl in Jesus einen Revolutionär und Skandalmacher, der sich nicht nur gegen Staat, Kirche und Gesellschaft auflehnte, sondern auch die Menschen seiner Umgebung zum Aufruhr anstachelte und ihre Schandtaten guthieß. Nach den Verhaltensweisen der damaligen Zeit mußte — nach Meinung Holls — Jesus kriminell gewesen sein. [101]

Aus diesen pseudo-wissenschaftlichen Meinungen, Ansichten und Behauptungen von „Mitgliedern" der theologischen „Gesellschaft mit beschränkter Haftung" wird erkennbar:

1. Hier geht es nicht mehr um eine gesunde, unter Gottes Geist arbeitende Theologie, sondern um Atheismus.[102]

2. Dem seelisch leergebrannten Menschen der Moderne wird nicht zum Glauben an Jesus Christus als dem Heil und der Hoffnung der Welt verholfen, sondern der Weg zum Unglauben und zur Selbsterlösung bereitet.

Es ist darum nur zu verständlich, wenn zum Beispiel der bekannte tschechische Philosoph und Atheist M a c h o v e c am Ende eines Vortrages die deutschen (Pseudo-)Theologen fragte, warum sie eigentlich das Ziel ihrer Beschäftigung noch „Gott" nennen würden und ihre Bemühungen um ihn noch „Theologie".

Der „Verleger-König" A x e l S p r i n g e r, der nach seinem Bekenntnis ein entschiedener Alt-Lutheraner ist, schrieb in einem Brief über die „Diener des Unglaubens", die nicht nur unter den „dozierenden" Theologen, sondern auch unter den „verkündigenden" Pfarrern zu finden sind:

„Die Theorien von dem ‚Verschwinden des metaphysischen Zeitalters', daß Gott jetzt in dieser Weltzeit nicht gegenwärtig und unmittelbar zu erfahren ist, stellen doch einfach die Dinge auf den Kopf, sind, um mit M a t t h i a s C l a u d i u s zu sprechen, ‚theologische Kannegießerei' ... Die überheblichen Narren im Talar, die Gott leugnen und Christus in einen Sozialreformer umstrukturieren wollen, sollten sich den ehrlichen Anzug eines Atheisten anziehen. Sie sollten aber nicht, mit Halskrause angetan, ein weiteres Beispiel dafür bieten, daß so oft der Teufel unter der Kanzel sitzt."[103]

Doch was tut die Kirche, um sich der „Diener des Unglaubens" und der „Wegbereiter des Atheismus" zu entledigen? So gut wie nichts. Was tut sie gegen eine gottesleugnerische Theologie einer Rudolf Augstein GmbH? So gut wie nichts. Was tut sie gegen die Verkündiger in den Kirchen, die aus Jesus Christus alles andere machen, bloß nicht das was er war und ist? So gut wie nichts. Im Gegenteil. Sie duldet Atheisten und neuerdings Kommunisten[104] in ihren Reihen. Sie toleriert gottesleugnerische und pseudo-wissenschaftliche theologische Richtungen und eine pluralistische Verkündigung in den zentralen Heilstatsachen. Es ist darum nicht verwunderlich, daß der Unglaube gerade von den sogenannten „Christen" kommt, aus der Institution, die sich „Kirche" nennt.

Kirche in der Krise

Die Kirche steht gegenwärtig in einer tiefen Krise. Sie duldet nicht nur gottesleugnerische Theologen in ihrer Mitte, sondern verändert sich von Tag zu Tag mehr in eine gesellschaftspolitische Akteurin. Willy Kramp, einst leidenschaftliches Mitglied der „Bekennenden Kirche" und bekannt als Autor der Bücher „Brüder und Knechte" und „Der letzte Feind" schreibt zu dieser Entwicklung:

„Was wir immer öfter, immer drängender von den Kanzeln hören, ist die Aufforderung, falsche und böse gesellschaftliche Strukturen zu ändern, für menschliche Gleichheit, Freiheit und Brüderlichkeit zu kämpfen — so wie Jesus, unser Bruder, es bis zum Tode am Kreuz getan habe. Und wer wollte sagen, daß dies nicht auch in die Kirche gehöre? Ich mache es mir nicht so leicht, eine Haltung zu denunzieren, die aus Erbarmen mit dem Menschen praktisch atheistisch geworden ist und gerade darin den Sinn ihres Christseins erblickt.

Wogegen ich mich jedoch mit Entschiedenheit wende, das ist der Absolutheitsanspruch dieser Haltung in der Kirche. Dies darf nicht zur neuen politischen Religion, zur intoleranten Ideologie mit totalitären Zügen werden. Und diese Gefahr besteht allerdings. Es besteht die Gefahr, daß die Christus-Offenbarung dogmatisch verkürzt wird auf ein sozialethisch-politisches Gesetz. Verkürzt wird auf den Ruf nach Revolution oder nach ‚Mitmenschlichkeit', auf das Prinzip einer rein diesseitig verstandenen Hoffnung.

Wo man das Christus-Wort nur noch insoweit gelten läßt, als es Impulse für ethisch-revolutionäre Handlungen zu geben vermag, wo man die christliche Botschaft auf eine für alle vernünftigen Menschen annehmbare sittlich-politische Forderung reduziert, da nimmt man der Verkündigung ihre Tiefe, ihre Gewalt, ihren Erlösungscharakter. Und da wird — ich kann es nicht anders sehen — Kirche zerstört." [105]

Jawohl, Kirche wird zerstört, wenn das Evangelium von Jesus Christus, das Menschen und Verhältnisse zu verändern vermag, zugunsten eines sozialen Evangeliums verdrängt wird. *Eines Evangeliums, das sich in einem sozialen Engagement allein auf das leibliche (materielle) Wohl des Menschen ausrichtet,* dabei aber den Geist und die Seele des Menschen aufs sträflichste vernachlässigt und verkümmern läßt. Durch eine solche fragwürdige gesellschaftspolitische Aktivität wird die Kirche ihrem eigentlichen Auftrag, Evangelium von Jesus Christus zu verkündigen, und damit Seelsorge u n d Leibsorge zu üben, untreu.

Die Kirche muß sich darum heute verstärkt Kritik gefallen lassen. Sie muß sich fragen lassen, ob sie im eigentlichen Sinne überhaupt noch Kirche Jesu Christi ist — oder zu einer „Jesus-GmbH" entartet ist.

Die Kritik an dem Sinn und an der Aufgabe der Kirche wird darum gegenwärtig immer lauter. Und die Folgen? Am deutlichsten werden sie sichtbar dadurch, daß immer mehr Menschen der Kirche „ade" sagen. Aus Protest. Aus Enttäuschung. Aus Kirchen- und Glaubensfeindlichkeit. 1965 traten 37 437 Personen aus der Kirche aus. 1968 waren es schon 58 547. 1969 verließen 108 844 Bundesdeutsche den Schoß ihrer Kirche.[106] Seitdem ist die Kirchenaustrittswelle geringfügig rückgängig.

Die Personen, die mit einem Federstrich der Kirche „ade" sagen, sind vor allem unter den Jugendlichen, den Reichen und den Männern zu finden. In West-Berlin sind zwei von drei, die der Kirche den Rücken kehren, jünger als 35 Jahre. In Düsseldorf gehört fast die Hälfte zur Gruppe der mittleren und höheren Angestellten.

Die Beweggründe, die heute viele zum Kirchenaustritt veranlaßt, sind in der Hauptsache folgende:

○ Kein inneres Verhältnis zur Kirche, zur Lehre, zum Glauben.
○ Finanzielle Erwägungen im Blick auf die hohen Kirchensteuern.
○ Innere Verwirrung der Kirche und die gegenwärtigen theologischen Auseinandersetzungen.
○ Unbefriedigtsein mit der modernen Kanzelverkündigung (Pluralistische Verkündigung).
○ Das Engagement der Kirche in politischen Fragen, speziell ihr „Antirassismus-Programm", das vorsieht, sogenannte Befreiungsorganisationen in verschiedenen Teilen der Welt finanziell zu unterstützen.

Doch nicht alle der Protestierer und Enttäuschten, der Mitläufer und Unzufriedenen, der Namenschristen und der christlichen „Karteileichen" ziehen die Konsequenzen, indem sie die Kirche verlassen. Die Mehrheit verbleibt weiter in ihr. Noch.

Der Kraft- und Substanzverlust der Kirche ist aber offenkundig, trotz Kirchensteuer-Millionen und Massenaufgebot von „Kirchenchristen" auf Kirchentagen:

○ Beim Gottesdienst predigt der Pfarrer meist vor fast leeren Kirchenbänken.
○ Die meisten der nominellen „Kirchenchristen" brauchen die Kirche nur noch als „Dienstleistungsbetrieb" bei Taufe, Hochzeit und Beerdigung.

Wohin man auch schaut: Die heutige Kirche ist eine sterbende Kirche. Sie stirbt

- an dem Unglauben vieler ihrer Theologen und Verkündiger.
- an einer pluralistischen Verkündigung.
- an einer fragwürdigen gesellschaftspolitischen Aktivität.
- an Mitgliederschwund.
- an Kraft- und Substanzverlust.

Die Kirche ist an ihrem Sterben größtenteils selbst schuld.

Der christliche Glaube wandert aus

Das Christentum hat seine Bedeutung in unserer Gesellschaft seit langem weitgehend ausgespielt.

Wer heute noch von einem „christlichen Abendland" oder einem „christlichen Deutschland" spricht, hat die wahre Situation entweder noch nicht wirklich erkannt oder täuscht sich über sie hinweg. Unsere Leistungs- und Konsumgesellschaft ist alles andere als christlich. Sie ist vielmehr im eigentlichen rationalistisch, materialistisch, ja geradezu atheistisch. Sie ist weder an Christus noch am Christentum orientiert, weder an den Zehn Geboten Gottes noch an der christlichen Ethik. Unsere Gesellschaft ist vielmehr an der eigenen, selbstherrlichen Ratio ausgerichtet. Mit dem Ziel, zum eigenen Vorteil zu bestimmen was gut und richtig ist. Das Recht wird gewöhnlich gemessen an der persönlichen Macht: Wer die Macht hat, hat das Recht! Es wird gemessen an dem persönlichen Reichtum: Wer das Kapital hat, hat das Recht! Die Moral wird gemessen an dem, was man tut: Was man tut ist richtig.

Heute noch von einem „christlichen Recht", von einer „christlichen Moral", von einem „christlichen Denken", von einem „christlichen Handeln", von „christlicher Politik" zu sprechen, ist längst antiquiert. Die Zehn Gebote, die das Verhältnis des Menschen zu Gott und seinem Nächsten regeln, haben auf unsere Gesellschaft keinen Einfluß mehr. Die hier und da noch verbliebenen Restbestände christlichen Glaubens werden mehr und mehr zurückgedrängt. Der frühere Vorsitzende des Rates der Ev. Kirche in Deutschland, Landesbischof D. Hermann Dietzfelbinger, spricht sogar von einer in der Gegenwart deutlich spürbaren „apokalyptischen Auswanderung des christlichen Glaubens" aus den Häusern, der Kirche und der Gesellschaft. Es sei zu spüren, wie die Atmosphäre durch einen anderen Geist bestimmt werde, die nicht mehr christlich sei.

Stehen wir vor der Abschaffung des Christentums?

Zu dem unaufhörlich fortschreitenden Glaubensverfall und der Verdrängung des christlichen Einflusses gesellt sich gegenwärtig eine zunehmende Feindschaft gegen den christlichen Glauben, ja gegen alles was christlich heißt. Diese Feindschaft macht sich vor allem in einer „Umfunktionierung" christlicher Bekenntnisse und in gotteslästerlichen Parolen und Handlungen bemerkbar, die die ganze Selbstherrlichkeit des von Gott losgelösten Menschen und sein Können zutage treten läßt.

Für die Zukunft haben wir mit Sicherheit zu erwarten, daß der verhängnisvolle Glaubensverfall und eine glaubensfeindliche Einstellung zunehmen werden — mit dem Ziel, das Christentum praktisch abzuschaffen. Zum 100. Todestag des Atheisten L u d - w i g   F e u e r b a c h (1804—1872) schrieb der Philosoph G ü n t e r R o h r m o s e r :

„Wenn das Christentum praktisch abgeschafft ist, dann ist der Mensch dem Menschen nicht nur das höchste Wesen, dann ist er ihm auch unentrinnbar ausgeliefert."

Dies ist eine Einsicht, die J e a n P a u l S a r t r e in seinem Drama „Der Teufel und der liebe Gott" fast gleichlautend formulierte:

„Wenn Gott nicht existiert, so gibt es keine Mittel mehr, den Menschen zu entrinnen."

Doch Gott stirbt nicht an dem Tage, an dem der Mensch ihn für tot erklärt. Aber der Mensch beginnt an dem Tage zu sterben, an dem er allein dem Gott „Mensch" gegenübersteht. Von ihm manipuliert wird. Seinen „Heilslehren" von Wissenschaft und Fortschritt hingebungsvoll Anbetung zollt. Und sich seinen Philosophien vom Leben und Erleben ausliefert.

Die folgenden Kapitel zeigen, daß die „Tage des Menschen" begonnen haben. Daß wir in einem Zeitalter leben, in dem der Mensch dem Menschen bedingungslos „ausgeliefert" ist.

3. Das Zeitalter der Wissenschaftsgläubigkeit und Fortschrittsbesessenheit

Eine moderne Heilslehre

Um das Jahr 1800 brauchte es noch 100 Jahre, um das Wissen der Menschen zu verdoppeln. Zu Beginn des 20. Jahrhunderts waren nur noch 50 Jahre dazu nötig. Gegenwärtig verdoppelt es sich alle 10 Jahre. Man rechnet damit, daß sich das gegenwärtige Wissen wahrscheinlich in den nächsten zweieinhalb Jahren erneut verdoppeln wird. Futurologen sagen voraus, daß sich ab 1975 die gesamte Wissensmenge etwa alle sechs Monate verdoppeln wird.

Da die „Wissensexplosion" nicht aufzuhalten ist, wird der Ruf nach „Köpfchen! Köpfchen!" immer lauter. Der möglichst wissenschaftlich geschulte Mensch gewinnt immer mehr an Bedeutung. Schon heute ist er sehr gefragt. Geniales Wissen und hochgezüchteter Intellekt haben Zukunft.

Der Grund für die Entwicklung liegt in einer derzeit ausgeprägten Wissenschaftsgläubigkeit und Fortschrittsbesessenheit unserer modernen Gesellschaft. An die Stelle des christlichen Glaubens ist als eine alles beherrschende Macht der Wissenschafts- und Fortschrittsglaube getreten, der nicht nur seine „Priester", sondern auch seine „Anhänger" hat.

Die „Priester" dieser modernen „Heilslehre" verkünden beschwörend: Der Fortschritt auf allen Gebieten kann nicht schnell genug vorangehen. Das Wissen kann nicht umfangreich genug sein. Es muß vergrößert und vertieft werden. Forschung und Wissenschaft können nicht genug gefördert werden.

An genügend „Anhängern" dieser modernen „Heilslehre" mangelt es nicht. Ungezählte Menschen sehen im Wissen unserer Zeit ein Allheilmittel gegen die gegenwärtigen politischen, sozialen und ethischen Probleme in der Welt. Viele erkennen in der modernen Wissenschaft so etwas wie einen „Messias", der die Probleme der Welt zu lösen vermag. Und im rasanten Fortschritt meinen viele den Weg zum Paradies zu finden.

Die Ohnmacht des menschlichen Wissens

Aber haben uns Wissen, Wissenschaft und Technik bislang wirklich glücklich gemacht? Sind wir durch die Errungenschaften des menschlichen Geistes zufriedener geworden? Haben wir durch die neugewonnenen Erkenntnisse den Haß, die Selbstsucht, die Lieblosigkeit in Nachbarschaft und Beruf, im Zusammenleben der Menschen und der Völker überwunden? Haben wir durch die sich auf allen Gebieten vollzogenen gewaltigen Veränderungen es geschafft, die Grenzen niederzureißen, die immer wieder zwischen den Menschen stehen? Nein! Die Rechnung: Vermehrtes Wissen = weniger Probleme! ging nicht auf. Im Gegenteil: Mehr Wissen = mehr Probleme!

Viele unserer Zeitgenossen sind geradezu von der Idee besessen, daß vermehrtes Wissen der beste Garant für den Fortschritt und für eine glückliche Zukunft der Menschheit sei. Sie meinen: Um die unübersehbaren Probleme der Welt beseitigen zu können, müssen sie gründlich analysiert und durch entsprechende Maßnahmen gemeistert werden. Um dem Leben besser auf die Spur zu kommen und um den „fehlkonstruierten Menschen" für die Aufgaben in der Welt von morgen vorbereiten zu können, sind wissenschaftliche Experimente mit ihm unerläßlich. Um dem Menschen in der Zukunft ein glücklicheres Leben zu garantieren, müssen wir ihm seine Probleme nehmen, die soziale Unsicherheit, die Einsamkeit, die Angst und ihm Wohlstand und Sicherheit geben. Dazu bedürfe es der vermehrten Aneignung von Wissen. Dazu bedürfe es des vermehrten Einsatzes des menschlichen Geistes, der Forschung und der Wissenschaft.

Nun kann der Mensch sich zwar logisches Denken aneignen. Vokabeln kann er sich einprägen. Die Philosophie Heideggers oder Kants kann er studieren. Chemische Formeln kann er auswendiglernen. Erkenntnisse aus physikalischen Experimenten kann er der Technik dienstbar machen. Einen Computer kann er zusammenbauen. Ihn mit Daten speichern und seine Erkenntnisse auswerten. Der Mensch kann auch das komplizierte System der Denkabläufe im menschlichen Gehirn erklären, Hirnströme messen und „steuern" …

Kann der Mensch mit seinem Wissen und mit seinem Können aber auch den Weg zur Gesundheit, zum Frieden, zum Glück zeigen? Kann er mit seinem erworbenen Wissen wirklich die Fragen des Lebens beantworten? Die Fragen: Woher der Mensch kommt? Wozu er auf Erden lebt? Warum gewisse Probleme herrschen? Was das Ziel der menschlichen Existenz ist? Kann der Mensch mit seinem Wissen und Können die Probleme wachsender Kriminalität und sozialer Mißstände lösen? Kann das Wissen und Können des Menschen die Bevölkerungsexplosion, die Gefahr eines ABC-Krieges, eines immer furchtbarer werdenden Umweltchaos, sowie die innere Unerfülltheit und Leere des modernen Menschen beheben?

Nein! Denn menschliches Wissen allein genügt nicht. Dazu gehört mehr. Dazu gehört unbedingt göttliche Weisheit. Menschliches Wissen ohne göttliche Weisheit ist nur Vielwisserei. Menschliches Wissen ohne göttliche Weisheit ist ichbezogen, rechthaberisch, ungerecht, hochmütig, schlau, spitzfindig, listig. Darum verdirbt der Mensch zwangsläufig auch alles, was er anfaßt. Er weiß zwar viel über die Probleme in der Welt. Er vermag sie aber zumeist nicht wirklich zu durchschauen. Er bekämpft wohl ihre Wirkungen, erkennt aber nicht ihre Ursachen. Würde der Mensch aber die göttliche Weisheit in sein Wissen einbeziehen, würde er die göttliche Wahrheit über sich und seine Umwelt erkennen.

4. Das Zeitalter der Manipulation

Die geplante Verführung

Die Manipulation des Menschen im eigentlichen Sinn ist nicht neu. Aber sie ist heute unvergleichlich anders. Sie vollzieht sich in unserer Zeit auf allen Gebieten und ist in ihrer Zielsetzung zumeist negativ. Manipulation ist heute nicht mehr nur Beeinflussung des menschlichen Unterbewußtseins. Sie ist vielmehr gezielte Lenkung des Menschen, ohne daß er es sogleich oder überhaupt merkt. Sie ist Unterdrückung, die auf die verschiedenen Bereiche des Menschen einwirkt, ohne daß der Mensch sich ihr zumeist entziehen kann. Diplom-Ingenieur B e r n d S c h i r r m a c h e r sagte in einem Vortrag zur Manipulation in unserer Zeit:

„Wir sprechen vom Manipulieren im negativen Sinn und meinen damit, daß man den anderen mehr oder weniger heimlich dazu bringen will, etwas zu tun, was er bei genauer Überlegung und Prüfung und bei Kenntnis aller Tatsachen nicht so ohne weiteres tun würde. Dem manipulierten Menschen wird die Möglichkeit genommen, etwas aus einer wirklichen Überzeugung heraus und aufgrund eigener Entscheidung zu tun, indem man ihm die Handlung sozusagen ‚unterschiebt‘. Er wird überspielt, überlistet, übergangen, womöglich sogar unterdrückt."

Manipulation ist letztlich schutzloses Ausgeliefertsein an Menschen, Mächte und Massenmedien, an die „geheimen Verführer" unserer Zeit.

Wenn wir einmal unser Leben überdenken, dann stellen wir fest, daß wir bis in den Tagesrhythmus hinein einer weitgehenden Manipulation ausgesetzt sind. Unsere Freiheit geht in einer totalen Vergesetzlichung menschlichen Zusammenlebens verloren:

- Was wir essen oder trinken, bestimmen Produktion und allgemeine Verbrauchergewohnheiten.
- Was wir kaufen und zu verbrauchen haben, bestimmen wirtschaftliche Interessen und die Verkaufspsychologie.
- Was wir zu arbeiten haben, bestimmen Aufsichtsräte und Vorgesetzte.
- Wie wir uns zu kleiden haben, bestimmt die zur Zeit herrschende Mode.
- Was gesellschaftsfähig ist, bestimmt das allgemeine Verhalten unserer Gesellschaft.
- Was wir sehen, hören und lesen sollen, bestimmen weitgehend die Massenmedien.

„Werbesprüche" unter der Lupe

In unserer Leistungs-, Produktions- und Konsumgesellschaft ist die Werbung nicht wegzudenken. Sie ist Teil unseres täglichen Lebens geworden. Als Machtfaktor der Wirtschaft wird sie auf den Menschen zur Bedarfsweckung angesetzt. Dafür werden in der Bundesrepublik jährlich 20 Milliarden Mark ausgegeben.

Eine Vielzahl von Ökonomen, Psychologen, Verhaltensforschern, Soziologen und Statistikern sind dabei zu untersuchen, wie sie die Menschen am besten in ihren geheimen Wünschen, Sehnsüchten und Träumen ansprechen können. Was wem zu welcher Zeit und mit welchen Methoden verkauft werden soll. Und welcher Werbesprüche man sich dazu bedienen kann.

Nehmen wir ein paar „Werbesprüche" kurz unter die Lupe.

Seit einiger Zeit wird ein neues Getränk in ganzseitigen Inseraten angeboten. Der alberne Text spricht für sich: „Alfred, Alfred! Was soll das? Die lächerlichen 6 Prozent Alkohol in ... beunruhigen dich? ...! Das erfrischende Getränk mit den lächerlichen 6 Prozent Alkohol." Daß jedoch die Promille-Grenze auch bei „lächerlichen 6 Prozent Alkohol" allzu schnell erreicht werden kann, wird verschwiegen.

„Frohen Herzens genießen ..." verspricht die Werbung einer Zigarettenfirma. Doch sie verschweigt die wissenschaftlich nachgewiesenen Gesundheitsschäden bei Rauchern und die Zahl derer, die als Raucher an Kehlkopf- oder Lungenkrebs Jahr für Jahr sterben.

Durch Zahnarzt und Zahnpasta-Reklame weiß man, daß Süßigkeiten die Zähne zerstören. Doch die Bonbonfabrikanten wissen sich zu helfen. Sie deklarieren ihre Erzeugnisse als „Vitaminpräparate", „zuckerfrei", „medizinisch wertvoll" und ermuntern den Verbraucher, seiner „Gesundheit zuliebe" gleich mehrere Bonbons zu nehmen.

In einer doppelseitigen Anzeige der Sparkasse heißt es: „Unser Leben ist heute so bunt, reizvoll und vielfältig wie noch nie. Aber wer hat schon die Zeit, zu genießen, was das Leben so schön macht? Der Tag kommt, an dem nicht mehr die tägliche Arbeit das Leben beherrscht, an dem auch Sie frei sein werden für ein zweites Leben voller Farbe und Abwechslung. Beginnen Sie schon heute damit, die finanziellen Voraussetzungen dafür zu schaffen. Nutzen Sie die Vorteile des Sparprogramms ‚Das zweite Leben' voll aus. Machen Sie hier und jetzt den Anfang. Denn jung sein kann man auch mit Sechzig. Es ist so einfach ... Sparkasse!" Doch die Wahrheit sieht vielfach anders aus. Daß Inflation oder frühzeitiger Tod „das zweite Leben" zunichte machen können, davon ist nicht die Rede.

„Keine Creme tut mehr für Ihre Haut", heißt es in einer Werbeanzeige für eine bekannte Haut-Creme. Doch gibt es wirklich keine andere Creme, die mehr für unsere Haut tut? Die Hersteller von Kosmetika versprechen das Blaue vom Himmel. Versprechen Schönheit bis ins hohe Alter. Vorausgesetzt, man verwendet regelmäßig ihre Präparate. Daß einige der Produkte Nebenwirkungen haben, daß die Wartezimmer der Ärzte überfüllt sind, daß Kosmetika, welche die Haut pflegen sollen, Hauterkrankungen hervorrufen können, wird einfach stillschweigend übersehen. Auch vom Verbraucher. Dessen ungeachtet opfern Millionen Frauen viel Geld auf dem Altar der Schönheit, ohne erhört zu werden. Nun — die Natur läßt sich nicht wirklich überlisten. Auch nicht mit einem geschickten Make-up. Man kann nämlich eingegrabene Runzeln, die aus der Mimik stammen und die ein Gesicht von den vorherrschenden Gedanken her prägen, nicht durch äußere Anwendung beseitigen. Denn noch immer gilt die Wahrheit der biblischen Aussage:

„Ein fröhlich Herz macht ein fröhlich Angesicht" (Sprüche 15,13).

„Nichts wäscht weißer als..." „Niemand ist stärker als..." „Nichts ist besser als..." Wirklich nicht?

Wie klaffen doch Werbung und Wahrheit, Reklame und Realität auseinander. Wahrheit wird zur Lüge und Lüge zur Wahrheit gemacht. Und viele merken es nicht einmal. Mit der Dummheit und Kritiklosigkeit der Massen läßt sich Geschäfte machen. Die „Verführer" nutzen diese Chance.

Wir sollten die Worte der Werbung, die Worte der Superlative durchschauen. Denn sie sind zumeist „Falschgeld", die keine Deckung haben. Sie täuschen vor. Sie meinen nicht wirklich, was sie sagen. Sie sind „Worte ohne Wert". Sie sind Worte der Arroganz. Dennoch werden sie täglich millionenfach gesprochen, gedruckt, gesungen, gelesen, gehört, in die Tat umgesetzt — und doch auch mißtraut und vergessen!

Der verkaufte Käufer

Hausfrauen fühlen sich im Selbstbedienungsladen als König. In Ruhe können sie sich aussuchen, was sie haben wollen. Niemand schwatzt es ihnen auf — so glauben sie es. Licht, Farbe, Duft und Musik geben ihnen zusätzlich das Gefühl der Überlegenheit und Sorglosigkeit. Und doch — ohne es zu wissen, werden sie Opfer der Verkaufsstrategen. Denn wie betäubt — gleichsam in einer euphorischen Stimmung — stehen sie vor überquellenden Auslagen und geben widerstandslos ihr Geld aus. Zumeist für Dinge, die sie eigentlich nicht brauchen und auch gar nicht erwerben wollen.

So leicht manipulierbar und verführbar sieht der bekannte Berliner Journalist Wolfgang Menge die große Masse der Konsumenten. In seinem Buch „Der verkaufte Käufer — Die Manipulation der Konsumgesellschaft"[107] enthüllt und untersucht er die Tricks und Taktiken, die Methoden und Kniffe, mit denen Hersteller und Händler die Konsumenten zu übertölpeln suchen, um ihre Produkte besser abzusetzen. So sieht der Autor in den 83 000 bundesdeutschen Supermärkten die reinsten Käuferfallen.

Ein Massenangebot von Niedrigpreisartikeln, wie Nudeln, Reis, Fertigsuppen und Pudding soll die Hausfrau schon am Eingang glauben lassen: Hier gibt es viel Ware für wenig Geld. Doch nur jeder 6. Verbraucher kauft ausschließlich die Sonderangebote. Alle übrigen greifen auch noch zu anderen Artikeln, die wesentlich teurer sind und dem Supermarkt den eigentlichen Gewinn bringen. Wenn die Ware eilig hingeschüttet wirkt, soll der Kunde glauben: An diesem Artikel wird so wenig verdient, daß sich ein ordentlicher Aufbau gar nicht lohnt.

Sonderangebote auf dem Wege durch den Supermarkt sollen die Käufer auf ihrem Weg stoppen. Denn wer langsamer geht, sieht mehr — und wird verführt, mehr zu kaufen, als er vorhatte. Butter, Margarine und andere Waren des täglichen Bedarfs kauft die Hausfrau sowieso. Deshalb liegen diese „Mußartikel" meistens unten. Bequem in Augenhöhe werden dagegen greifbar Delikatessen angeboten, die für den Supermarkt höheren Gewinn abwerfen. Psychologen haben festgestellt, daß Kunden eher nach Artikeln greifen, die auf der rechten Seite des Regals stehen. Darum sind die Waren auf der rechten Seite meistens etwas teurer als auf der linken. Das bringt einen zusätzlichen Profit für den Supermarkt.

Auch Kindern wird die Selbstbedienung leicht gemacht. Schokolade, Eis und Bonbons werden auf halber Höhe verlockend angeboten. Die Kinder sollen sich schneller bedienen, als es die Mütter verhindern können.

Wer Wein und Spirituosen kauft, soll dazu verleitet werden auch gleich noch Kartoffelchips, Erdnüsse und Salzstangen in den Einkaufswagen zu packen. Darum liegen diese Artikel dicht beieinander. Sie erhöhen den Umsatz.

Nur wenige Käufer erkennen die Manipulationen beim Einkauf und können sich ihnen widersetzen. Die raffiniert angelegte „geheime Verführung" beim Einkauf wird mit Sicherheit weiter ausgebaut werden. Denn die Werbepsychologie macht gewaltige Fortschritte auf dem Gebiet der Verhaltensforschung. In Zukunft werden wir darum — falls wir uns den Manipulationen der Werbung nicht energisch widersetzen — mehr als bisher kaufen und benutzen, ohne wirklich zu verbrauchen.

Wer sich aber von außen manipulieren läßt, ist nicht wirklich frei. Wer kauft und verbraucht, was ihm die Werbung aufdrängt, ist nicht wirklich frei.

Die audiovisuelle Macht

Wie wir täglich den Manipulationen der Werbung ausgesetzt sind, ähnlich sind wir auch der Beeinflussung durch das Fernsehen ausgesetzt. Das Fernsehen wirkt täglich in der Bundesrepublik auf mehr als 20 Millionen Zuschauer meinungsbildend.

Nach einer Meinungsumfrage verbringen die Bundesbürger durchschnittlich 1 000 Stunden im Jahr vor der Mattscheibe. Für 28 Prozent ist das Fernsehen die einzige Freizeitbeschäftigung. 70 Prozent der 16- bis 23jährigen verbringen ihre Freizeit „oft" vor dem Fernsehschirm. Mit mehr als 246 TV-Geräten auf je 1 000 Einwohner hat die Bundesrepublik die größte Fernsehdichte aller EWG-Länder.[108]

Auf Grund dieser Zahlen sehen wir, welche gewaltigen Möglichkeiten sich den Redakteuren, Kommentatoren, Moderatoren bieten, durch das Fernsehen bundesweit zu manipulieren.

Es sei nur einmal darauf aufmerksam gemacht, daß zum Beispiel „der Mann mit dem Objektiv" durch Vorurteile, unkontrollierte Gefühle und tendenziöse Absichten sehr subjektive Perspektiven mit der Kamera einfangen kann, mit denen er Millionen von Zuschauern in ihrem Denken, Reden und Tun zu beeinflussen vermag. Es liegt nämlich an ihm, ob er beispielsweise Fehler und Vorzüge der darzustellenden Person unter-, über- oder richtig belichtet.

Weiter sei darauf aufmerksam gemacht, daß sich die Aussagen eines Films über einen Krieg, über eine Studentendemonstration oder eine politische Rede durch gezielte Schnitte erheblich verändern lassen. Ein Redakteur kann durch Zusammenschnitt bestimmter Passagen den Gesamteindruck einer Rede im Fernsehen erheblich verändern. Der Filmbericht gäbe zwar ein Stück Wirk-

131

lichkeit wieder, aber nicht die wirkliche Wahrheit. Obwohl seine Bilder authentisch sind, vermittelt er den Zuschauern ein falsches Bild. Man kann sogar mit einem Standfoto Gefühle und Meinungen der Zuschauer manipulieren.

Teilinformationen gleich Halbwahrheiten

Im Blick auf die Kommunikationen des Massenmediums Presse gilt ähnliches. Informationen werden heute verstärkt g e m a c h t. Meinungen werden g e m a c h t. Ereignisse werden g e m a c h t. Oder es werden T e i l informationen weitergegeben. H a l b wahrheiten.

Was H a n s K a p f i n g e r, Verleger der „Passauer Neuen Presse", über das bekannte deutsche Nachrichten-Magazin „Der Spiegel" sagte, mag in ähnlicher Weise auf die meisten der heutigen Massenkommunikationsmittel zutreffen:

„Er manipuliert die Nachrichten, verändert dadurch das Bewußtsein seiner Leser in einer sehr oberflächlichen Art und Weise, ja, er hat das System der halben Wahrheiten und der halben Lügen zu einem eigenen Stil entwickelt."

Halbe Wahrheiten sind jedoch im eigentlichen Sinne nichts anderes als ganze Unwahrheiten. Sie sind Ausdruck des Mißtrauens und der Verantwortungslosigkeit gegenüber Menschen, die die ganze Wahrheit erfahren sollten. Sie sind Ausdruck des Bestrebens, den eigenen Willen und Standpunkt gegenüber anderen durchzusetzen.

Die „Spiele" der Mitmenschen

In den Bereich der Manipulation gehört auch der Wohlstandsegoismus, der zumeist auf Kosten des Mitmenschen geht, da der Mitmensch betrogen, mißbraucht und ausgebeutet wird.

Nach den Parolen: „Was geht mich schon der andere an!" — „Jeder denkt an sich — ich denke an mich!" — „Jeder ist sich selbst der Nächste!" wird heute in drastischer Weise gehandelt. Kaltschnäuzige Intrigen, unbarmherzige Konkurrenzkämpfe, rigorose Manipulationen, mit denen man sich bei anderen Menschen Vorteile verschafft, sind heute weitgehend die modernen und beliebten „Spiele" der Menschen untereinander in der Wohlstandsgesellschaft.

Beeinflußt von der Macht der eigenen Ichhaftigkeit, der Freude, andere zu beherrschen, dem Unwillen zu persönlichen Verzichtsleistungen und der unbändigen Sucht nach noch höherem Profit, denkt der Mensch nur noch an das eigene Wohl:

„Wenn i c h nur genügend reine Luft habe!"
„Wenn i c h nur genügend sauberes Wasser habe!"
„Wenn i c h nur genügend zu essen habe!"
„Wenn i c h nur einen möglichst hohen Gewinn (Verdienst) habe!"
„Wenn i c h nur nicht in meiner Ruhe gestört werde!"
„Wenn i c h nur einen ‚Platz an der Sonne' habe!"

Mit diesem Wohlstandsegoismus, der aus einer tiefgreifenden Ichhaftigkeit herrührt, manipuliert der Mensch seinen Mitmenschen:

- Der Reiche den Armen.
- Der Intelligente den geistig Minderbemittelten.
- Der Starke den Schwachen.
- Der Mächtige den Ohnmächtigen.

Der geringste Vorteil wird ausgespielt zum Nachteil für den andern. —

Die vielfältigen „Spielarten" heutiger Manipulation sind im eigentlichen Sinne nichts anderes als ein bemerkenswertes Zeichen einer durch und durch geistigen Verschmutzung des Menschen. Die weder vor dem Mitmenschen noch vor seiner Umwelt haltmacht. Dahinter steht der „Fürst dieser Welt", der Satan. Der „Lügner von Anfang", „der Verführer", wie die Bibel die Persönlichkeit des Bösen nennt. Und die von ihm verführten Verführer sind seine Kinder.

Aus „der Herde der Verführer und Verführten" kann sich nur der lösen, der Jesus Christus Glauben schenkt, sich zur „Freiheit der Gotteskinder" erlösen läßt und nach dem Willen Gottes lebt. Dann heißt es nicht mehr: Ich m u ß ! Sondern es heißt: Ich muß n i c h t ! Konkret: Ich muß mich nicht zum Negativen hin manipulieren lassen! Ich muß nicht kaufen und verbrauchen, was mir die meist unterschwellige Werbung heute aufdrängt! Ich muß mich nicht der modernen Diktatur der Massenmedien und des Terminkalenders unterwerfen. Ich muß nicht handeln nach dem Echo-Gesetz dieser Welt: „Wie du mir, so ich dir!" Ich muß nicht quälen, ausbeuten, hassen — ich darf lieben, opfern . . . Ich muß nicht mehr, wie das Masse muß! Ich kann . . . ich darf . . . ich soll anders . . .! Das — und dur das — ist menschliche und auch christliche Freiheit! Nichts anderes!

5. Das Zeitalter der Aggressivität

Der zivile Krieg

„120 Erpresserbriefe an Industriebosse"
„Terror-Ausbildung in Klubs"
„Schülergruppe als Kaufhausbrandstifter ermittelt"
„Gewaltverbrechen nehmen zu"
„Um 24 Uhr wird Ihr Mann entführt"

Das sind einige Schlagzeilen aus Tageszeitungen.

● Sind Sie darüber erschüttert?
● Sind Sie darüber verwundert?
● Sind Sie darüber bedrückt?
● Oder läßt Sie das einfach kalt?

Täglich können Sie es sehen, hören, erleben

● wie Menschen sich hassen,
● wie Menschen sich schlagen,
● wie Menschen sich bekämpfen,
● wie Menschen ihrer Aggressivität freien Lauf lassen.

Der Pegel der Gewalttätigkeit steigt in allen Teilen der Welt erheblich an. Er rüttelt an den Grundlagen der Zivilisation. Die Schutzwälle der Gesellschaft werden immer brüchiger. Das Böse wird zu einer verheerenden Flut. Feindseliges Verhalten und Angriffe gegen Mitmenschen, ob verbal oder als Tätlichkeit, stören zunehmend das Leben in der Familie, in der Arbeitswelt, im Staat und zwischen den Nationen.

In den USA hat das organisierte Verbrechen solche Ausmaße angenommen, daß fast jeder Amerikaner davon berührt wird und das ganze Leben der amerikanischen Nation darunter zu leiden beginnt. Zwar galt schon von den Tagen der Besiedlung der „Neuen Welt" als Charakteristikum der amerikanischen Lebensweise Tod durch Gewaltanwendung. Doch die Kurve der Gewaltverbrechen strebt einem neuen, bisher beispiellosen Höhepunkt zu.

Im Jahre 1970 fielen in den USA 15 600 Menschen einem Gewaltverbrechen zum Opfer. Im Jahre 1971 stieg die Zahl der Opfer von Mordtaten auf 17 000. 1972 stieg die Zahl der Amerikaner, die von ihren Mitbürgern umgebracht wurden, auf rund 19 000. Gemordet wird mit der Schußwaffe, durch Erstechen, Erdrosseln, Erschlagen und mit Gift, um nur einige Methoden zu nennen. In den Schränken und Schreibtischen, den Aktentaschen und Koffern, den Hosen- und Westentaschen der Amerikaner befinden sich mehr als 66 Millionen Gewehre und 24 Millionen Pistolen. Zusammen 90 Millionen Schußwaffen. Jedes Jahr kommen 3 Millionen neue Schußwaffen hinzu. Und das bei einer Einwohnerzahl von 203 Millionen. Die zivile Gewalttätigkeit in den Vereinigten Staaten ist bereits so ausgeprägt, daß der Umgang des Bürgers mit Schußwaffen etwas Alltägliches ist.

In südamerikanischen und afrikanischen Ländern nimmt die Gewalttätigkeit ebenfalls zu. Vielfach wird sie sogar politisch sanktioniert. Aus politischen, ideologischen, sozialen oder profitgierigen Gründen werden Menschen ausgewiesen, entführt, gefoltert, erschossen, erhängt. Aus der Fülle der bekannten offiziellen, privaten oder halb-privaten Gewalttätigkeiten in südamerikanischen Ländern sei nur ein Geschehen herausgegriffen: Die Indianer-Morde in Brasilien, die 1970 Schlagzeilen machten. Obwohl die Indianer als brasilianische Volksgruppe vom Staat gesetzlich geschützt sind, wurden durch weiße „Interessenverbände" ganze Indianerstämme mit Pockenserum, Maschinengewehren und Dynamit ausgerottet. Diese Mordaktionen nannte man „Insektenbekämpfung". Anschließend wurde das Land der Ermordeten an Privatunternehmen verkauft.

Eine Welle von Gewalttätigkeiten und krimineller Handlungen brandet um die Welt. Unbescholtene Bürger, Männer, Frauen und Kinder werden das Opfer steinewerfender Protestierer, kaltblütiger Bombenleger, erpresserischer Kidnapper, rücksichtsloser Flugzeugentführer und sich untereinander befehdender Gruppen.

Auch die Bundesrepublik wird überrollt von einer Welle des Terrors. Des Bürgers Krieg macht auch bei uns vermehrt Schlagzeilen und erregt die Öffentlichkeit. Die Aggressionen des Bürgers vertiefen sich in Haß und führen zum „Krieg aller gegen alle" — zu Hause, am Arbeitsplatz, auf den Straßen. Gegen den Mitmenschen. Gegen die Zwänge der Konsum- und Leistungsgesellschaft. Gegen private, politische, wirtschaftliche und kulturelle Interessen.

Wo aber enden sie, die Stars der radikalen Weltverbesserung? Die Revolutionäre der Gewalt, die die Gesellschaft das Gruseln lehren? Wohin führt ihr Boulevard-Terror? Ihre Anmaßung, die Gesellschaft nach Ho-Ho-Ho-Chi-Minh-Modell, Mao-Schablone und Che Guevara-Schnittmuster zu züchtigen? Sie enden in nackter Kriminalität! Sie enden in Hintertreppenverstecken, in Gefängnissen, auf Friedhöfen!

Der zivile Krieg wird aber nicht nur durch anarchistische Gewalt-
täter mit ihren verabscheuungswürdigen Taten geführt. Sondern
auch durch eine große Zahl von Tätern, die ihre aufgestauten
Aggressionen in nackter Triebhaftigkeit abreagieren. In vielen
Fällen bedienen sie sich dabei der Schußwaffen, von denen 20 bis
25 Millionen in der Bundesrepublik im privaten Besitz sind. 1972
wurden in der Bundesrepublik 20 000 Fälle bekannt, in denen
mit Feuerwaffen gedroht, verletzt und getötet wurde. In blinder
Wut zücken auch viele im Streit das Messer und stechen auf ihr
Gegenüber ein. In der Sucht nach Geld hassen, betrügen und morden Tausende bedenkenlos ihre Mitbürger. Um ihre sexuellen Perversitäten abzureagieren, überfallen sie ahnungslose Passanten,
vergewaltigen und foltern sie.

Die Täter mit den „weißen Kragen"

Zu denen, die sich die H ä n d e in krimineller Weise an anderen
Menschen schmutzig machen, kommen die „Täter mit den weißen
Kragen". Sie treten auf als Vertreter, Beamte, Wohltätigkeitshel-
fer. Sie gehen von Haus zu Haus und betrügen auf hinterlistige
und gemeine Art vorwiegend alte und hilfsbedürftige Menschen.
Oder sie arbeiten risikolos mit Telefon und Stift und spannen
vom Tatort „Schreibtisch" ihre Fäden aus. Zu ihren Tätigkeiten
zählen laut Statistik Steuervergehen, Subventionserschleichungen,
Einbehaltung von Erstattungsbeträgen, Waren- und Kreditbe-
trug.

Von den im Jahre 1972 in der Bundesrepublik b e k a n n t g e -
w o r d e n e n 170 000 Betrugsfällen, entfallen allein 30 000 auf
Wirtschaftsstraftaten. Der Gesamtschaden, der allein dadurch entstand, wird auf mindestens 20 Milliarden Mark geschätzt. Die
Dunkelziffer in dieser Sparte liegt jedoch wesentlicher höher.[109]

Eine neue Art von Kriminellen sind die „Umweltsünder". Auch
sie sind vorwiegend „Weiße-Kragen-Täter". Bewußt verschmutzen sie das Wasser, vergiften die Luft, zerstören die natürliche
Umwelt des Menschen aus Profitgier und Fortschrittsbesessenheit.
Ihre Taten sind keine — wie vielfach verharmlost — modernen
Kavaliersdelikte, sondern im eigentlichen Sinne kriminelle Handlungen gegen Leben und Gesundheit zahlloser Menschen. Umweltverschmutzung und Umweltzerstörung sollen deshalb in Zukunft vermehrt als „kriminelle Vergehen" strafrechtlich verfolgt
und geahndet werden.

Namhafte Kriminologen, Psychologen und Soziologen sind über-
einstimmend der Ansicht, daß der Trend zum Verbrechen mit sei-

nen vielfältigen und geklügelten Formen, und die Möglichkeit, Opfer von Gewalttaten zu werden, steigend ist — nicht nur in der Bundesrepublik, sondern in allen Ländern der Welt. Vornehmlich jedoch in den westlichen Industrieländern und in zahlreichen Ländern der sogenannten „Dritten Welt".

Wohin wird diese Entwicklung führen? Niemand weiß das heute mit Sicherheit zu sagen. Nachdenklich stimmt jedoch, was der britische Verhaltensforscher Desmond Morris in seinem Bestseller „Der nackte Affe" meint:

„Die Chancen stehen nicht schlecht, daß wir uns am Ende unseres Jahrhunderts selbst vernichtet haben werden. Unser einziger Trost wird sein, daß wir eine aufregende Zeit hatten." [110]

Welches sind die Ursachen für das zunehmend aggressive Verhalten des Menschen, für die Expansion der Kriminalität auf der Welt? Verhaltensforscher, Biologen — und die Bibel (!) nennen sie.

Frustrationen des Lebens

Vor mehr als 30 Jahren formulierten die amerikanischen Sozialwissenschaftler John Dollard und Neal E. Miller ihre Kernthese zur Aggressivität mit dem Satz:

„Aggression ist immer eine Folge einer Frustration — einer Enttäuschung oder eines Verzichts."

Diese These belegten sie in ihrem Standardwerk „Frustration und Aggression" [111] mit einer Fülle von Beispielen.

In unserer Zeit werden immer mehr Menschen mit den Frustrationen des Lebens nicht mehr fertig. Sie sind vom Leben enttäuscht auf mancherlei Weise. Sie fühlen sich in ihrem Gedankenflug oder in ihrem Tatendrang gebremst. Sie werden von Kollegen weggeschubst. Von Vorgesetzten ausgebeutet und zu ihrem Vorteil mißbraucht. Sie werden aus dem Felde des Berufs und des Erfolges geschlagen. Zu Hause werden sie als „Versager" und „Stümper" gedemütigt. Nun flicken sie an ihrem Prestige. Um nicht die letzte Achtung vor sich selbst zu verlieren. Ihr Unterdrücktsein versuchen sie durch Großmannssucht auszugleichen. Sie machen von sich reden. Planen den großen Coup. Und werden vielfach kriminell.

Bereits die Bibel berichtet davon, wie Frustrationen verhängnisvolle Folgen nach sich ziehen. Denken wir an einen Mann aus dem engsten Jüngerkreis Jesu: Judas Ischarioth. Aus Frustration und vermutlich aus Geldgier wurde er aggressiv und schließlich kriminell: Er verriet Jesus an die jüdische Tempelpolizei und an die Behörden der römischen Besatzungsmacht. Als einer der Intelligentesten aus dem Jüngerkreis Jesu war er ein Eiferer für Gott. Und als Mitglied der jüdischen Partei der Zeloten, die mit Gewalt nach Befreiung vom Römerjoch drängten, ein Revolutionär für sein Vaterland. In seinem Eifer und Ehrgeiz hatte er entsprechende Pläne entwickelt. Jesus wollte er dabei als Messias in seine ehrgeizigen Pläne einbauen. Jesus sollte bei und nach seinem Einzug in Jerusalem königlich auftreten. Er sollte seine göttliche Macht demonstrieren. Die Römer vertreiben. Sein Königreich als einen souveränen jüdischen Staat errichten. Jerusalem zur Hauptstadt machen. Und ihm das Amt des Finanzministers übertragen. Doch als seine Erwartungen sich nicht erfüllten, war er maßlos enttäuscht. Seine Enttäuschung wurde zur Verärgerung. Seine Verärgerung steigerte sich zur Verbitterung. Aus seiner Verbitterung entstand Haß. Seine Frustration trieb ihn schließlich zur kriminellen Tat. Mit ihr zerstörte er sein Leben. Und das seines Herrn.[112]

Vorprogrammiertes Erbgut

Zahlreiche Forscher behaupten, die vielfältigen Formen moderner Aggressivität und krimineller Taten seien im menschlichen Erbgut vorprogrammiert. Biologen weisen darauf hin, daß die Schlüsselstellen im Organismus für aggressives (wie auch für alles andere) Verhalten die sogenannten S y n a p s e n , die Kontaktstellen zwischen den Nervenzellen im Gehirn, sind. Sie steuern alle nervösen Impulse, die durch die Nervenfasern laufen. Die Hormone Noradrenalin und Dopamin beeinflussen die Synapsentätigkeit und fördern die Aggressionsbereitschaft des Menschen. Hirnforscher wollen die Aggressivität noch präziser lokalisieren: Sie fanden im Zwischenhirn ein Aggressionszentrum. Wenn es gereizt wird, soll es Wutanfälle auslösen.

Wenngleich nun die Bibel nicht vom vorprogrammierten Erbgut spricht und die „Schaltstelle des Bösen" auch nicht im Gehirn lokalisiert, so spricht sie doch in zahlreichen Texten von der durch und durch *sündigen Natur des Menschen*. Sie verwendet dabei zwar nicht die Begriffe „Erbfluch" und „Erbsünde", ist aber *in den Aussagen zur Sache* eindeutig und klar.

Den Aussagen der Bibel zufolge nahm die Sünde durch den Ungehorsam der ersten beiden Menschen gegen Gott ihren Anfang (siehe 1. Mose 3). Adam und Eva wollten klüger sein als Gott. Ja, sie wollten mehr sein als Gott. Darum wurden sie dem Gebot Gottes gegenüber ungehorsam. Die Folgen ihres Ungehorsams waren Trennung von Gott, Gottlosigkeit, Gottverlassenheit! Als die beiden ihre Verbundenheit mit dem Schöpfer zerrissen, sich gegen Gott entschieden und fortan ein Leben in Selbstherrlichkeit führten, wuchs unausbleiblich und notwendig eine Menschheit heran, die fort und fort unter der Herrschaft der Sünde lebte. Der Apostel Paulus schreibt:

„Wie durch einen Menschen (gemeint ist Adam, der als erster das Gebot Gottes übertrat) die Sünde in die Welt gekommen ist und der Tod durch die Sünde, so ist auch der Tod zu allen Menschen durchgedrungen, weil sie alle gesündigt haben..." (Römer 5,12).

Die Sünde ist ein Verderben, das uns alle gepackt hat, eine Grundverkehrtheit gegen den Schöpfer, eine schmähliche Abwendung von ihm, eine Mißachtung seines Willens, die alle Menschen ohne irgendeine Ausnahme nachvollzogen haben. Wie alle Menschen ihre gemeinsame Lebenswurzel in der Schöpfung Gottes haben, so sind durch den Sündenfall der beiden ersten Menschen alle Generationen und Geschlechter im Bösen miteinander verwurzelt. Darum lesen wir in der Bibel auch so eindeutige Aussagen wie diese:

„Ich bin in sündlichem Wesen geboren, und meine Mutter hat mich in Sünden empfangen" (Der jüdische Staatsmann David in Psalm 51,7).

„Das Dichten und Trachten des menschlichen Herzens ist böse von Jugend auf" (Gott nach 1. Mose 8,21).

„Der Herr schaut vom Himmel auf die Menschen, daß er sehe, ob jemand klug sei und nach Gott frage. Aber sie sind alle ungehorsam geworden und alle untüchtig (zum Guten); da ist keiner der Gutes tue, auch nicht einer" (Der jüdische Staatsmann David in Psalm 14,2.3).

„Das Gute, das ich tun will, tue ich nicht, sondern das Böse, das ich nicht tun will, das tue ich" (Paulus im Brief an die Römer 7,19).

„Aus dem Herzen kommen böse Gedanken: Mord, Ehebruch, Hurerei, Dieberei, Verleumdung, Lästerung" (Jesus im Gespräch mit seinen Jüngern — Matthäus 15,19). —

Dieses elementare Verfallensein des Menschen an die Sünde äußert sich in einem aggressiven Verhalten. Also letztlich in einem Drang zur Zerstörung.

Vorprogrammierte Verhaltensweise

In verbissenem Schweigen, dicht gedrängt in engen Transportkabinen oder auf eigenen vier Rädern zwischen einer Blechlawine eingequetscht, bewegen sich allmorgendlich Millionen von Menschen aus den Vorstädten zu ihren Arbeitsplätzen. Übernächtigt und übel gelaunt beginnen sie jeden Tag von neuem ein Millionen-Marionettenspiel, wie es die Welt in ihrer Stupidität, in dieser Massenhaftigkeit noch nicht gesehen hat. Von Sirenen werden sie an die Fließbänder kommandiert. Von Sirenen wieder entlassen. Von automatisch blinkenden Lichtzeichen werden sie durch den Verkehr gejagt. Von Fertiggerichten ernährt. Von Computern in Lochkarten erfaßt. Von der Werbung als Autokäufer oder Schnapstrinker eingeordnet.

Die heute durch und durch vorprogrammierte Verhaltensweise des Menschen ist ein idealer Nährboden für aggressives Verhalten. Ständige Unterdrückung des menschlichen Bedürfnisses nach spontaner Aktivität müssen eines Tages zu Aggressivität und Haß und schließlich zu verfestigten neurotischen Fehlhaltungen führen.

Bereits bei Kindern wird oft ein aggressives Verhalten vorprogrammiert: Durch eine falsche Kindererziehung. Zum normalen Erziehungsalltag gehört immer noch eine aggressive Strafpraxis, die bei jungen Leuten Aggressivität erzeugt. Es wird vielfach ungerechtfertigt und übermäßig geprügelt. Zwar werden Eltern bei der Erziehung ihrer Kinder grundsätzlich auf körperliche Bestrafung nicht verzichten können und dürfen. Ein Übermaß an körperlicher Züchtigung aber und eine Bestrafung ohne einen wirklichen für das Kind einsichtigen Grund, kann jedoch sehr schädliche Auswirkungen haben. Das hat dann nichts mehr mit Erziehung, sondern mit Dressur zu tun. Noch immer bezahlen in der Bundesrepublik jährlich rund 100 Kinder — so Experten-Schätzungen — ihren Ungehorsam mit dem Tode: Sie werden von ihren Eltern zu Tode mißhandelt.

Auch wer seinen Kindern sogenanntes Kriegsspielzeug kauft, legt bei ihnen die Grundlage für ein späteres aggressives Verhalten. Spielzeug wie Pistolen, Kanonen, Panzer, Bomben, kämpfende und sterbende Spielzeugsoldaten in der Hand von Kindern üben nachweislich einen negativen Einfluß auf ihre moralische Entwicklung aus. Eltern sollten das nicht unterschätzen.

In besonderer Weise programmieren heute die Massenmedien das Verhalten des Menschen. Film, Fernsehen und Groschenhefte liefern den Jugendlichen moralisch gebilligte Tötungsszenen zuhauf: Das „faire" Pistolenduell im Western. Der auf der Flucht gekillte Gangster im Krimi. Der ästhetisch hochstilisierte Heldentod im Kriegsfilm. Damit wird aggressives Verhalten vorprogrammiert! Selbst die Erwachsenen werden heute durch zahlreiche Massenmedien zur Aggressivität angeregt und an Gewalt gewöhnt. Der Psychotherapeut Dr. Dr. Rudolf Affemann sagte:

„Auch Massenmedien beteiligen sich an der Aggressionshäufung im Menschen."

Ähnlich äußerte sich der Psychiater Friedrich Hacker:

„Gewöhnung an Gewalt und Gleichgültigkeit gegenüber Brutalität sind Teil des Alltags, den die Massenmedien vorspiegeln."

Von den Vertretern der Massenmedien wird dies jedoch entschieden bestritten. Sie weisen vielmehr darauf hin, daß ihre Kommunikationen eine erhebliche Abreaktion der gewalttätigen Impulse des Publikums ermöglichen. Dies ist jedoch reine Illusion! Wer glaubt, daß zum Beispiel gewalttätige Schauspiele eine Erleichterungsfunktion ausüben, irrt sich gewaltig. Sozialpsychologen und Psychiater, die die Wirkungen von Massenmedien untersuchten, sind der einheitlichen Meinung, daß Gewalt im Bild, Ton und gedrucktem Wort nicht beseitigt, sondern im Gegenteil erlernt wird. Dr. Dr. Rudolf Affemann sagte:

„Durch die aggressiven Filme werden im Unterbewußtsein ruhende Aggressionen geweckt. Sie drängen nun heraus und wollen sich oft auf die gleiche Weise äußern wie bei dem negativen Helden des Filmstreifens. Wir unterschätzen im allgemeinen die Macht der anonymen Erzieher, und wir unterbewerten deren Freisetzung und Legalisierung von Gewaltsamkeit." [113]

Ebenso deutlich hat sich auch der Psychiater Friedrich Hakker zu diesem Problem geäußert:

„Aggression kann durch den aggressiven Akt eingewöhnt und eskaliert werden und sogar regelrecht süchtig machen." [114]

Ein bemerkenswertes Beispiel hierfür lieferte die erstmals am 18. Oktober 1970 vom Fernsehen ausgestrahlte und seitdem wiederholte fingierte Menschenjagd-Show „Das Millionenspiel". Dieser Thriller bescherte — laut WDR-Dramaturg Märthesheimer — die „größte Publikumsresonanz in der Geschichte des deutschen Fernsehens". Das Spiel zeigte eine neuartige Bildschirmunterhaltung: Der Kandidat muß sich von einem bewaffneten Mordkommando durch die Lande jagen lassen. Endstation der Jagd ist das Fernsehstudio. Dort kommen die Verfolger noch mehrmals zum Schuß. Nur mit Mühe und Not kann der Kandidat bis zuletzt seinen „bestellten Mördern" entkommen. Er überlebt. Als Siegespreis erhält er eine Million Mark. — Ein großer Teil der Zuschauer — so erfuhren die überraschten Fernsehleute aus Briefen und Telefonanrufen — hielt dieses fingierte Spiel für bundesdeutsche Wirklichkeit der siebziger Jahre. Sie nahmen den „bestellten Mord" für bare Münze, während eine erschreckend hohe Zahl der Fernsehzuschauer ihre Mitwirkung bei künftigen Folgen der vermeintlichen Serie anboten. Für eine Million Mark wollten sie entweder ihr Leben riskieren oder zum Mordkommando gehören.

Zunehmende Orientierung am Bösen

Dies zeigt erschreckend, wie sehr der Mensch einer diabolischen Macht ausgesetzt ist. Wie leicht er durch sie verführbar ist. Wie er durch fehlgeleitete Motive und Motivkonflikte zu einem abnormen, zu einem unmenschlichen Verhalten fähig ist. Das ist die Folge einer umfassenden „Orientierung am Bösen". Falsche Leitbilder führen immer in den Niedergang. In die Anarchie. In die Zerstörung. In das Chaos. Die Bibel äußert sich dazu in scharfen Worten. Sie sind sowohl an Verführer als auch an die gerichtet, die sich in ihrem Denken, Reden und Tun an bösen Leitbildern orientieren:

„Ein heilloser Mensch, ein schädlicher Mann geht mit verstelltem Munde, winkt mit Augen, deutet mit Füßen, zeigt mit Fingern, trachtet allezeit Böses und Verkehrtes in seinem Herzen und richtet Hader an. Darum wird über ihn plötzlich das Verderben kommen, und er wird schnell zerbrochen werden, da keine Hilfe dasein wird. Diese sechs Stücke haßt der Herr, und am siebten hat er einen Greuel: hohe Augen, falsche Zunge, Hände, die unschuldig Blut vergießen, Herz, das mit böser Tücke umgeht, Füße, die schnell sind, Schaden zu tun, falscher Zeuge, der frech Lügen redet, und wer Streit zwischen Brüdern anrichtet" (Sprüche 6,12—19).

Kann der Mensch gut werden?

Angesichts der zunehmenden Orientierung des Menschen am Bösen, fragen wir: Ist das Böse in der Welt unüberwindbar? Gibt es nicht Möglichkeiten, der Aggressivität, dem Haß, der Gewalt abzusagen? Kann der Mensch nicht wieder gut werden und statt unmenschlich wieder menschlich sein?

Bert Brecht rät in seiner „Dreigroschenoper":

„Der Mensch ist gar nicht gut,
drum hau' ihn auf den Hut.
Hast du ihn auf den Hut gehaut,
dann wird er wieder gut."

Doch aggressives Verhalten kann man nicht mit Gegen-Aggressivität überwinden. Böses kann man nicht durch Böses austreiben. Wie aber kann man die „Fehlschaltungen im Gehirn des Menschen" ausschalten?

Im fortschrittlichsten Land der Erde, in den USA, haben Firmen Anti-Aufstands-Medikamente entwickelt, sogenannte Friedfertigkeitsdrogen unter der Bezeichnung Tricyano-Aminoproben. Sie sollen über Demonstrationszüge ausgesprüht werden, um den Fanatismus der Aufrührer zu dämpfen. Der Wissenschaftler K o e s t - l e r schlägt sogar vor, das Mittel überall ins Trinkwasser zu schütten. Ein solches Vorhaben wäre jedoch sehr bedenklich und aufs Ganze gesehen unwirksam. Dadurch würde man nur eine Zeitlang den Aggressionstrieb im Menschen *unterdrücken, nicht aber beseitigen.* Weil die *Natur des Menschen* der Sünde, der Macht der Zerstörung verfallen ist.

Darum nicht Unterdrückung oder Verdrängung der Aggression. Sondern E r l ö s u n g von der Aggressivität. Das ist das Programm des Evangeliums gestern, heute und morgen. Dieses Programm des Evangeliums gründet sich auf das Leben und Sterben Jesu Christi zur Erlösung der Menschheit von der Macht der Sünde und den Werken des Teufels. Dieses Programm des Evangeliums macht zugleich deutlich:

- Es gibt nur eine wirkliche Chance, frei von jeglichem aggressiven Handeln zu werden: *Das ist das Eingestehen der eigenen Schuld vor Gott und Menschen!*

- Es gibt nur ein Zeichen, Gewalttätigkeit zu überwinden: *Das ist das Kreuz Jesu Christi!*

- Es gibt nur eine Hoffnung, den Unfrieden zu beseitigen: *Das ist die Herrschaft Jesu Christi in unserem Leben.*

Sind wir bereit, uns dieser Herrschaft Jesu Christi vorbehaltlos und total auszuliefern?

6. Das Zeitalter des Rassismus

Der weiße Rassismus

Ist Gott wohl ein Weißer?
Ist Gott wohl ein Schwarzer?
Ist er schwarz oder weiß?
Ist er braun oder rot?

Sind nicht alle Menschen gleich vor Gott? Wie kommt es dann, daß es noch so viele Unterschiede gibt, wenn Gott doch alle Menschen liebt?

Die Antwort darauf lautet: R a s s i s m u s !

Es gibt einen w e i ß e n und einen s c h w a r z e n R a s s i s m u s . Bleiben wir zunächst beim weißen Rassismus.

Der w e i ß e R a s s i s m u s stammt aus der Überheblichkeit des eigenen Ich: Ich bin besser. — Ich bin größer. — Ich bin mächtiger. — Ich bin intelligenter als der Mensch anderer Hautfarbe.

Der weiße Rassismus kommt aus dem Vorurteil, daß der Mensch anderer Hautfarbe in geistiger, kultureller und charakterlicher Hinsicht weniger begabt, weniger sensibel und mit schädlichen Erbanlagen behaftet ist, also ein Mensch zweiter Klasse ist. Das heißt, eigentlich kein richtiger Mensch, sondern der Vertreter einer Gattung zwischen Tier und Mensch.

Der weiße Rassismus stützt sich deshalb auf das Dogma:

„Eine völkische Gruppe ist von Natur zu erblicher Minderheit verurteilt, eine andere aber zu erblicher Überlegenheit bestimmt."

Der weiße Rassismus stützt sich fälschlicherweise verschiedentlich sogar auch auf Aussagen der Bibel. Es wird zum Beispiel argumentiert, daß nach dem Alten Testament der Neger von Natur aus minderwertig sei, da auf ihm der Fluch Noahs über die Kinder seines Sohnes Ham liege.

Aufgrund der Überlegenheit der weißen Rasse gegenüber den anderen Rassen erwachsen Rassenreinerhaltung, Rassenabsonderung, Rassenhaß und Rassenvernichtung. Und dieser weiße Rassismus kennt keine geographischen Grenzen. Er ist weder auf bestimmte Länder noch auf bestimmte Kontinente beschränkt. Er ist im Grunde ein Weltproblem. Ein Weltproblem, das auch uns als Christen angeht und uns zum Denken, Reden und Handeln herausfordert.

Vom weißen Rassismus sind heute vorwiegend betroffen:

☐ Die schwarzen Mehrheiten in Angola, Moçambique, Rhodesien, Südafrika und Südwestafrika.

☐ Die Indianer, die Neger (Afro-Amerikaner) und die spanischsprachige Mischbevölkerung (Hispano-Amerikaner) in den USA.

☐ Die Indianer und Eskimos in Kanada.

☐ Die Indios in verschiedenen latein- und südamerikanischen Ländern.

☐ Die farbigen Einwanderer und Studenten, sowie die farbigen Besatzungskinder (Mischlinge) in Mitteleuropa.

Der institutionelle Rassismus

Der weiße Rassismus etabliert sich hauptsächlich in zwei Formen: im institutionellen Rassismus und im strukturellen Rassismus.

1. Der institutionelle Rassismus stützt sich auf Grundsätze, Gesetze und Regelungen einer Nation oder Institution. Er schließt bestimmte Rassengruppen aus einem bestimmten Gesellschaftssystem aus oder benachteiligt sie zumindest in vielfacher Hinsicht.

Wo und wie tritt dieser institutionelle Rassismus in Erscheinung? An einigen Beispielen soll gezeigt werden, wie dieser institutionelle Rassismus heute aussieht:

Südafrika ist ein herrliches Land, wenn man weiß ist. Ein Land großer Möglichkeiten, wenn man weiß ist. Ein Land von persönlicher Freiheit, wenn man weiß ist. Es bietet den höchsten Lebensstandard, wenn man weiß ist. Doch es gibt nicht das Recht, als Mensch angesehen zu werden, wenn man schwarz ist. Denn das Land betreibt seit 1948 die „Apartheid", die Politik der „getrennten Entwicklung" der verschiedenen Rassen und Bevölkerungsgruppen. Daraus resultieren:

● Verweigerung des Stimmrechts.
● Verweigerung der Freiheit, den Wohn- und Arbeitsort selbst zu wählen, was oft zu einem Auseinanderreißen von Ehe und Familie führt.
● Ungleichheit der Löhne und Arbeitsbedingungen.
● Verweigerung der Freiheit, sich ungehindert im Land zu bewegen.
● Verweigerung der Rede- und Versammlungsfreiheit.
● Unterschiedliche Bildungsmöglichkeiten.
● Ständige Gefahr der Verhaftung und des Ausgesetztseins der Polizeiwillkür.

● Getrennte Wohngebiete, Schulen und Krankenhäuser, Hotels, Restaurants, Verkehrsmittel, separate Sitzmöglichkeiten, separate Schalter in Postämtern, getrennte Toiletten, getrennter Sport.

Der strukturelle Rassismus

2. Neben diesem institutionellen Rassismus gibt es den s t r u k t u r e l l e n R a s s i s m u s. Er ist überwiegend in einer Gesellschaft zu finden, die zwar dem Gesetz nach Gleichberechtigung für alle Rassen vorsieht, in der Praxis jedoch die eine Rasse über die andere stellt. Auch hierfür einige Beispiele:

In den USA sind Schwarze und Weiße vor dem Gesetz gleich — doch die Praxis sieht vielfach anders aus:

● Die Schwarzen sind benachteiligt in der Bildung, in der Bezahlung.
● Sie stellen das höchste Kontingent der Arbeitslosen.
● Sie hausen vorwiegend in gettoartigen Stadtteilen.
● Ihr Lebensstandard ist unvergleichlich niedriger als der der Weißen.
● Es gibt Schulen, in denen sie mit weißen Kindern nicht zusammensitzen und miteinander lernen dürfen.
● In der Praxis finden die staatlichen Gesetze bei einem Schwarzen zumeist strengere Anwendung als bei den Weißen.

Der strukturelle Rassismus ist aber auch in Mitteleuropa zu finden. Andere Rassen und Völker werden auch bei uns in Deutschland benachteiligt. Zwar wird immer wieder betont, daß es in Deutschland keinen Rassismus mehr gäbe, wie zur Zeit Hitlers. Sieht man aber genauer hin, dann muß man feststellen, daß es zwar den institutionellen Rassismus, wie es ihn unter Hitler gab, nicht mehr gibt, wohl aber den strukturellen. Hier einige Streiflichter:

In der Bundesrepublik leben Tausende von „farbigen Besatzungskindern". Ihre Mütter sind deutsche Frauen. Ihre Väter amerikanische Neger, die zu den US-Stationierungstruppen gehörten. Mittlerweile sind diese jungen Menschen bereits 20 Jahre und älter geworden. Viele von ihnen sprechen Hochdeutsch oder eine deutsche Mundart. Trotzdem bekommen sie die rassischen Vorurteile zu spüren, die in zahlreichen Schichten der Bevölkerung vorhanden sind.

In der Bundesrepublik leben auch Zehntausende von farbigen Studenten und Arbeitern aus Übersee. Sie lernen in Werkstätten,

Fabriken, technischen Hochschulen und Universitäten. Viele dieser farbigen Ausländer aus Afrika, Asien oder aus nordamerikanischen Negerfamilien bekommen vielfältig zu spüren, daß man sie mit anderen Maßstäben mißt als Deutsche oder Franzosen, Holländer, Skandinavier oder weiße Amerikaner. Konkret: Sie verdienen meist weniger als vergleichsweise ihre deutschen Kollegen. Sie wohnen zumeist schlechter als wir. Ihre Freizeit verbringen sie gewöhnlich allein. Es gibt zwar farbige Menschen, die sehr gute Lebens- und Arbeitsbedingungen in der Bundesrepublik Deutschland haben, aber es sind nicht viele. Und das ist zu bedauern.

Der weiße Rassismus, in welcher Form er auch auftritt, ist große Mißachtung der Menschenrechte. Beleidigt und quält den Unterdrückten oder Benachteiligten in seinem Innern aufs Tiefste. Und das erschwert die Verständigung unter den meisten Völkern aufs Schlimmste und bedroht den Frieden in der Welt, denn:

- Gewalt erzeugt Gegengewalt.
- Unterdrückung erzeugt Haß.
- Benachteiligung erzeugt Aufbegehren.

Als Antwort auf den weißen Rassismus ist deshalb in vielen Teilen der Welt ein versteckter oder offener s c h w a r z e r R a s s i s - m u s entstanden:

1. *Der gewaltlose Widerstand*, der auf Terror verzichtet und die friedliche Demonstration vorzieht.

2. *Der militärische Widerstand*. Er findet seine Ausdrucksformen im südlichen Afrika in zahlreichen militärischen Befreiungsorganisationen. In den USA zum Beispiel in extremen Bürgerrechtsbewegungen (die schwarze „Black-Power-" und „Black-Panther-Bewegung").

3. *Der institutionelle Widerstand schwarzafrikanischer Regierungen* gegen Andersfarbige unter dem Motto: „Braun ist häßlich, schwarz ist schön!" Beispiel: Die Massenausweisungen von 60 000—80 000 in Uganda lebenden, arbeitenden und Handel treibenden Staatsbürger Indiens, Pakistans und Bangla Deshs und die Enteignung ihres Besitzes.

Gott ist farbenblind

Wie haben wir den Rassismus, welcher Art er auch sei, zu beurteilen? Und zwar vom christlichen Glauben her.

1. *Rassismus ist ein Nein zur Schöpfungsordnung Gottes.* Am Anfang der Menschheitsgeschichte steht die Erschaffung des Men-

schen zum Ebenbilde Gottes. Der Mensch wurde wesensmäßig zur Gemeinschaft mit Gott, seinem Schöpfer, aber auch zur Gemeinschaft mit anderen Menschen untereinander bestimmt. Darum schuf Gott Mann und Frau. Wenn Gott auch beide unterschiedlich schuf, so bedeutet dies keine Wertabstufung, sondern nur einen Wesensunterschied.

Auf die gesamte Menschheit übertragen heißt das: Für Gott gibt es kein unterschiedliches „Ansehen der Person". Er ist im Blick auf alle Menschen und Rassen farbenblind. Darum gibt es für ihn auch keine wertmäßige Unterscheidung von Menschen — nur eine wesensmäßige. Keine Menschen erster und zweiter Klasse mit unterschiedlichen Rechten und Pflichten. Sondern sie haben vor ihm alle die gleichen Rechte und Pflichten.

Jede Wertabstufung von Menschen durch Menschen, sei sie nun biologischer, psychologischer, kultureller oder sozialer Art, widerspricht daher der Schöpfungsordnung Gottes.

2. *Rassismus ist eine Folge der Sünde*. Wenn Menschen sich nicht mehr zu Gott halten, sich nicht mehr nach seinen Ordnungen und Weisungen ausrichten, ist das ein Zeichen der Sünde, der Grundverderbtheit des Menschen, die wiederum Gottes Schöpfung verdirbt. Verderbte, gefallene Schöpfung ist gleichzeitig aber auch voneinander getrennte Schöpfung. Wenn Gott nicht mehr die beherrschende Macht im Leben des Menschen ist, tritt an seine Stelle die Macht der Sünde, die das Zusammenleben der Menschen untereinander verdirbt und zur Hölle auf Erden macht.

3. *Rassismus ist ein Nein zum Nächsten*. Ein geflügeltes Wort lautet: „Wer Gott nicht mehr sieht, sieht auch seinen Nächsten nicht mehr." Dies führt zunächst zur Absonderung von anderen. Zur bewußten Unterscheidung von anderen. Zur Trennung von anderen. Zu Spannungen und Streitigkeiten untereinander. Dieses Nein zum Nächsten, dieses Nein zur anderen Nation, Rasse, Kultur, Sprache, Tradition ist schließlich auch ein Nein zum Frieden.

Gott will aber keine Spannungen und Streitigkeiten zwischen den Völkern, Rassen und Nationen. Gott will, daß a l l e n Menschen geholfen werde. Wenn auch Menschen zu ihm und zueinander „nein" sagen und im Unfrieden untereinander und gegen ihn leben. Die Bereitschaft, allen Menschen zu helfen, hat Gott unter Beweis gestellt durch den Tod Jesu am Kreuz für die Schuld aller Menschen aus allen Rassen. P a u l u s schreibt in eindrücklichen Worten von dieser Tatsache:

„Jesus selbst ist der Friede, der zwischen euch und Gott ist. Er hat aus zwei Welten — der Welt Gottes und eurer Menschenwelt —

eine einzige gemacht. In der dürft ihr mit Gott leben. Er hat den Zaun abgerissen, der zwischen Gott und euch stand. Dieser Zaun bestand in eurer Ablehnung, eurer Feindschaft gegen Gott. Darum ist Jesus ein leiblicher Mensch geworden und hat den leiblichen Tod erlitten ... So hat er aus zwei Welten eine Welt und einen heilen und ganzen Menschen neu geschaffen. So hat er Frieden gemacht. Die abgespaltene Welt und den abgespaltenen Menschen hat er mit Gott zusammengeführt und so geheilt. Denn er starb am Kreuz und nahm die Feindschaft zwischen Gott und dem Menschen weg. Er ist gekommen und hat ausgerufen, daß Frieden sei. Frieden für die in der Ferne und Frieden für die in der Nähe ..." (Nach Epheser 2,14—17).

Durch diese Tat Jesu hat Gott eine neue Gemeinschaft von Menschen geschaffen, in der die Unterschiede der Rasse, Nation, Kultur, Sprache und Tradition nicht länger die Kraft haben, Menschen von Menschen zu trennen. Paulus schreibt:

„Hier ist weder Jude noch Grieche, hier ist weder Sklave noch Freier, hier sind wir allzumal einer in Jesus Christus" (Galater 3,28).

Dieses anschauliche apostolische Zeugnis korrigiert auch die Rassenfrage und macht deutlich, daß die entscheidenden Kennzeichen des Menschen nicht die Einzelheiten seines biologischen Erbes sind. Auch nicht die Tatsache seiner Abstammung, sondern die Merkmale, die ihn instandsetzen, ein Christ zu sein. Nämlich die Fähigkeit zu haben, andere zu lieben und als Diener seiner Mitmenschen tätig zu sein. Jede Trennung jedoch von anderen Menschen aus Gründen natürlicher Unterscheidung heißt, den anderen Menschen zu verschmähen, den Opfertod Jesu zu verwerfen und den Frieden mit Gott und den Menschen zurückweisen.[115]

7. Das Zeitalter der sexuellen Revolution

Die Orgasmus-Philosophie in der Porno-Presse

Fast jeder Mensch wird täglich von morgens bis abends mehr oder weniger mit Sex konfrontiert — durch andere Menschen, Werbung, Illustrierte, Bücher, Filme, Kleidung ... Ungehemmt wird das Sexualleben früherer Zeiten enttabuisiert und freizügig dargestellt und propagiert. Als Heilmittel gepriesen, das auch Lebenskonflikte zu lösen vermag, Sehnsüchte stille und zum höchsten Lebensglück verhelfe. Und jeder, der darin nicht regelmäßig Meister ist, muß ein Lebenskrüppel sein. Soweit die Meinung der Sex- und Aufklärungsapostel. Da der Mensch nirgendwo in seinem persönlichen Bereich so ansprechbar ist wie auf dem Gebiet seiner Geschlechtlichkeit, ist es nicht verwunderlich, daß wir durch den Terror der Orgasmus-Philosophie heute im Zeitalter der sexuellen Revolution leben, in der alles erlaubt ist.

Um der „erotischen Unterentwicklung" und der „verdrängten Sexualität" des Durchschnittsbürgers abzuhelfen, wird ihm heute eine Menge geboten:

Eine Männerhand in der Schamgegend der Frau wirbt für Intim-Spray. Sie ist beringt — aha, ein Ehemann! „Schöner Busen durch nasse Blusen" heißt es in einer Anzeige in der „Neuen Revue". Die Werbung macht's möglich.

Doch wir fragen: Geht es hier wirklich noch um Werbung im eigentlichen Sinn? Wird hier nicht der sexuelle Trieb des Menschen angesprochen, um über ihn Wünsche zu wecken und Waren zu verkaufen?

Die „Porno-Presse" überschwemmt mit einer Flut von übelsten Druckerzeugnissen, die wöchentlich eine Auflage von etwa insgesamt 3,6 Millionen Exemplaren haben, Kioske und Zeitschriftenläden. Die bekanntesten Druckerzeugnisse dieser seit langem legalisierten „Porno-Presse" zeigt gegenüberstehende Grafik.[116]

Hinzu kommen rund 20 weitere Sex-Zeitschriften mit kleineren Auflagen. Sämtliche dieser zumeist wöchentlich erscheinenden Druckerzeugnisse propagieren eine ungehemmte Orgasmus-Philosophie: Sie verherrlichen eine zügellose sexuelle Betätigung. Animieren die Leser zu wahllosem Geschlechtsverkehr. Zur Prostitution. Zu Sex-Orgien. Und dies in einer Eindeutigkeit, die nichts zu wünschen übrigläßt.

Für Millionen von Menschen werden diese pornographischen

Wochenend	1 520 000 Exemplare
Praline	1 080 000 Exemplare
Sexy	755 000 Exemplare
Die Nachrichten	580 000 Exemplare
St. Pauli Nacht-Revue	555 000 Exemplare
Hamburger Sex-Depesche	540 000 Exemplare
Sex and Love (14 tägig)	535 000 Exemplare
Hamburger St. Pauli Illustrierte	505 000 Exemplare
Reeperbahn-Sex	293 000 Exemplare
St. Pauli Anzeiger	257 000 Exemplare
St. Pauli Nachrichten	219 000 Exemplare

Schriften beispielgebend für das eigene sexuelle Verhalten. Der Psychotherapeut Dr. Dr. R u d o l f A f f e m a n n bestätigt dies. In einem Interview sagte er:

„Nach der Fernsehsendung ‚Pro und Contra' (über die gesetzliche Freigabe von pornographischen Schriften) bekamen wir innerhalb von zwei Tagen über 300 Telefonanrufe. Über 120 Frauen haben uns darüber berichtet, daß ihre Männer zum Teil nur noch den Beischlaf ausüben können, wenn sie neben sich auf dem Bett pornographisches Material liegen haben. Viele dieser Frauen haben berichtet, daß ihre Ehen deswegen zerbrechen." [117]

Wir fragen: Hat Pornographie in Wort, Bild und Praxis überhaupt noch etwas mit Erotik zu tun? Geht es hier wirklich noch um Liebe zwischen Mann und Frau? Wird mit Pornographie nicht die von Gott gewollte und geheiligte Sexualität pervertiert?

„Liebe" und doch keine Liebe

In Groß- und Kleinstädten schießen die Nachtlokale wie Pilze aus dem Boden. Selbst ländliche Gegenden sind davon nicht ausgenommen. Was dort in den Nachtlokalen geboten wird, ist längst nicht mehr die Zurschaustellung der Nacktheit, sondern Vollzug des Geschlechtsaktes und sexueller Perversitäten. Für diese Darbietungen werden in zum Teil großen Anzeigen in Tageszeitungen geworben. Ihre Texte sagen Eindeutiges aus:

„Las Vegas ... präsentiert wieder ein Sensationsprogramm: Das Spiel mit dem Tod — Gefährliche Spiele mit dem Feuer — Spiel mit den Bananen — Peitschenexzeß — sowie viele andere Höhepunkte." — „Neue Mädchen und neue Pornos in Ton und Color eingetroffen! Mal artig, mal pervers, eben alles, was man nur sehen will. Liebe in jeder Variation." —

„Delicado zeigt Porno ohne Maske. In mehr als 35 Auftritten sehen Sie eine Erotik - Nonstop-Stripshow - hart, pervers, sexy, aufreizend, erregend, hemmungslos. Hübsche, gierige Mädchen zeigen alles, was sie haben. Da ist für jeden was dabei. Einsame Herzen leben wieder auf — Pärchen werden wahnsinnig."

Da spielt also eine „Dame" auf der Bühne mit dem Tod. Die Leute wollen es so. Weil sie wahrscheinlich noch nicht genug Menschen gesehen haben, die mit dem Tode ringen. Eine Frau peitscht sich aus. Die Leute wollen es so. Weil die Reizschwelle ihrer Sexualität erst bei sadomachistischen Darstellungen liegt. „Neue Mädchen und neue Pornos" (Filme) werden den Besuchern gleichsam zusammen als Ware angeboten. Sorgt man schon für Aufreizung der geschlechtlichen Gefühle, muß man schließlich auch für ihre Befriedigung sorgen. Natürlich für einige Geldscheine — versteht sich.

Wir aber fragen: Ist dies nicht Schamlosigkeit höchsten Grades? Eine frevelhafte Entweihung des weiblichen Körpers?

Nicht weit von den „Porno-Schuppen" entfernt — gleich um die Ecke oder ein paar Häuser weiter — stehen die „Eros-Center" als Ventile der aufgestachelten Lust. In denen die perversen Sehnsüchte frustrierter Bürger in geiler Heimlichtuerei und verklemmter Gewalttätigkeit abreagiert werden.

Wir fragen: Hat das noch etwas mit natürlicher, gottgewollter Sexualität zu tun? Wird auf diesem Wege nicht die Frau auf widerlichste Weise als bloßes Lustobjekt mißbraucht?

Wir fragen in diesem Zusammenhang weiter: Hat die sexuelle Revolution von heute den Menschen wirklich die Kunst der Liebe gelehrt? Hat sie den Menschen natürlicher, liebevoller, glücklicher gemacht?

Offensichtlich nicht! Woran liegt das? Es liegt daran, daß die Funktion der Geschlechtsorgane und die sexuelle Technik überbewertet werden. Das hat zur Folge ein Schwinden der natürlichen Sinnlichkeit und der schöpferischen, schenkenden Liebe, die nicht nur den Körper des andersgeschlechtlichen Partners meint, sondern auch seinen Geist und seine Seele. Den Menschen in seinem ganzen Dasein und Sosein. Zu Recht schreibt darum K u r t P o r t in seinem Buch „Sexdiktatur":

„Geschlechtlichkeit beim Menschen ist im Gegensatz zur tierischen nicht Sex, sondern Liebe. Liebe aber ist . . . Glück . . . Werterlebnis und gute Tat. Aus dem Liebeserleben den reinen Sex herauszureißen und isoliert durch Reizung der Begierde und ihre zuständige und gegenständliche erotische Befriedigung als Selbstzweck zu kultivieren, heißt Unzucht treiben."[118]

Es kann dem nur uneingeschränkt zugestimmt werden. Sexualität auf Kosten der Liebe ist nämlich Unzucht. Sexualität auf Kosten der Liebe befriedigt nicht, sondern macht süchtig. Und wer der Sexual-S u c h t einmal verfallen ist, der verlangt nach immer stärkeren Reizen. Der sucht Erfüllung in perversen Sexual-Praktiken, in der Ekstase der Gewalt — und endet schließlich im Niedergang!

Was Gott zur pervertierten Sexualität sagt

Gott läßt diese Wahrheit in der Bibel mit eindeutigen Worten bestätigen, und die Geschichte liefert dafür authentische Beispiele:

1. *Über den außerehelichen Geschlechtsverkehr* schreibt der Apostel *Paulus:*

„Das ist der Wille Gottes, daß ihr euch fernhaltet von aller Unzucht. Jeder soll mit seiner eigenen Frau verkehren und mit ihr nach Gottes Ordnung und in Ehren leben. Laßt euch nicht von euren Leidenschaften treiben wie die anderen Menschen, die Heiden sind" (1. Thessalonicher 4, 3—5). —

„Hütet euch um jeden Preis vor der Unzucht! Wer zur Dirne geht, verdirbt sich selbst, den eigenen leiblichen Menschen" (1. Korinther 6,18).

Für die leibliche Gemeinschaft vor und außerhalb der Ehe wird in der Bibel wiederholt der Begriff „Unzucht" verwendet. Unzucht ist aber in Gottes Augen Sünde.

Gott hat den Menschen mit allen seinen Trieben geschaffen. Doch er hat gewisse Ordnungen für sein Leben gegeben, denen sich seine Triebe unterzuordnen haben. Sonst wird der Mensch schuldig. Gott hat deshalb die leibliche Gemeinschaft der Ehe zugeordnet. Indem Gott diese letzte menschliche Hingabe eingeordnet hat in den Raum der Ehe, schenkt er ihr Geborgenheit, Schutz, Beglückung. Adelt sie zu treuer, verpflichtender Lebensgemeinschaft. Alle außereheliche leibliche Gemeinschaft ist darum in Gottes Augen Schuld. Auch heute noch! Daran hat sich nichts geändert.

2. *Über den Ehebruch* sagt Gott in seinen Geboten:

„Du sollst nicht ehebrechen" (2. Mose 20,14).

Ehebruch ist Untreue gegenüber dem anderen Ehepartner. Ehebruch ist Austausch von Intimitäten mit einem anderen Menschen, mit dem man nicht als Ehepartner verbunden ist. Ehebruch ist, um es deutlicher zu sagen, jeder außereheliche Geschlechtsverkehr eines Verheirateten, jeder Partnertausch — auch wenn der eigene Ehepartner seine Einwilligung dazu gibt.

3. *Über die Prostitution* läßt Gott in seinem Wort sagen:

„In Schanden stehen sie da, denn sie haben Greuel verübt. Doch Scham kennen sie nicht. Darum werden sie fallen. Wenn ich sie heimsuche, werden sie stürzen, spricht der Herr" (Jeremia 6,15).

Dieses Wort gilt sowohl für die, die ihren Leib „verkaufen", als auch für die, die sich ihre sexuelle Befriedigung bei den Prostituierten holen.

4. *Über die Perversion der Sexualität, über Homosexualität und Lesbische Liebe* schreibt Paulus:

„Gott gab sie dahin in schändliche Leidenschaften. Seht euch die Frauen an! Ist, was sie mit ihrem Leib tun und treiben, noch das Schöne, das Gott meinte, als er ihnen die Kraft gab, mit ihrem Leib zu lieben? Seht euch die Männer an! Die suchen nicht mehr die Liebe der Frau, wie Gott es will. Sondern sie erhitzen sich in wilder Gier aneinander, Männer an Männer, wälzen sich im Schmutz und empfangen den verdienten Lohn für ihre Verwirrungen, indem sie sich selbst verderben" (Römer 1,26.27). —

Sexuelle Entartung, Übersättigung und eine allgemein verbreitete Homosexualität waren einst die hervorstechendsten Kennzeichen der Einwohner von Sodom und Gomorra, die schließlich den Untergang der beiden Städte herbeiführten. Nicht anders war es bei den alten Römern. Ihre Auffassungen und Verhaltensweisen auf dem Gebiet der Moral beschleunigten den Untergang des gewaltigen Imperium Romanum.

Die Menschen in der Endzeit, also die Menschen von heute und morgen, werden es nach der jahrtausendealten biblischen Prophetie noch schlimmer treiben als jene. In seiner Voraussage für die Zukunft der Völker läßt Gott durch den Propheten Hesekiel (592—570) sagen:

„So wahr ich lebe, spricht der Herr, Sodom, deine Schwester, samt ihren Töchtern, hat nicht so getan, wie du und deine Töchter" (Hesekiel 16,48).

Es ist richtig, daß die sexuelle Revolution von heute weitaus schlimmer ist als die zur Zeit Sodoms und Gomorras oder die des Römischen Reiches. Was uns in unserer Zeit an entarteter Sexualität begegnet, trägt deutliche Spuren der Degeneration und des Verfalls. Völker, die die Unzucht fördern, richten sich auch ohne Waffen zugrunde. Lenin (1870—1924), der die zerstörerische Kraft der Unzucht erkannt hat, schrieb:

„Wenn wir eine Nation vernichten wollen, so müssen wir zuerst ihre Moral vernichten, dann wird uns die Nation als reife Frucht in den Schoß fallen."

Um die Moral eines Volkes zu vernichten, bedarf es nicht unbedingt des Kommunismus. Auch nicht des Kapitalismus. Um die Moral eines Volkes zu vernichten, bedarf es nur der Propagierung, daß nicht Gott und seine Gebote der sittliche Maßstab für das Verhalten der Menschen untereinander sind, sondern der Wunsch und Wille des Menschen.

Schon seit langem wird propagiert:

„Man braucht sich heute nach den Geboten Gottes und anderen biblischen Aussagen über Sexualität und Ehe nicht mehr in der früher gewohnten Ausschließlichkeit zu richten, da sie zeitgebunden waren und den heutigen Lebensverhältnissen nicht mehr entsprechen."

Damit wird aber zum Ausdruck gebracht, daß man die Folgen einer hemmungslosen und entarteten Sexualmoral, von denen Gottes Wort ausdrücklich spricht, nicht wahrhaben will. Daß nämlich Mißachtung oder Verharmlosung der Gebote Gottes in Sachen „Sexualität" den Einzelnen oder ein ganzes Volk in Unglück, in Zuchtlosigkeit, Verbrechen und Untergang treiben.

Die Folgen der Sex-Diktatur

Wo Gottes Wort und seine Gebote nicht mehr der sittliche Maßstab sind, werden die Menschen an den Folgen ihrer Übertretungen eines Tages zugrundegehen. Denn wo der Mensch nicht mehr auf Gott und sein Wort achtet und sich nicht mehr davon bestimmen läßt, über dem steht das Gericht Gottes. Der Apostel P a u l u s schreibt:

„Gott hat sie dahingegeben in ihren Leidenschaften, in Unreinigkeit zu schänden ihre eigenen Leiber an sich selbst. Sie, die Gottes Wahrheit haben verwandelt in Lüge, *haben den Lohn an sich selbst empfangen*" (Römer 1,24.27).

Wie sieht dieser Lohn aus?

1. *Geschlechtskrankheiten*

Von 106 Nationen, die der Weltgesundheitsorganisation regelmäßig Bericht erstatten, haben 76 eine wachsende Verbreitung von Geschlechtskrankheiten gemeldet. Die „New York Times" kommt in ihrer Untersuchung zu dem Ergebnis, daß die Geschlechtskrankheiten in den USA auf dem besten Wege sind, den Schnupfen vom Platz 1 der ansteckenden Krankheiten zu verdrängen. Jährlich werden 1,5 Millionen Fälle von Geschlechtskrankheiten in den USA registriert. Gegenwärtig wird auch die Bundesrepublik von einer Welle von Geschlechtskrankheiten überspült. Nach Mitteilung des hessischen Sozialministeriums erkranken jährlich rund 100 000 Personen an einer Geschlechtskrankheit. Die stärksten Waffen gegen diese Krankheiten „über die man nicht spricht", Penicillin und Antibiotika, werden aber immer wirkungsloser.

2. *Abtreibungen*

Trotz zahlreicher wirkungsvoller Verhütungsmittel werden nach Schätzungen des Landeskriminalamtes und von Ärzten und Psychologen zum Beispiel in Nordrhein-Westfalen mehr Kinder durch Abtreibungen getötet als geboren. Insgesamt schätzt man die Zahl der Abtreibungen jährlich zwischen 500 000 und 2 Millionen. Genaue Feststellungen sind nicht möglich, weil die Dunkelziffer sehr groß ist. Auf 500 000 Abtreibungen kommen etwa 250 Todesfälle und 25 000 bis 50 000 schwere Erkrankungen.

3. *Mußehen*

Die Hälfte aller Ehen zwischen Jugendlichen sind heute Mußehen, weil ein Kind unterwegs ist. Viele der jungen Leute heiraten dann, obwohl sie oft durchaus nicht zueinander passen. 50 Prozent solcher Ehen zerbrechen im Laufe der ersten zwei Jahre. Daran wird erkennbar, daß unverantwortliches Handeln vor der Ehe oft nicht ohne Folgen für die spätere Ehe bleibt. Viele Psychiater und Seelsorger, die in ihrer Praxis mit Eheproblemen zu tun haben, werden dies bestätigen.

4. Ehescheidungen

Schätzungsweise sind es gegenwärtig jedes Jahr 70 000 Ehepaare, die sich scheiden lassen, weil ihre Ehen zerrüttet sind. Die Gründe sind mannigfaltig. Vielfach aber sind es Ehebruch und zügelloses Sexualleben, die als Freiheit der Ehepartner getarnt werden.

Die Zerstörung der Ehe durch den einen oder anderen Ehepartner bewirkt zugleich auch die Zerstörung des Glücks und der Geborgenheit von Kindern und macht sie häufig zu entwurzelten und herumgestoßenen, manchmal sogar zu asozialen Menschen. Gegenwärtig leben in der Bundesrepublik 700 000 Kinder aus gescheiterten Ehen. In jedem Jahr wächst ihre Zahl um ungefähr 50 000.

5. Psychische Folgen

Der Psychoanalytiker Sigmund Freud (1856—1939) sagte:

„Der Verlust von Scham ist das erste Zeichen von Schwachsinn."

Diese Aussage findet heute ihre realistische Bestätigung. Unmoralisches Verhalten schafft große psychische Probleme und führt bei Tausenden von Menschen zu seelischen Verwirrungen und Konflikten. Bei über der Hälfte der Patienten, die einen Psychiater oder Nervenarzt aufsuchen, liegt der tiefere Grund für ihre Nervosität oder Gemütskrankheit in einem ungeordneten Sexualleben. Dabei spielen besonders Schuldgefühle im Blick auf das eigene Sexualleben eine große Rolle.

Fragt man nach den Hintergründen für die Folgen des heutigen Sexualverhaltens, so liegen sie letztlich in der Ablehnung Gottes und in der Auflehnung gegen seine Ordnungen. Der Mensch will sich selber, seinem Genuß, seinen Trieben leben. Darum mißachtet er die Gebote Gottes und verharmlost die Sünde. Für wen aber Gottes Wort und seine Gebote nicht mehr der sittliche Maßstab sind, der wird an den Folgen dieses Verhaltens eines Tages scheitern. Wer sich gegen die Ordnungen Gottes auflehnt, wird sich selbst seine gerechte Strafe zuziehen. Je weiter nämlich der Mensch sich innerlich von Gott entfernt, je mehr er sich mit seiner angeblich grenzenlosen Freiheit in den Mittelpunkt stellt und der Maßlosigkeit verfällt, um so mehr fehlen ihm echte Geborgenheit, wahrer Friede und echte Freude. Je unbefriedigter sein Leben wird, um so abgestumpfter wird sein Gewissen. Um so unglücklicher wird er durch sein Leben in Sünden und Lastern. Um so sinnloser wird auch sein Dasein. Um so aufpeitschendere und berauschendere Mittel wird er verwenden, um sich über die Öde in seinem Leben hinwegzutäuschen.

Aber diese ständige Steigerung der Reize und Betäubungen hat ihre Grenze. Eines Tages ist das gesamte Denken, Reden und Tun des Menschen verseucht. Dann steht der Mensch vor dem absoluten Nichts. Vor der Verzweiflung. Mißachtung Gottes und seiner Gebote aus Lebensgier, aus unbeherrschter Triebhaftigkeit führt unweigerlich in die Zerstörung, in das Chaos, zum Tode.

Noch hat der Mensch die Möglichkeit, sich zu entscheiden. Er hat zu entscheiden, ob für ihn die sogenannte „neue Moral" gilt, die nichts anderes als der alte Schmutz ist, oder ob für ihn die Autorität Gottes verbindlich ist — und bleibt!

8. Die modernen Krankheiten dieser Welt

Unsere Gesellschaft ist krank

Atheistische Theologie, Gottesfeindlichkeit, Wissenschaftsgläubigkeit, Fortschrittsbesessenheit, Manipulation, Autoritätsfeindlichkeit, Aggressivität, Rassismus, zügellose Sexualität — sowie das Chaos eines anarchistischen Materialismus und die Verseuchung und Vergiftung einer entgotteten Welt, sind die modernen Ausdrucksweisen des verschmutzten menschlichen Geistes und Lebens, aus dem schließlich ein krankhafter Geist, eine krankhafte Seele und ein krankhafter Körper resultieren.

Die folgende Feststellung, die Gott einmal über sein Volk Israel traf, kann nicht besser auf die Menschheit von heute übertragen werden:

„O weh des sündigen Volks, des Volks von großer Missetat, des boshaften Samens, der verderbten Kinder, die den Herrn verlassen ... lästern ... zurückweichen! Was soll man weiter an euch schlagen, so ihr des Abweichens desto mehr macht? Das ganze Haupt ist krank. Das ganze Herz ist matt. Von der Fußsohle (von den untersten Gesellschaftsschichten) bis aufs Haupt (bis zu den höchsten Gesellschaftsschichten) ist nichts Gutes an ihm, sondern Wunden und Striemen und Eiterbeulen ..." (Jesaja 1,4—6).

Was einst auf das Volk Israel zutraf — auf unsere Gesellschaft von heute trifft es mehr denn je zu!

Je mehr wir uns mit der Ausdrucks- und Lebensweise der menschlichen Gesellschaft von heute befassen, um so deutlicher wird, daß unsere Gesellschaft nicht nur zutiefst geistig verschmutzt, sondern als Folge davon auch total krank ist.

Zu dieser Erkenntnis kommt nicht nur der engagierte Christ, der unsere Zeit unter Hinzuziehung biblischer Aussagen diagnostiziert. Diese Erkenntnis drängt sich vermehrt auch Menschen auf, die von einem anderen Standort als den eines Christen unsere heutige Konsum- und Wohlstandsgesellschaft analysieren. So kommt Gustav Sichelschmidt in seinem Buch „Verblöden die Deutschen?" zu folgendem Ergebnis:

„Trotz gesteigerter Lebenserwartungen sind wir heute ein Volk von Invaliden geworden. Völlig gesunde Menschen sind heute jedenfalls eine Rarität. Selbst Kinder und Jugendliche zeigen bereits beträchtliche Abweichungen von der Norm dessen, was man als Gesundheit definieren könnte. Etwa 90 Prozent der Bundesdeutschen können heute nicht mehr als voll gesund angesehen werden."[119]

Ähnlich lautet knapp und präzis die Diagnose des Heidelberger Philosophen Arno Plack, die er in seinem Buch „Die Gesellschaft und das Böse" veröffentlicht hat:

„Unsere Gesellschaft ist von Grund auf krank. Sie ist krank an Geist, Seele und Leib."[120]

Die Degeneration des Geistes

1. Der Geist des Menschen ist krank

Aus einer Vielzahl menschlicher Denkprozesse und Tatprodukte von heute ist nicht unschwer zu erkennen, wie sehr der menschliche Geist durch und durch krank ist.

Der moderne Mensch, der in Unabhängigkeit von Gott lebt und sich seiner unumschränkten Freiheit rühmt, sieht sich als das Maß aller Dinge. Die Normen auf allen Gebieten bestimmt er. Und das Resultat: Größenwahnsinn, übersteigerte Hybris ...

1. Bildseite
„Ein heilloser Mensch, ein schädlicher Mann geht mit verstelltem Munde, winkt mit Augen ... trachtet allezeit Böses und Verkehrtes in seinem Herzen und richtet Hader an" (Sprüche 6, 12 ff). Die Aggressionen des Bürgers führen zum „Krieg aller gegen alle" — zu Hause, am Arbeitsplatz, auf den Straßen ... Die Ursachen: Frustrationen des Lebens, vorprogrammiertes Erbgut, vorprogrammierte Verhaltensweise. (Foto pbp-Poss)

2. Bildseite
„Jesus nahm die Feindschaft weg und machte Frieden durch das Kreuz" (Epheser 2, 14—16). Es gibt nur ein Zeichen, Gewalttätigkeit zu überwinden: Das ist das Kreuz Jesu Christi! (Foto pbp-Poss)

3. Bildseite
„Gott gab sie dahin in schändliche Leidenschaften, zu tun, was nicht taugt" (Römer 1, 28). Für Millionen von Menschen werden pornographische Schriften beispielgebend für das eigene sexuelle Verhalten. (Collage F. Haarhaus)

4. Bildseite — oben
„Das ganze Haupt ist krank. Von der Fußsohle bis aufs Haupt ist nichts Gutes an dem Menschen, sondern Wunden, Striemen und Eiterbeulen" (Jesaja 1, 4—6). Hier verwendet ein Arzt ein Radiumpräparat gegen einen gefährlichen Krebs auf der Nase. (Foto Bleuler — Bavaria)

4. Bildseite — unten
Schleichend und ohne spürbare Symptome entartet irgendeine Körperzelle zu hemmungslosem Wachstum. Ein Gramm Tumor enthält bereits eine Milliarde Krebszellen. Eine jede ist fähig, die tödliche Unordnung ihres Bauplanes an Tochterzellen weiterzugeben. (Foto Associated Press)

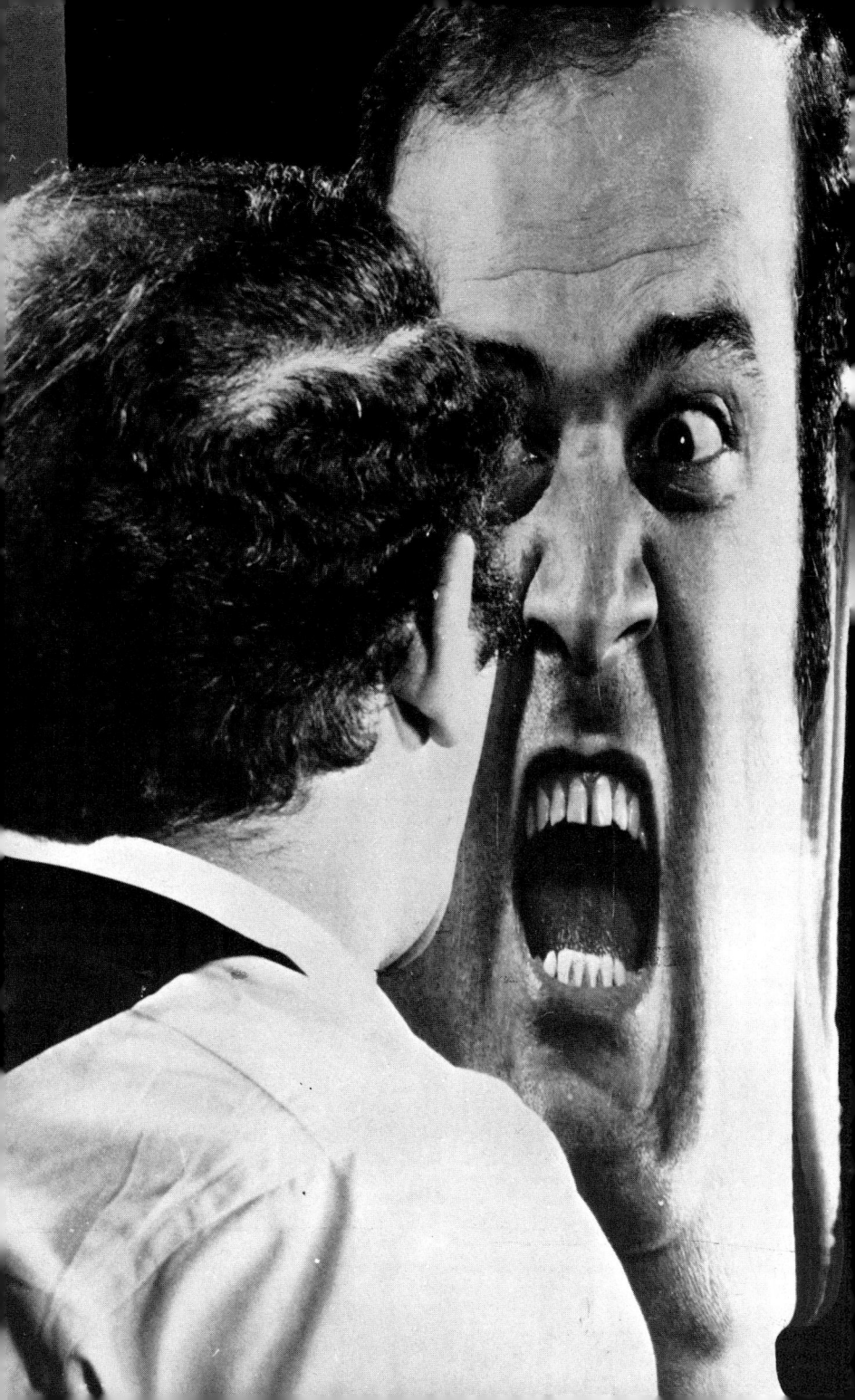

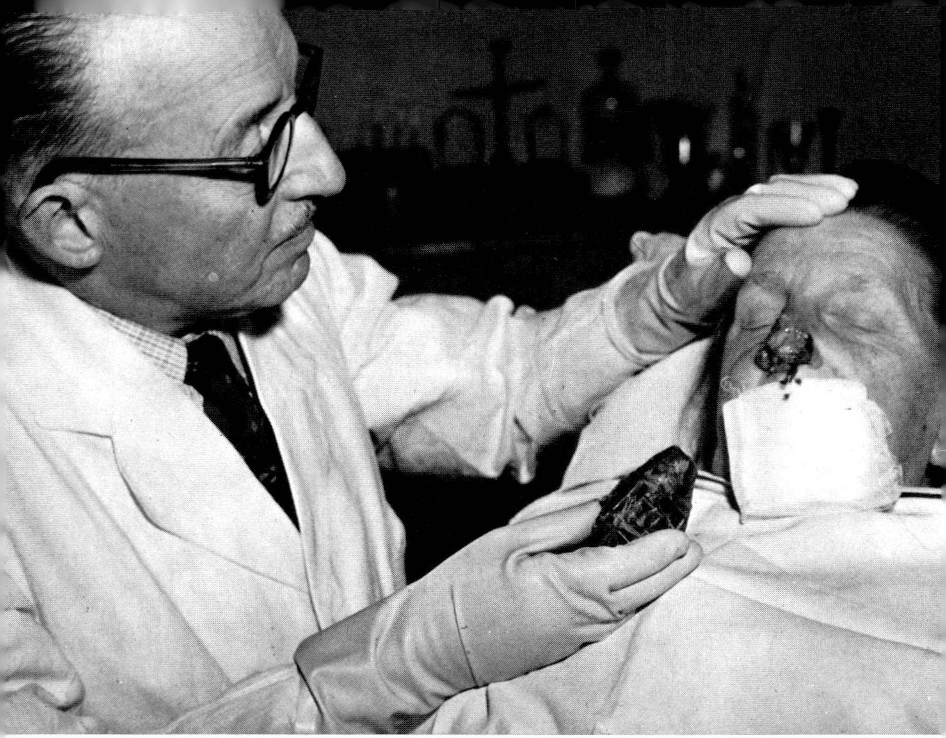
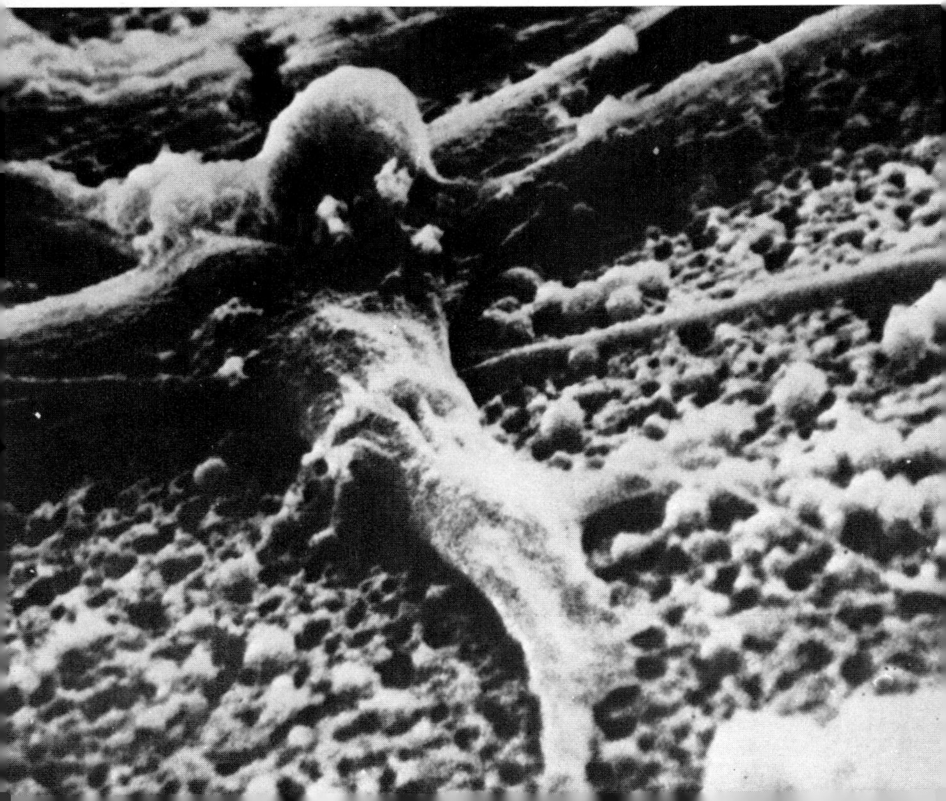

Der moderne Mensch glaubt an den Fortschritt durch eine immer bessere Technik. Doch wohin der Fortschritt führt und worin denn der Sinn und die Qualität unseres Lebens bestehen, erkennt er nicht.

Das Denken des Menschen unserer Zeit ist vorwiegend darauf gerichtet: Wie hoch sind die Herstellungskosten? Und welcher Profit kommt dabei heraus?

Das Denken des Menschen von heute ist weithin ein isoliertes Denken, ein eindimensionales Denken. In ganzen Gefügen zu denken, ist der moderne Mensch zumeist nicht fähig (oder willens?). Die tieferen Zusammenhänge zu erfassen, schafft er nicht. Sein Denken bleibt an der Oberfläche. Darum sind auch seine Entscheidungen und seine Taten von der Gesamtwirkung her gesehen zumeist falsch.

Einige Beispiele dazu: Der Mensch besteht aus Geist, Seele und Leib. Aber der Mensch ist weithin unfähig, dies als eine unteilbare Einheit zu sehen. Darum reißt er auseinander, was eigentlich zusammenhängt. Ohne Schaden für das Ganze kann man aber Geist, Seele und Leib nicht voneinander trennen und isoliert betrachten. Wenn man den Leib des Menschen meint, dann muß man auch seinen Geist und seine Seele miteinbeziehen. Doch dies geschieht gewöhnlich nicht. Geht jemand zum Arzt wegen Magenbeschwerden, dann wird der Arzt versuchen durch entsprechende Medikamente die Magenbeschwerden zu beheben. Da aber Magenbeschwerden vielfach auf seelische Konflikte zurückzuführen sind, der Arzt aber gewöhnlich diesen Bereich nicht in seine Therapie einbezieht, werden die Magenbeschwerden mit großer Wahrscheinlichkeit n a c h der medikamentösen Behandlung wieder auftreten. — Wenn ein schmaler Landstrich asphaltiert wird, dann gibt das nicht nur eine Straße, auf der man wunderschön mit seinem Auto fahren kann, dann hat das auch Konsequenzen auf den Naturhaushalt in jenem Landstrich, auf Sauerstoff, Temperatur, Grundwasserspiegel u. a. — Werden Schweine zum Schutz vor Infektionskrankheiten und zum schnelleren Fleischansatz mit Antibiotika und Hormonen gefüttert, dann mag das den Gewinn des Produzenten steigern, aber der Verbraucher belastet durch den Genuß des Fleisches seinen Körper mit den Rückständen dieser Medikamente, die eines Tages zu auslösenden Faktoren von Krankheiten werden können. —

Wir sehen: Das menschliche Denken ist zumeist nur auf eine Teilwirklichkeit gerichtet (auf den Erfolg, auf den augenblicklichen Nutzen, auf den Profit), ohne die Gesamtwirklichkeit mit ihrer inneren Verknüpfung zu sehen und ihr gerecht zu werden. Das aber läßt sich die Natur nicht gefallen. Darum schlägt sie mit geistiger Blindheit den, den sie vernichten will.

Der Mensch meint, heute alles tun zu dürfen, ihm könne ja nichts geschehen. Viele unserer Zeitgenossen wollen die Bedrohungen durch unsere Zivilisation nicht wahrhaben. Sagt man ihnen, daß das Leben auf der Erde eine Ganzheit ist und die Zerstörung unserer natürlichen Umwelt mit dem Untergang der Menschheit enden muß, so lachen sie. Spricht man von den Krankheitsfolgen falscher Lebensweise und falscher Ernährung — sie glauben es nicht. Sagt man den Rauchern, daß sie dem Lungenkrebs zusteuern, so haben sie nur ein überlegenes Kopfschütteln.

Der Mensch hat mit seinem gigantischen Wissen Tausende von neuen Techniken erfunden. Millionen Autos produziert. Riesige Produktionsstätten geschaffen. Arbeitssparende Geräte und eine riesige Anzahl von Luxusartikeln hergestellt. Ohne den Preis abzuwägen, der dafür bezahlt werden muß: Vergiftung der Luft, des Wassers, der Nahrung, immer größere Abfallhaufen, psychische und physische Schäden bei den Verbrauchern. Nun — was das Gehirn nicht mehr erfaßt, sehen die Augen nicht mehr.

Der Mensch meint, daß immer mehr Wissen d e r Weg zur Ausmerzung aller Probleme und Schwierigkeiten, aller Mißstände und Übel auf der Welt sei. Doch die Wahrheit sieht so aus: Vermehrtes Wissen vermehrt gleichzeitig auch die Übelstände. Mit seinem Wissen hat der Mensch eine Zivilisation hervorgebracht, die ihn innerlich leer und nutzlos macht. Eine Zivilisation, in der Unzufriedenheit, Unglück, Schmerz und Leid, Verbrechen, Unmoral, zerbrochene Ehen und Familien, Korruption, Unrecht, Gewalt, Krieg, Unsicherheit, Lebens- und Todesängste die beherrschenden Faktoren des menschlichen Daseins sind. Dennoch weigert sich der Mensch diese Ergebnisse seines Denkens und Wissens anzuerkennen.

Wie sehr der menschliche Geist krank und unfähig ist, die Wahrheit und Wirklichkeit seines Denkens und Tuns zu erkennen, kommt aus dem Aufsatz eines 15jährigen Jungen zum Ausdruck:

„In den Köpfen meiner Generation herrscht völliges Durcheinander, weil wir versuchen, für uns selbst und um uns herum eine Lösung zu finden.

Vor unseren Augen tobt die Welt mit Krieg, Armut, Vorurteilen und der ganzen Verständnislosigkeit unter Völkern und Nationen vorüber.

Dann halten wir inne und überlegen: Es muß doch einen besseren Weg geben, und den müssen wir finden . . .

Meine Generation wird ja fast wie eine Maschine bedient. Wir sollen feste Normen lernen, uns eine bessere Ausbildung zulegen, damit wir in die Fußstapfen der Älteren treten können. Aber wozu? *Wenn aus uns eine Generation werden soll, die alles nur wiederholt, wird der Zustand nur noch schlimmer . . .*"[121]

Wie sehr heute der menschliche Geist krank ist, sehen wir auch an der Anfälligkeit des modernen Menschen für Parolen und vorgefaßten Meinungen. Er läßt sich leicht durch Menschen, Mächte und Massenmedien hinterhältig unterwandern. Er hat keine Kraft mehr, sich den ständigen Versuchungen ideologischer, politischer, pseudo-religiöser u. a. „Heilslehren" erfolgreich zu widersetzen. Er entbehrt der Fähigkeit, frei zu entscheiden und zu handeln. Er läßt sich durch Worte und Bilder versklaven, ohne sich dessen noch bewußt zu werden.

Dem Menschen ist längst sein gesunder Menschenverstand abhanden gekommen. Darum auch sein schizophrenes (bewußtseinspaltendes) Denken und sein naturwidriges Verhalten.

Pädagogen und Soziologen weisen deshalb auf die von Jahr zu Jahr zunehmende Minderung der geistigen und Begabungskräfte hin — trotz intensiver und höherer Schulbildung. Ärzte sprechen von einer erschreckenden Zunahme von Gehirnschäden. Zeitkritiker von einer Degeneration des menschlichen Geistes, die sich in Geistlosigkeit, oberflächlichem Denken, Spekulationen und Fehlentscheidungen zeigt.

Endstation „Klapsmühle"?

2. Die Seele des Menschen ist krank

Die Zahl der seelischen Erkrankungen in unserer Zeit steigt sprunghaft an. Neurosen, Psychosen, Depressionen und andere, durch seelische Belastungen hervorgerufene Leiden, werden zunehmend zu Volkskrankheiten.

Besonders in den sogenannten Fortschritts- und Wohlstandsländern, in den USA und in Westeuropa, ist eine besorgniserregende Zunahme von psychischen Erkrankungen zu verzeichnen.

Billy Graham sagte im Zweiten Deutschen Fernsehen[122], daß die Hälfte der Krankenhausbetten in den USA mit psychisch und nervlich Kranken gefüllt sei.

Über die Zahl der psychisch Kranken in der Bundesrepublik sind keine genauen Angaben vorhanden.[123] Es ist aber davon auszugehen, daß etwa 40—50 Prozent aller Patienten in der Bundesrepublik, die einen Arzt aufsuchen, an einer psychisch bedingten

Störung leiden. Das sind insgesamt 6—7 Millionen Bundesbürger. 10 Prozent der psychisch Kranken bedürfen eines Klinikaufenthaltes, 50 Prozent der ambulanten psychiatrischen Behandlung und 40 Prozent der Behandlung durch einen praktischen Arzt.

Einer von hundert Menschen ist nach Ansicht von Experten seelisch so krank, daß er einer ständigen Behandlung bedürfte.

Namhafte Psychotherapeuten, Psychologen, Pädagogen und Theologen machen darauf aufmerksam, daß für die Zukunft eine rapide Zunahme der psychischen Erkrankungen zu erwarten sei. Prof. Dr. Caspar Kuhlenkampff, Ordinarius für Psychiatrie an der Universität Düsseldorf, wies in einem Vortrag darauf hin, daß für die Zukunft jeder 10. Bundesbürger im Laufe seines Lebens irgendeine psychiatrische oder psychotherapeutische Behandlung nötig haben wird.

Auch die Zahl derjenigen Alterskranken, die auf Grund psychischer Störungen stationär behandelt werden müssen, werde in den kommenden Jahren erheblich ansteigen, wenn bis 1980 über 14 Prozent der Gesamtbevölkerung älter als 65 Jahre sein wird.

Fragt man nach den Ursachen dieser alarmierenden Entwicklung, so steht an erster Stelle, daß immer weniger Menschen den folgenden ungeheuren Belastungen unserer mehr und mehr hektischer werdenden modernen Welt standzuhalten vermögen:

- Das beschleunigte Tempo in Verkehr und Arbeit.
- Der kräfteverschleißende Kampf um Erfolg, um Geld, um Macht, um Prestige und Anerkennung.
- Die weitgehende Schematisierung und Monotonisierung der Arbeitsvorgänge, die wichtige Gefühlsbereiche (seelische Bereitschaften) notgedrungen „auf Eis legen".
- Die Reizüberflutung durch die Massenmedien.
- Der Zwang zum Konsum.

An zweiter Stelle der Ursachen stehen konkrete schwere Konflikte

- im Bereich der Liebe,
- im Bereich der Ehe,
- im Bereich der Sexualität.

Hinzu kommen bei vielen Zeitgenossen

- Fehlgeleitete Kindheitserziehung
- Negative Kindheitserlebnisse
- Angst
- Mißtrauen
- Einsamkeit

- Ungeborgenheit
- Unsicherheit
- Unverstandensein
- Berufsschwierigkeiten
- Frustrationen
- Das Gefühl einer gähnenden inneren Leere
- Das Gefühl eines sinnlosen Daseins

Alles dieses erzeugt beim Menschen heute eine Vielzahl von Konflikten und Spannungen. Sie spiegeln sich wieder im Traum, in Nervosität, in übersteigertem Geltungstrieb, in rücksichtsloser Machtausübung, in Aggressivität gegenüber den Mitmenschen — und führen schließlich zu seelischen Krisen: Neurosen, Psychosen, Depressionen.

Viele der seelisch angefochtenen und kranken Menschen möchten mit ihren sie belastenden Problemen fertig werden. Sie suchen nach Wegen, auf denen sie vergessen können, was scheinbar nicht zu ändern ist.

Manche von ihnen stürzen sich in Betriebsamkeit, in vermehrte Arbeit, um darin vergessen zu können. Oder sie machen sich ein paar schöne Stunden, um ihre Spannungen in sexuellen Spielereien, in einer Orgie abzureagieren. Vielleicht vergessen sie für einige Stunden die Traurigkeit ihres Lebens. Aber wirklich vergessen — es gelingt ihnen nicht. Sie können die grausige Wirklichkeit nur verdrängen, aber nicht bewältigen!

Viele wechseln auch den Arbeitsplatz. Sie wechseln die Wohnung. Den Wohnort. Sie ziehen fort in eine andere Stadt. Sie verreisen oder wandern aus. Aber wohin sie auch kommen, sie bringen viele ihrer Probleme mit und finden ähnliche am neuen Ort vor. Sie möchten vergessen und können es nicht. Sie wollen Ruhe und finden sie nicht. Sie möchten allem, was ihr Leben bedroht und aushöhlt, entfliehen und schaffen es nicht.

Viele greifen auch zur Tablette. Sie greifen zur Zigarette. Sie greifen zu alkoholischen Getränken. Sie nehmen psychopharmazeutische Mittel, die auf das Zentralnervensystem wirken und Willen, Gemüt und Empfindung beeinflussen. Oder sie greifen vielleicht zur Rauschgiftdroge, um mit einem „Trip" der grausamen Wirklichkeit zu entfliehen.[124] Aber sie fliehen nur in die Unwirklichkeit, in die Täuschung, in den Selbstbetrug, an dessen Ende vielfach die Ausweglosigkeit steht, das Chaos, der Selbstmord.

Selbstmord als letzter Ausweg?

Keine Zivilisationskrankheit fordert heute mehr Todesopfer als der Selbstmord. Der Wunsch ungezählter Menschen, freiwillig ihr Leben zu beenden, nimmt ständig zu.

In einer Silvesternacht sprang eine junge Ehefrau aus dem Fenster. In der Klinik begründete sie ihren Selbstmordversuch mit den Worten: „Was mir gefehlt hat, das ist Liebe!"

Ein Selbstmordkandidat aus München illustriert seinen Versuch, aus dem Leben zu scheiden, so: „Das erste Mal habe ich ein Messer genommen und mir das in den Bauch gestoßen. Dann habe ich versucht, mich aufzuhängen. Dabei ist der Gürtel gerissen." Begründung: Er hatte das Leben und Gelebtwerden in der Konsum- und Leistungsgesellschaft satt!

Ein junger Homosexueller hat es dreimal hintereinander probiert. Er wollte sich ertränken, erhängen und vergiften. Grund: Eifersucht!

Und ein Berliner Arbeiter, der sich selbst zu Leibe rückte, erklärte unumwunden: „Erst ist man satt von der Frau, dann geht's weiter zum Peitschen . . . Mir wurde der Trieb zu viel."

Solche Bekenntnisse, die allenfalls beim Psychiater oder bei einem Seelsorger gemacht werden, wurden in einem sogenannten „Selbstmordreport" von Thilo Koch und Peter Otto erstmals in aller Öffentlichkeit vor dem Bildschirm detailliert geschildert.

4 Wochen lang haben sich Koch und Otto für ihre 45-Minuten-Dokumentation in Entgiftungsstationen und Trinkerheilanstalten, in Lebensmüden-Fürsorgestellen, Depressionsforschungszentren und Psychiatrischen Kliniken mit verhinderten Selbstmördern unterhalten. Nur ein Bruchteil der Leute ließ sich filmen. Die meisten hatten Angst vor dem Urteil der Umwelt.

Nach neuesten Statistiken erschießen, erstechen, ertränken, vergiften, vergasen oder verbrennen sich auf der Erde täglich mehr als 1 000 Menschen. Und 5 000—10 000 unternehmen einen Selbstmordversuch. In der Bundesrepublik registrieren die Statistiker jährlich fast so viele Selbstmorde wie Verkehrstote: Zirka 14 000 im Jahr. Davon $2/3$ Männer und $1/3$ Frauen. Die Bundesrepublik steht aber zahlenmäßig längst nicht an der Spitze. Die derzeit höchste Selbstmordziffer hat Ungarn. Danach folgen Finnland, Österreich, Schweden, USA . . .

Frauen versuchen zwar häufiger den Selbstmord als Männer, vollenden ihn aber nicht so oft wie Männer. Die meisten Selbstmorde bei Männern geschehen vorwiegend während der Nachtstunden zwischen 22 und 4 Uhr. Bei den Frauen in den meisten Fällen zwischen 16 und 22 Uhr und zwar häufig in der eigenen Wohnung.

Der Psychiater Erwin Ringel, der in Wien ein Zentrum für Selbstmordforschung leitet, sagt:

„80 Prozent der Selbstmörder kündigen vorher ihre Tat an, aber nur 20 Prozent hinterlassen eine Erklärung für ihr Motiv."

50 Prozent aller Selbstmordkandidaten leiden an endogenen (durch ererbte Anlagen bedingte) oder psychogenen (durch die Umwelt hervorgerufene) Depressionen.

Vielen der Selbstmordkandidaten könnte geholfen werden, wenn sie mit ihren Selbstmordplänen nicht allein blieben. Denn Selbstmordgedanken drängen eines Tages zur Tat. Menschen, die ihr Leben wegzuwerfen beabsichtigen, sollten sich schnellstens einem Psychiater, Psychologen oder Seelsorger anvertrauen. Oder besser zu einem engagierten und im Glauben und Leben gereiften Christen gehen, zu dem sie Vertrauen haben und der ihnen seelsorglich helfen kann. Ein am Leben Verzweifelter, der lieber anonym bleiben möchte oder keine Möglichkeit sieht, zu einem Menschen seines Vertrauens zu gehen, sollte, bevor er den letzten Schritt zu tun beabsichtigt, zumindest erst im Telefonbuch seiner Stadt die Nummer der Telefonseelsorge suchen — unter dem Buchstaben T. Dort sollte er anrufen und seine Not schildern. Dies kann ihn vor einer Tat retten, aus der es vielfach kein Zurück mehr gibt. Man hat nämlich festgestellt, daß 85 Prozent der geretteten Todeskandidaten froh sind, am Leben geblieben zu sein.

3. Der Leib des Menschen ist krank

Dank der Hygiene und der ärztlichen Wissenschaft ist es gelungen, viele der gefährlichen Volkskrankheiten vergangener Jahrhunderte beinahe auszurotten. Ja noch mehr: Es ist sogar gelungen, die mittlere Lebenserwartung, die vor hundert Jahren in Mitteleuropa noch bei 40 Jahren lag, heute auf 80 Jahre zu erhöhen. Nach amtlichen Voraussagen wird die durchschnittliche Lebenserwartung der Bundesbürger in etwa 10 Jahren voraussichtlich die 90-Jahres-Grenze erreicht haben.

Ob diese Voraussagen eintreffen werden, muß dahingestellt bleiben. Denn durch die ständig zunehmende Umweltzerstörung wird immer stärker das menschliche Leben gefährdet. Der Nobelpreisträger Dr. Alexis Carrel sagte:

„Wir bezahlen die Lebensjahre, die wir durch Unterdrückung der Infektionskrankheiten gewannen, mit physiologischem Zerfall und langsam sich hinziehendem, schmerzhaftem Dahinsiechen an chronischen Leiden."

Durch Stoffwechselerkrankungen kommt eine Lawine von Frührentnern auf uns zu. 12—15 Prozent der arbeitenden Menschen werden durch sogenannte Frühinvalidität vorzeitig dem Arbeitsprozeß entzogen werden.

Eine sich gegenwärtig unerbittlich ausbreitende Zivilisationskrankheit ist der Streß. Schon jetzt leidet mehr als die Hälfte der Deutschen zwischen 14 und 70 Jahren daran. Am meisten die Männer. Durch einen übertriebenen Ehrgeiz am Arbeitsplatz sind besonders die 30- bis 40jährigen gefährdet. Viele von ihnen sind vor Aufgaben gestellt, denen sie — so der Heidelberger Soziologe Dr. Kurt-Joachim Fischer — vielleicht sachlich, aber nicht immer charakterlich und menschlich gewachsen sind. Sie verstricken sich deshalb immer tiefer in seelische Konflikte. Doch dabei bleibt es nicht. Aus solchen psychischen Belastungen erwachsen schließlich zahlreiche körperliche Beschwerden und Gebrechen:

- zitternde feuchte Hände
- vermehrter Achselschweiß
- Dauerherzklopfen
- Durchfall oder Verstopfung
- Impotenz
- Sehstörungen
- Schwindelgefühle
- Konzentrationsschwächen
- Magenkrämpfe
- dauernd beschleunigter Puls
- erhöhter Blutdruck

In jedem Gramm Gewebe milliardenfaches Chaos

Zur Geißel der Menschheit wird immer stärker der Krebs, der jedes Organ bedroht. Er befällt Nerven und Muskeln, Knochen und Knorpel, das Blut, die Lymphe, Herz und Hirn. Schleichend und ohne spürbare Symptome entartet irgendeine Körperzelle zu hemmungslosem Wachstum. Ein Gramm Tumor enthält bereits eine Milliarde Krebszellen. Eine jede ist fähig, die tödliche Unordnung ihres Bauplanes an Tochterzellen weiterzugeben.

Bei mehr als 200 000 Deutschen werden die Ärzte in diesem Jahr die gefürchtete Diagnose „Krebs" stellen.

Jeder 4. der jetzt lebenden Bundesbürger wird irgendwann an Krebs erkranken.

Der amerikanische Krebsforscher Robert Good hat die bereits von vielen namhaften Biochemikern und Molekularbiologen bestätigte Theorie aufgestellt:

„Wir bekommen wahrscheinlich jede Woche einmal Krebs. Und jede Woche wird der Körper damit fertig — bis es einmal nicht mehr klappt."

Starb im Jahre 1900 nur jeder 30. Deutsche an Krebs, so war es 1930 schon jeder achte. 1972 bereits jeder fünfte. 145 000 insgesamt. Mehr Männer als Frauen.[125]

Die Chancen, von einer Krebserkrankung geheilt zu werden, sind trotz verbesserter Krebstherapie immer noch gering und unterschiedlich, je nach Art der Erkrankung: Von 100 Patienten mit Hautkrebs überleben 80. Mit Brustkrebs nur noch 40. Bei Magenkrebs höchstens 20. Bei Bronchialkrebs etwa 5. Bei Bauchspeichelkrebs kaum einer mehr.

Namhafte Krebsforscher sehen in den vielfältigen Umweltfaktoren unserer Zeit die Gründe für das sprunghafte Ansteigen der verschiedenen Krebserkrankungen. Der Heidelberger Krebsforscher Prof. Bauer, der selbst an Mastdarmkrebs erkrankt war, aber noch rechtzeitig operiert werden konnte, meint:

„Ohne Karzinogene (es gibt mehr als 1 000 verschiedene!) aus der natürlichen und künstlichen Umwelt des Menschen entsteht kaum ein Krebs."

Da der menschliche Organismus weder Schutzinstinkte noch Abwehrmechanismen gegen Teer, Ruß, Pech, Auspuffgase, Arsen und „Eigen-, Neben- oder Abfallprodukte der modernen Technik" hat, ist nach Meinung von Prof. Bauer „Krebs ein Test für die heutige Umweltverseuchung des Menschen geworden".

Erstaunlich ist nun, daß auch die biblische Prophetie von Krebserkrankungen in der „Endzeit" spricht. Sie sieht in den Krebserkrankungen ein Gerichtszeichen Gottes an Menschen, die sich dem antichristlichen Geist und Handeln ihrer Zeit verschrieben haben — bringt also die Krebserkrankungen mit der unter der Herrschaft des Antichristen stehenden Umwelt in Verbindung. Johannes schreibt:

„Der erste Engel ging und goß seine Schale über die Erde, und böse und schmerzhafte Geschwüre brachen an den Menschen hervor, die das Malzeichen der Bestie (des Antichristen) trugen und ihr Bild anbeteten" (Offenbarung 16,2).

Auch hier sehen wir wieder eine erstaunliche Übereinstimmung von aktuellem Zeitgeschehen und biblischer Prophetie.

Zu den akuten Krankheiten unserer Zeit gesellen sich zahlreiche Mangelerscheinungen im menschlichen Organismus. Zunehmend macht sich ein krankhaftes Längenwachstum der Jugend bemerkbar, die sogenannte Akzeleration, die als Beschleunigung der körperlichen, aber als Hemmung der geistigen Entwicklung auftritt. Dies wird in erster Linie auf den Genuß von isolierten Kohlenhydraten (Zucker und Weißmehl) zurückgeführt.

Ärzte sprechen voller Besorgnis von einer allgemeinen Degeneration des Knochenbaues und der organischen Konstitution des Menschen. Sie weisen auf den allgemeinen rapiden Zahnverfall bereits bei Kleinkindern und Jugendlichen hin, auf die Anfälligkeit und das Nachlassen der Widerstandskraft gegen ganz banale Infekte.

„Das größte Übel ist die Schuld!"

Wie ist das möglich, daß trotz des gewaltigen Fortschritts unserer Zivilisation, trotz des gewaltigen Fortschritts in der Medizin und Chirurgie die Zahl der geistig, seelisch und körperlich Kranken immer mehr zunimmt? Obwohl die Zahl der Ärzte, der Krankenhäuser, der Krankenbetten und der medizinischen Forschungsanstalten laufend ansteigt, reichen sie doch nicht aus. Wo liegen die tieferen Gründe für eine solche, geradezu tragödienhafte Entwicklung?

Für diese Entwicklung ist einzig und allein der Mensch selbst verantwortlich. Durch sein Denken, Reden und Tun hat er seine natürliche Umwelt gequält, ausgebeutet, mißachtet. Er hat sie vergiftet, verseucht, zerstört. Seine Umwelt, die eigentlich seinem Leben dienen und nicht seiner Profitgier ausgesetzt sein sollte.

Doch es gibt noch tieferliegende Gründe. In der bereits zitierten Jesaja-Stelle (1,4—6) werden sie genannt:

- Gottlosigkeit
- Gottesfeindlichkeit
- Boshaftigkeit
- Verderbtheit.

Dies auf einen Nenner gebracht heißt: Schuld!

Schuld ist immer gegen Gott, gegen den Mitmenschen und gegen einen selbst gerichtet. Diese dreifach wirkende Schuld des Menschen ist das schlimmste, heimtückischste und gefährlichste Problem, das die Welt kennt. Die Schuld ist die Wurzel aller Not, die Ursache aller Unruhe, der Schrecken jedes Menschen. Sie raubt dem Menschen den Adel der Gottesebenbildlichkeit. Sie zerstört die innere Harmonie des Lebens und das Glück des Menschen. Sie verhärtet sein Gewissen. Verdunkelt seinen Verstand. Treibt ihn an zum destruktiven (zerstörerischen) Tun. Die Schuld des Menschen verursacht alle Tränen des Leides und alle Schmerzen der Todesnot. Die Schuld ist die eigentliche Urheberin der geistigen, seelischen und zumeist (wenn auch nicht immer!) körperlichen Erkrankungen. Der Dichter Friedrich Schiller (1759—1805) hat recht, wenn er sagt:

„Das größte Übel ist die Schuld!"

Denn ohne Schuld sähe es auf unserem Planeten ganz anders aus:

- ◾ Es gäbe keine Abwendung von Gott.
- ◾ Es gäbe keine geistige Verschmutzung des Menschen.
- ◾ Es gäbe keine Vergiftung und Zerstörung unserer Umwelt.
- ◾ Es gäbe nicht die besorgniserregende Zunahme geistiger, seelischer und körperlicher Leiden in unserer Zeit.

Weil der Mensch sich aber von Gott lossagte, bewußt gegen seinen Willen verstieß, wurde er ein Schuldiger. Im Gefolge dieses Geschehens verschmutzte sein gesamtes Denken, Reden und Tun. Damit zog er sich und seine gesamte Umwelt an den Rand des Chaos und des Zusammenbruchs.

Das Emblem zum „Tag der Umwelt" war das Zeichen der Stockholmer Umweltschutzkonferenz vom Juni 1972.

III. Teil

Hat die Menschheit noch eine Chance?

1. Wir können die Zukunft überleben

Lebenswichtige Fragen in den siebziger und achtziger Jahren

In ihrer Abwendung von Gott hat die Menschheit mit ihrem degenerierten Geist, ihrer zerschundenen Seele und ihrem kranken Körper begonnen, ihre Umwelt zu zerstören. Damit hat sie einen mörderischen Kurs eingeschlagen. Die Fähigkeiten, bereits eingetretene Schäden wiedergutzumachen, werden von Jahr zu Jahr geringer. Auf Grund dieser Tatsachen fragen wir:

Ist bereits heute schon alles verloren? Oder kann der Mißbrauch der Macht noch aufgehalten werden? Kann die Erde und mit ihr der Mensch noch vor der endgültigen Katastrophe bewahrt werden? Gibt es für unseren sterbenden Planeten noch eine Heilung von den unheilvollen Verhältnissen, in die der selbstherrliche, von Gott gelöste Mensch mit seinem Wissen und Können, mit seiner Manipulation und Fortschrittsbesessenheit, mit seiner Moral und Maßlosigkeit die einst so schöne Welt gestürzt hat?

Das sind einige der entscheidenden und lebenswichtigen Fragen in den siebziger und achtziger Jahren unseres Jahrhunderts. Fragen, die nicht nur besorgte Christen stellen. Fragen, die in ähnlicher Weise viele Gemüter in unserer Zeit bewegen. Und die in vielerlei Weise in breite Bevölkerungskreise hineingetragen werden. Der Schlager „Diese Welt" von D i e t e r Z i m m e r m a n n , der zu einem Hit [126] geworden ist, ist eins von vielen Beispielen dafür, wie sehr die Bedrohung unserer Umwelt in das Bewußtsein vieler Menschen dringt und die Frage nach dem Überleben aufwirft:

„Sternenklare Nächte,
und die Luft ist wie Jasmin.
Flüsse wie Kristall so klar
und Wälder saftig grün.
Kann es das noch geben?
Oder ist es schon zu spät?
Daß für alle überall
dieser Traum noch in Erfüllung geht?

Rauch aus tausend Schloten
senkt sich über Stadt und Land.
Wo noch gestern Kinder waren,
bedeckt heut' Öl den Strand.
In den Düsenriesen
fliegen wir dem Morgen zu.

Wie wird dieses Morgen sein?
Sinnlos oder voller Sonnenschein?

Diese Welt, diese Welt
hat das Leben uns geschenkt.
Sie ist dein, sie ist mein.
Es ist schön auf ihr.
Was werden soll
liegt an dir!"

Damit wird deutlich, daß es letztlich nicht an Gott, sondern am Menschen liegt. An einem jeden von uns liegt, was aus unserer Welt werden soll. Daß es an dem Menschen der siebziger und achtziger Jahre liegt, ob die Menschheit überleben wird. Und nicht nur das. Sondern ob sie auch schöner und freundlicher in der Zukunft leben wird.

Was Gott einst seinem Volk in ähnlicher Situation verhieß, kann auch für die Menschen im letzten Drittel des 20. Jahrhunderts von zukunftsweisender Bedeutung sein:

„Wenn du der Stimme des Herrn, deines Gottes, gehorchen wirst, daß du hältst und tust alle seine Gebote..., so wird dich der Herr, dein Gott, zum Höchsten machen über alle Völker auf Erden. Alle Völker auf Erden werden sehen, daß du nach dem Namen des Herrn genannt bist... Der Herr wird machen, daß du Überfluß an Gütern haben wirst an der Frucht deines Leibes, an der Frucht deines Viehs, an der Frucht deines Ackers... Der Herr wird dir seinen guten Schatz auftun, den Himmel, daß er deinem Land Regen gebe zu seiner Zeit und daß er segne alle Werke deiner Hände. Und du wirst vielen Völkern leihen. Du aber wirst von niemand borgen. Der Herr wird dich zum Haupt machen und nicht zum Schwanz und du wirst oben schweben und nicht unten liegen, darum, daß du gehorsam bist den Geboten des Herrn, deines Gottes, die ich dir heute gebiete zu halten und zu tun. Und du nicht weichst von irgendeinem Wort, daß ich euch heute gebiete, weder zur Rechten noch zur Linken, und nicht andern Göttern nachwandelst, ihnen zu dienen" (Aus 5. Mose 28).

Diese Verheißungen Gottes zeigen uns die Möglichkeit, d a ß und w i e wir überleben können. Und wie wir unter dem Segen Gottes in Zukunft besser leben können.

Die schleichende Apokalypse kann aufgehalten werden

Wenn auch die dunklen Gerichtswolken über unsere sterbende Erde, von denen die biblische Prophetie spricht, und die möglichen Katastrophen, die Umweltforscher prophezeien, ihre Schatten vorauswerfen, so scheint es doch, daß *noch nicht alles verloren ist.* Es sieht so aus, als gäbe Gott der Menschheit noch einmal eine Zeit der Gnade. Es sieht so aus, als gäbe es noch eine echte Chance zur Umkehr. Es sieht so aus, als könnte das Sterben der Erde aufgehalten werden. Konkret heißt das:

- Die Luft könnte wieder sauber werden!
- Die Flüsse und Seen müßten nicht für immer dazu verurteilt sein, Kloaken zu bleiben!
- Die Menschen brauchten nicht eines Tages im Müll ersticken!
- Der Lärm brauchte uns nicht Tag und Nacht tyrannisieren!
- Wir könnten wieder chemikalienfreie Lebensmittel essen!
- ABC-Waffen brauchten nicht eines Tages ihr alles zerstörerisches Werk beginnen!

Kurz — die sich anbahnenden Katastrophen könnten nicht nur aufgehalten, sondern unsere sterbende Welt könnte wieder genesen, schöner und lebensfreundlicher werden!

Veränderter Mensch — veränderte Umwelt

Die Vorbedingung dazu wäre allerdings die *Beseitigung der geistigen Verschmutzung des Menschen.* Sie ist möglich dadurch, daß der Mensch seinen selbstherrlichen Führungsanspruch in dieser Welt aufgibt, sich Gott unterstellt und bereit ist, die göttlichen Normen, d. h. den in den Geboten Gottes dokumentierten Willen zum Wohle der gesamten Schöpfung zu verwirklichen. Dies hätte zur Folge:

- Der Mensch würde eine n e u e D e n k w e i s e bekommen.
- Der Mensch würde eine n e u e R e d e w e i s e bekommen.
- Der Mensch würde eine n e u e H a n d l u n g s w e i s e bekommen.

Daß dies möglich ist, findet in der Heiligen Schrift beispielhaft in der Lebensumgestaltung eines Mannes seine Bestätigung. Dieser Mann hieß Levi. (Er trug später den Namen M a t t h ä u s und gehörte nach seiner Lebensumgestaltung zum engsten Jüngerkreis Jesu.) Infolge seiner geistigen Verschmutzung hatte er als Zollbeamter jener Zeit aus eigensüchtigen Motiven versucht, die Reisenden zu betrügen und zu übervorteilen, wo und wie er nur konnte. Aus Profitgier bereicherte er sich auf Kosten der anderen. Eines Tages kam Jesus am Zoll vorüber. Er sah diesen Zollbeamten. Er durchschaute sein Denken, Reden und Tun. Und sagte schließlich zu ihm: „Levi, hier darfst du nicht länger bleiben. Sonst wird es mit dir schlimmer als je zuvor. Komm und folge mir nach. Ich will dein Leben verändern." Der Zollbeamte Levi hörte den Ruf Jesu. Er erkannte die tätsächliche Situation seines Lebens und nahm die ihm von Jesus Christus gebotene Chance, von seiner geistigen Verschmutzung loszukommen, wahr! Er stand auf und folgte Jesus nach! Dann versuchte er — soweit er es noch konnte —, wiedergutzumachen, was er anderen Menschen im Laufe der Zeit angetan hatte. Der Ruf Jesu in die Nachfolge und die darauf geschehene Wiedergeburt durch den Heiligen Geist, machten aus ihm einen anderen, einen erneuerten Menschen: Er war so verändert, daß er in seinem Denken, Reden und Tun nicht mehr wiederzuerkennen war. Er erlebte an sich die Wahrheit der Zusage Gottes:

„Ich will dir ein neues Herz geben und einen neuen Geist in dein Inneres legen" (Hesekiel 36,26).

Diese Erfahrung kann ein Mensch auch heute machen. Wer sich Jesus Christus im Glauben und Vertrauen zuwendet, bekommt einen neuen, vom Geist Gottes gewirkten und geadelten Lebensstil:

□ Sein Wille wird umgewandelt.
□ Sein Denken bekommt eine neue Ausrichtung.
□ Seine Handlungsweise wird anders.
□ Seine Pläne, seine Neigungen, ja sein gesamtes Leben wird zweckerfüllt und sinnvoll, aufbauend und nicht zerstörend.

Eine neue, gottgewollte Schöpfung entsteht. Der Apostel P a u l u s bestätigt dies mit den folgenden Worten:

„Ist jemand in Jesus Christus, so ist er eine neue Schöpfung. Das Alte ist vergangen und Neues ist geworden" (2. Korinther 5,17).

Diese „neue Schöpfung" bedeutet nicht Verbesserung des Menschen, nicht Reparierung unseres schadhaften Menschseins, auch nicht Reformierung unseres Lebens. Diese „neue Schöpfung" ist vielmehr eine vom Heiligen Geist vollzogene Umwandlung und Erneuerung des Menschen. Hierbei handelt es sich also nicht um eine Tat des Menschen, sondern um eine Tat Gottes, die unvergleichlich ist.

Die neue Schöpfung Gottes verwirklicht sich jedoch im Menschen nur durch die Anerkennung Gottes und die Akzeptierung seines Willens. Das heißt konkret, daß der Mensch nicht mehr denken oder sagen kann: Gott ist tot. Er wird bekennen: Gott lebt! Er ist eine Realität! Der Mensch wird bezeugen: Jesus Christus war nicht nur Mensch. Er war und ist auch Gottes Sohn. Der Mensch

wird zutiefst davon überzeugt sein, daß die Bibel kein Buch mit
Göttersagen und orientalischen Märchen ist, sondern Gottes Wort
— verbindlich an den Menschen von gestern, heute und morgen
gerichtet. Er wird darum auch dem Worte Gottes vorbehaltlos
Glauben und Vertrauen schenken, den in der Bibel offenbarten
und niedergeschriebenen Willen Gottes akzeptieren und ihn zum
eigenen Wohl und zum Wohl der gesamten Schöpfung ausführen.

Der Mensch, der den lebendigen Gott vorbehaltlos anerkennt, auf
sein Wort hört und sich von seinem Geist in seinem Denken, Reden und Tun umwandeln und erneuern läßt, wird auch viele der
Probleme in seiner Umwelt zu lösen und zu ändern vermögen.

Eine schicksalsschwere Alternative

Wie aber wird der Mensch sich entscheiden? Wird er Gott als
Herrn seines Lebens erwählen und ihn als Herrn der Schöpfung
anerkennen? Wird der Mensch die ihm von Gott gegebene Chance
zur eigenen Veränderung und zur Veränderung der Welt wahrnehmen? Wird er mit Gottes Hilfe das Sterben der Erde
aufhalten?

Gott hat der Menschheit eine schicksalsschwere Alternative angeboten:

„Ich habe euch Leben und Tod, Segen und Fluch vorgelegt, damit
ihr das Leben erwählt und ihr und eure Nachkommen leben mögt,
auf daß ihr den Herrn, euren Gott, liebt und seiner Stimme ge-
horcht und ihm ergeben seid" (5. Mose 30,19.20).

Wenn der Mensch Gott erwählt, wählt er das von Gott zugedach-
te Leben, eine erhellte und gesicherte Zukunft — für sich und
kommende Generationen. Wenn der Mensch aber weiter in seiner
ablehnenden Haltung gegenüber Gott verharrt, geht er dem totalen Niedergang, dem unaufhaltsamen Chaos, dem endgültigen
Tod entgegen. Wenn der Mensch nicht zurückfindet zu Gott und
mit Gottes Hilfe nicht bald aufhört, seine Umwelt zu vergiften
und zu zerstören, wird sich das an seinen Kindern, Enkeln und
Urenkeln in besonders furchtbarer Weise rächen. In seinen Geboten sagt Gott:

„Ich bin der Herr, dein Gott . . ., der da heimsucht die Sünden der
Väter auf Kinder und Kindeskinder bis in die dritte und vierte
Generation" (2. Mose 20,5b).

Die Galgenfrist ist knapp bemessen

Noch hat die Menschheit von Gott eine Gnadenfrist. Noch stehen wir v o r dem Ende. Wir stehen in der „Endzeit" unserer „Frei-Zeit", in der wir noch frei entscheiden und wählen können. Aber wie lange noch?

Der namhafte Umweltforscher und Biologe Dr. B a r r y C o m - m o n e r sagt:

„Wir haben noch eine Galgenfrist, in der wir unsere Umwelt vor der endgültigen Zerstörung durch uns selbst bewahren können. In 25 oder 30 Jahren wird es kein Zurück mehr geben." [127]

Zu den wenigen hervorragenden Wissenschaftlern unserer Epoche, die zugleich die sozialen Zusammenhänge und die Gefahren des modernen Fortschritts erkannt haben, gehört Dr. med. habil. B o d o M a n s t e i n. Er schreibt:

„Es geht um die nackte Existenz dieser und noch mehr der näch-sten Generation. Es stehen uns bestenfalls noch 10 oder 15 Jahre zur Verfügung (eine Änderung herbeizuschaffen), was sich be-sonders die hinter die Ohren schreiben sollten, die zwar so tun, als ob sie den Ernst der Situation begriffen hätten, aber es an wirksamen Maßnahmen in Staat und Wirtschaft fehlen lassen." [128]

Der bekannte Journalist U l r i c h S c h i p p k e gibt der Mensch-heit noch weniger Zeit. In einer zehnseitigen Reportage in der Illustrierten „Stern" fragt er unter dem Titel „Die Vergiftung der Erde" u. a.:

„Wird es gelingen, den drohenden Selbstmord der Erde zu ver-hindern? Wir haben noch 10 Jahre Gnade, eine Änderung zu schaffen."

Die warnenden Stimmen namhafter Persönlichkeiten der Gegen-wart ließen sich leicht vermehren. Im Blick auf die Vielzahl sach-lich übereinstimmender Aussagen zu der knapp bemessenen Zeit-spanne, die wir noch haben, das drohende Unheil abzuwenden, legte ich dem Naturwissenschaftler Dr. I m m a n u e l S ü c k e r die Frage vor:

„Zahlreiche Politiker, Wissenschaftler, Futurologen und Schrift-steller erheben warnend ihre Stimme und sagen, daß wir auf dem besten Wege sind zur Selbstmordgesellschaft von morgen. Was meinen Sie dazu?"

Dr. Sücker antwortete:

„Es ist höchste Zeit, daß wir nicht mehr gedanken- und verant-wortungslos nur auf die Erhöhung des Lebensstandards bedacht sind und dadurch die Lebenschancen unserer Nachkommen gefährden. Durch weltweite Maßnahmen gilt es, die Katastrophe einer unheilbaren Schädigung allen Lebens auf unserem Planeten abzuwenden. Mit Recht hat kürzlich ein deutscher Bundesminister den Umweltschutz als eine Lebens- und Existenzfrage der Menschheit bezeichnet."

Noch können wir die Katastrophe abwenden. Es liegt an uns. Die Galgenfrist, die wir haben, ist allerdings knapp bemessen.

1. Bildseite
Was nützt uns das „Dogma" der Futurologie vom „Wachstum der Städte",
wenn unsere Städte sich in steinerne Dschungel verwandeln, in denen Gewalt,
Haß, Verderben und Untergang herrschen, und Menschen in Schmutz erstikken? (Foto Robert Holder)

2. Bildseite
Was nützt uns eine immer kürzere Arbeitszeit, wenn die dadurch gewonnenen
Stunden auf verstopften Straßen und in vergifteter Luft verlorengehen?
(Foto Werner H. Müller)

3. Bildseite
Zu den wichtigen Aufgaben der Wissenschaft gehört, exakte Werte für die Sau-
berkeit von Wasser, Luft etc. festzulegen, die nicht von wirtschaftlichen oder
politischen Interessen beeinflußt werden dürfen, sondern bestimmt sein müssen
vom Kreislauf der Natur und dem Gesundheitsinteresse der Bevölkerung.
(Foto Dr. Wolff & Tritschler)

4. Bildseite
„Es fiel ein Mensch unter die Räuber . . ." (Lukas 10, 30). Die Not, das Unrecht,
die Gewalt, die Menschen heute einander zufügen und erleiden, dürfen uns
nicht kaltlassen. Wir dürfen vor dem Menschen in Not unsere Augen und Oh-
ren und vor allem unser Herz nicht verschließen. (Foto magnum laenderpress)

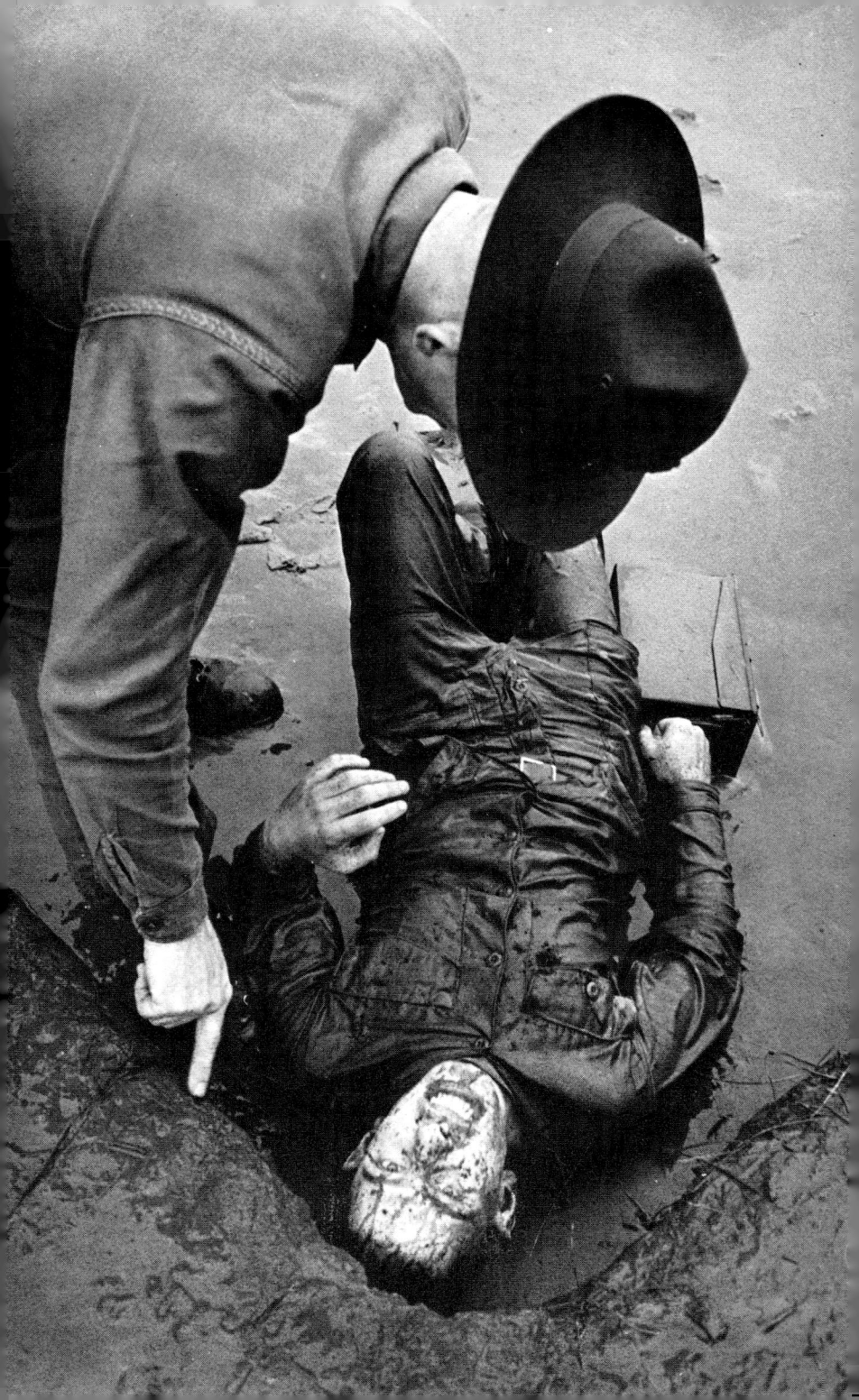

2. Ein neues Umwelt- und Lebensbewußtsein

Zurück zur Schöpfung Gottes

Eine Änderung der Lebens- und Umweltbedingungen auf dieser Erde zum P o s i t i v e n hin, scheint tatsächlich m ö g l i c h zu sein. Das drohende Unheil kann abgewendet oder zumindest aufgehalten werden, wenn wir aus der Erkenntnis, daß es morgen zu spät sein kann, weitreichende Konsequenzen ziehen. Denn in der Konsequenz liegt die Chance zur Überwindung des Tragischen und zu einer Beherrschung oder rechtzeitigen Verhinderung des erkannten Unheils.

Deshalb die wichtige Frage: *Was können wir konkret tun, die Chance für eine Veränderung der Lebens- und Umweltbedingungen auf unserem Planeten wahrzunehmen?*

Wegweisend für die Beantwortung dieser Frage mag ein Ausspruch des bekannten Physikers Prof. A l b e r t E i n s t e i n (1879 —1955) sein:

„Ein neues Denken ist notwendig, wenn die Menschheit weiter bestehen will!"

Was heißt das übertragen auf die heutige Situation?

1. *Wir brauchen ein neues Gottes- und Umweltbewußtsein!* Wir haben uns klarzumachen, daß Gott der Herr der Schöpfung ist und nicht wir! W i r sind nur T e i l der Schöpfung. Nach der Sintflut schloß Gott mit seiner Schöpfung, einschließlich des Menschen, einen Bund:

„Ich schließe mit euch einen Bund und mit euren Nachkommen, mit allen lebenden Tieren bei euch, mit Vögeln, mit Vieh und mit allen Tieren auf Erden..." (1. Mose 9,9.10).

Dieser Bund Gottes mit der Schöpfung hat auch für den Menschen von heute verpflichtenden Charakter. Er verpflichtet uns, Gottes Schöpfung zu ehren, zu pflegen, zu erhalten. Das bedingt ein Abrücken von der eigenen Ichhaftigkeit und ein Zurück zu Gott. Ein Zurück zu Gott schließt gleichzeitig auch ein Zurück zur Schöpfung Gottes ein. Ein Zurück zur Schöpfung Gottes bewirkt schließlich ein neues Umweltbewußtsein. Dieses neue Umweltbewußtsein zielt ab auf den Lebens- und Umweltschutz, der folgendes umfaßt:

■ Schutz vor Krankheit und Gesundheitsschäden, die durch die Zivilisation und die sie begleitende Technik entstanden sind und entstehen.

■ Schutz vor Hunger.

■ Schutz vor Nahrungsmitteln, die der Gesundheit abträglich sind.

■ Schutz vor gesundheitsschädlichen Fremdstoffen in der Nahrung.

■ Schutz vor weiterer Verzerrung des natürlichen Gleichgewichts, insbesondere der Bodenflora und Bodenfauna.

■ Schutz vor Bodenverseuchung, insbesondere durch Pflanzenschutzmittel und radioaktive Isotope.

■ Schutz vor manipuliertem Trinkwasser mit Überchlorierung oder medikamentösem Fluor.

■ Schutz vor Zivilisationsdrogen, wie Aufputsch-, Beruhigungs- und Schlafmitteln.

■ Schutz vor den radioaktiven Isotopen aus der Atomspaltung.

■ Schutz vor den negativen Eventualitäten der Atomreaktoren.

■ Schutz vor leichtfertiger Anwendung der atomenergetischen Lebensmittelbestrahlung.

■ Schutz vor toxischen (giftigen) Gefahren indirekter und direkter Art, insbesondere vor den Antibiotika außerhalb der medikamentösen Anwendung, vor den krebserregenden und bleihaltigen Autoabgasen, vor der Luftverpestung durch Zigarettenrauch.

■ Schutz vor akustischer und optischer Überbelastung.

■ Schutz vor Zerstörung einer erholsamen Umwelt.

■ Schutz vor unverantwortlichen Eingriffen in die Natur und Landschaft.

■ Schutz vor grausamen Tierquälereien und Tiermord.

■ Schutz vor propagandistischer irreführender Beeinflussung der Massen.

■ Schutz vor den immensen Gefahren, die mit der verstärkten Supertechnisierung der nahen und der ferneren Zukunft einhergehen.

■ Schutz vor der Kommerz-Technokratie, deren Auswirkungen wir schon deutlich zu spüren bekommen.[129]

Dieser Lebens- und Umweltschutz bedarf einer umfassenden Einführung in das Bewußtsein j e d e s Menschen.

Nicht weitere Steigerung des Wohlstandes, sondern bessere Wohlfahrt

2. Die Schäden, die der Mensch sich und seiner Umwelt, einschließlich seines Nächsten, zugefügt hat und gegenwärtig weiterhin zufügt, dürfen nicht mehr bagatellisiert werden, indem man sie als den „Preis" nennt, den der Mensch eben für den Fortschritt bezahlen müsse. Es wird vielmehr sorgfältig abgewogen werden müssen, ob wissenschaftlicher, wirtschaftlicher, kultureller, technischer und militärischer Fortschritt das Gleichgewicht auf der Welt so stören, daß der Aufwand für seine Wiederherstellung größer ist als der Gewinn durch den Fortschritt. Denn es kann und darf nicht Fortschritt um des Fortschrittes willen geben, sondern nur einen Fortschritt zum Wohle des Menschen und seiner Umwelt. Jeder Fortschritt ist absurd, wenn er die Umwelt zerstört oder entstellt, die Lebensbedingungen des Menschen denaturiert und die menschliche Gesundheit untergräbt. Dafür eine Reihe von Überlegungen:

Was nützt uns das „Dogma" der Futurologie vom „Wachstum der Städte", wenn unsere Städte in Zukunft „ihr Wesen so verändern, daß sie nicht mehr Orte des Friedens, des Wohlbefindens, des erfüllten Lebens sind, sondern sich in steinerne Dschungel verwandeln, in denen Gewalt, Haß, Verderben und Untergang herrschen, die in Schmutz ersticken, die in Subkulturen der Kriminalität, des Rauschgiftes, der Fluchtbewegungen zerfallen ...?"[130]

Was nützen uns Motorisierung, Umgehungsstraßen, Stadtautobahnen, wenn sie auf Kosten der Grünanlagen und Erholungsflächen angelegt werden und „mit jeder Million Mark, die wir in den Straßenbau stecken, die Städte ihrem (inneren) Tod näherbringen"?[131]

Was nützt uns eine immer kürzere Arbeitszeit, wenn die dadurch gewonnenen Stunden auf verstopften Straßen und in vergifteter Luft verlorengehen?

Was nützen uns Balkon, Veranda und Garten, wenn durch die über der Stadt liegende Dunstglocke die Sonnenstrahlen bis zu 50 Prozent abgeschwächt werden, wenn Ruß- und Staubteilchen unsere Wäsche verschmutzen und uns den Aufenthalt im Freien verleiden?

Was nützen uns Kinderspielplätze, Sportanlagen und Parks, wenn man dort wegen der in der Luft enthaltenen Giftgase und Staubteilchen kaum zu atmen wagt?

Was nützen uns Seen, Bäche und Flüsse, wenn sie durch Abwässer aus Haushalt und Industrie zu Kloaken werden und ein Baden in ihnen wegen Gesundheitsgefährdung verboten ist.

Was nützen uns die schönsten und zweckmäßigsten Wohnungen, wenn wir durch den Straßenlärm nicht mehr schlafen können oder durch laute Geräusche aus der Nachbarwohnung empfindlich belästigt werden?

Was nützen uns die Massenmedien, wenn sie uns in unserem Denken, Reden, Tun und in unserem Lebensrhythmus aufs gemeinste manipulieren oder sogar total beherrschen?

Was nützen uns schön aussehende, von Krankheitserregern befreite und haltbar gemachte tierische oder pflanzliche Nahrungsmittel, die zum größten Teil nachweislich die verschiedensten Giftstoffe enthalten und mit großer Wahrscheinlichkeit unserer Gesundheit im Laufe der Zeit schaden?

Was nützt uns, wenn Wissenschaftler im Blick auf die Luft- und Wasserverschmutzung, der radioaktiven Verseuchung unserer Umwelt und der vielseitigen Chemisierung unserer Nahrungsmittel von einer derzeit noch „akzeptierbaren Dosis" sprechen? W a s ist denn eine „akzeptierbare Dosis"? Und w e r legt sie fest? Nach w e l c h e n N o r m e n wird sie festgelegt? Nach Normen, die an Profitgier und am Experimentierdrang der Forschung orientiert sind? Oder nach Normen, die in erster Linie die Gesundheit des Menschen und das Gleichgewicht der Umwelt im Blickfeld haben und von ihnen bestimmt werden?

Was nützt uns die Weltraumfahrt, wenn durch die Milliardenbeträge, die wir dadurch den unterentwickelten Völkern vorenthalten, Millionen von Menschen weiterhin dahinvegetieren und Hunderttausende von ihnen den Hungertod sterben?

Was nützen uns ABC-Waffen und eine weitere Vervollkommnung der Waffentechnik zur angeblichen „Sicherung des Friedens" und zum „Gleichgewicht der Kräfte", wenn in jedem Augenblick durch eine Wahnsinnstat, durch eine Fehlkalkulation o. a. das apokalyptische Inferno ausgelöst werden kann?

Was nützt uns ein immer höherer Lebensstandard, wenn zugleich unsere Lebensqualität immer schlechter wird?

Wer heute noch im Blick auf Luft, Wasser, Lärm, Müll, Chemisierung der Lebensmittel, Ausbeutung der Rohstoffreserven, der Lebensqualität und der Spannungen unter den Völkern der Welt sagt — was einst biblische Spötter sagten —: *„Es ist Friede und keine Gefahr!"* redet im höchsten Grade verantwortungslos und frevelhaft. Erst wenn wir aufwachen, unsere Augen und Ohren vor der Wirklichkeit nicht verschließen, aufhören, die drohenden Gefahren herunterzuspielen und beginnen, sie ernst zu nehmen, kann es noch einmal zu einer hoffnungsvollen Zukunft kommen — andernfalls wird der „Preis", den wir zu zahlen haben werden, eine zerstörte Zukunft sein, eine degenerierte Welt, die für uns und unsere Kinder lebensunwert sein wird.

Neues Gleichgewicht durch neue Konzepte

3. *Es darf kein „Vorwärts" mehr geben zu einer „wildwüchsigen", sondern nur ein „Vorwärts" zu einer streng beherrschten Technologie im Dienste der Menschheit.* Denn „unsere technologische Entwicklung hat einen Stand erreicht, in dem wir es uns nicht mehr leisten können, jede neue Technologie schon dann in die Wirklichkeit umzusetzen, wenn sie den Beteiligten Profit und Prestige verspricht".[132]

Das bedeutet nicht, daß wir uns zu pseudo-revolutionärer Industriefeindlichkeit oder zu einem romantischen Rückzug auf die Natur bekennen müßten. Wir werden als Gesellschaft vielmehr jede neue Technologie auf ihre sozialen Auswirkungen und auf ihre Umwelt prüfen müssen. Die Suche nach einem neuen Gleichgewicht wird uns also als Menschen an der Schwelle zum 21. Jahrhundert nicht erspart bleiben — einem Gleichgewicht zwischen unserer Zivilisation und der Welt, aus der wir kamen.

4. *Es wird nicht mehr nur auf die kurzfristigen Nutzwerte bei der Ausbeutung der Naturgüter geschaut, sondern auf die langfristigen Lebenswerte.* Denn was nützen uns alle gegenwärtigen Annehmlichkeiten der modernen Wohlstandsgesellschaft, wenn uns morgen „die Luft ausgeht" und „der Dreck bis zum Halse steht", wenn die lebenswichtigen Rohstoffe unserer Erde in geradezu krimineller Weise ausgebeutet und erschöpft worden sind? Deshalb nicht nur Fürsorge für heute, sondern auch Vorsorge für morgen. Das bedingt die Bereitschaft zum Verzicht auf ein noch bequemeres Leben, vor allem, wenn es um den Raubbau an lebenswichtigen Naturgütern geht, die nicht rasch ersetzbar sind oder nur langsam regeneriert werden können.

5. *Der Gedanke „Wie können wir möglichst schnell viel produzieren" darf für unsere Produktion nicht mehr bestimmend sein, sondern der Gedanke „Wie können wir bessere und sinnvollere Produkte zum Wohle der Menschheit schaffen" muß vorrangig werden.* Also weniger „Dinge", dafür mehr „Annehmlichkeiten"! Weniger Quantität, dafür bessere Qualität! Von dieser Zielsetzung her muß das Konzept der Produktion bestimmt sein. Das ist

verständlicherweise leichter gesagt als getan. Denn unser Gesellschafts- und Wirtschaftssystem belohnt die Ausbeutung der Bodenschätze, die Erhöhung der Produktion, das Maximum des Gewinns. Sie belohnt Quantitäten, nicht Qualitäten. Das muß unbedingt anders werden! Dazu bedarf es allerdings einer tiefgreifenden Änderung unserer bisherigen Denkweise und Wertmaßstäbe.

6. *Der Glaube an ein unbegrenztes wirtschaftliches Wachstum und an ein besseres Leben auf Erden durch immer mehr sich steigernden Konsum und Wohlstand, darf nicht mehr länger aufrechterhalten werden.* Denn „Mehr ist nicht mehr automatisch besser. Lebensstandard ist nicht gleich Lebensqualität. Ja die Lebensqualität sinkt offenkundig bei steigendem Konsum. Unser System produziert an den wirklichen Bedürfnissen vorbei. Es lenkt unsere Kräfte auf die Gebiete, die Zuwachs und Rendite versprechen . . ."[133]
Das muß in Zukunft anders werden!

Andernfalls wird uns der zunehmende Komfort in den sicheren Ruin führen. Je höher nämlich der Lebensstandard, um so verhängnisvoller sein möglicher Zerfall.
Schon heute stößt das wirtschaftliche Wachstum auf gewisse Gren-

(Foto Werner H. Müller)

zen. Eines Tages kann die Natur dem gänzlich Einhalt gebieten: Durch Erschöpfung ihrer Reserven.

Oder es kommt beim Menschen zu katastrophalen gesundheitlichen Schäden und zu ethischen Verfallserscheinungen unvorstellbaren Ausmaßes. Bereits in der gegenwärtigen Situation sind mehr als Ansätze dafür vorhanden! Durch den immer mehr sich steigernden Lebensstandard sind schon zahlreiche physische, psychische und gesellschaftliche Folgen erkennbar — wie Bewegungsmangel, Fettsucht, Gefäßerkrankungen, beruflicher Streß — Unzufriedenheit, Angst, Mißtrauen, Depressionen, Selbstmord — Ausbeutung, Konkurrenzkampf, Aggressivität, Kriminalität und anderes.

Auf die Folgen eines übersteigerten wirtschaftlichen Wachstums hat bereits der Apostel P a u l u s hingewiesen:

„Wenn wir Nahrung und Kleidung haben, sollte uns das genügen. Wer unbedingt reich werden möchte, gerät in Versuchung. Er verfängt sich in dummen und schädlichen Wünschen, die ihn zugrunde richten und ins ewige Verderben stürzen. Denn Geldgier ist eine Wurzel alles Bösen. Manche waren so auf Geld versessen, daß sie ... sich selbst viel Not bereitet haben" (1. Timotheus 6, 8—10).

Dieses apostolische Wort sollte dem Trend nach weiterem uneingeschränkten persönlichen und kollektiven wirtschaftlichen Wachstum eine Grenze setzen und Einhalt gebieten. Es sollte uns von der Gier nach mehr Konsum, nach höheren Gehältern, nach höherem Profit befreien. Das Teufelsrad des unersättlichen Materialismus darf sich nicht so weiterdrehen wie bisher, wenn wir nicht in zunehmender Weise geistige, seelische und körperliche Schäden davontragen wollen. Die persönliche und gesellschaftliche Gesundheit muß in der Skala unserer sozialen Stellenwerte unbedingt wieder den ersten Platz einnehmen.

7. *Das Zukunftsbewußtsein des Menschen darf nicht nur in egoistischer Weise auf das eigene Sterbegeld, die eigene Lebensversicherung, die gute Ausbildung der eigenen Kinder ausgerichtet sein, sondern muß auch den Nächsten mit einschließen, sein Leben, sein Wohlergehen, seine Zukunft.* Der Nächste kann und darf uns nicht gleichgültig sein. Weil kein Mensch Gott gleichgültig ist: „Gott läßt seine Sonne aufgehen über die Bösen und über die Guten ..." (Matthäus 5,45). Darum sollten wir den „Platz an der Sonne" allen Menschen gönnen. Wir sollten ihn für alle in uneigennütziger Weise „erkämpfen". Denn wir und unsere Kinder werden nur dann eine glückliche Zukunft haben, wenn der Näch-

ste sie auch hat. Andernfalls wird es zum „Krieg aller gegen alle" um reine Luft, sauberes Wasser, genießbare Nahrungsmittel, besseren Lebensstandard und größere Zukunftssicherung kommen. Damit aber würde sich die Menschheit das Ende ihrer Zukunft bereiten.

Mit einigen Ausführungen des bekannten Historikers Kurt R. Spillmann seien diese Überlegungen zusammengefaßt:

„Die Ökologie [134] zwingt uns, unseren Standort in der Geschichte neu zu überprüfen. Die uralte Tradition von der Sklavenstellung der Natur hat uns ebenso sorglos gemacht wie der Glaube an die Unerschöpflichkeit und Unerschütterlichkeit der Natur. Beide Annahmen müssen revidiert werden. Der Weg des Fortschritts zur ‚besseren Welt' der Zukunft hat uns nahe an den Abgrund der Selbstzerstörung geführt. Wir dürfen den bisherigen Wegweisern nicht mehr glauben. Unser Glaube an die Dinge als Symbole des Aufstiegs war blind und hat uns gehindert, ihre Unwichtigkeit mit der Großartigkeit und Schönheit der Natur zu vergleichen. Es ist Zeit, daß wir die Augen öffnen. Und schließlich ist es Zeit, daß wir unseren Thron der Selbstgerechtigkeit im Zentrum der Welt verlassen und uns zur Demokratie aller Lebewesen bekennen." [135]

Einer veränderten Denkweise, die das Lebensrecht der Natur, der Kreatur und des Menschen respektiert, wird sodann eine veränderte Handlungsweise folgen müssen mit konkreten weltweiten Aufgaben.

3. Die Menschheit vor weltweiten Aufgaben

Aufgaben des Staates

Der Staat hat die Aufgabe, durch entsprechende Gesetze der zunehmenden Umweltzerstörung, Umweltverschmutzung und Lebensbedrohung Einhalt zu gebieten und Vorsorge zu treffen für eine bessere Zukunft seines Volkes.

Zahlreiche Industriestaaten der Welt sind auf diesem Gebiet bereits tätig. Auch die Bundesrepublik. Seit einiger Zeit arbeitet die Bundesregierung an einem großangelegten Umweltprogramm, an dem Hunderte von Experten tätig sind.[136] Verschiedene Gesetze sind in Vorbereitung, u. a. ein neues Lebensmittelschutzgesetz. Sie sollten schnellstens verabschiedet werden. Zahlreiche weitere Gesetze zum Umwelt- und Lebensschutz mit strengen Ausführungsbestimmungen müssen unbedingt baldigst folgen.

Der Staat sollte es sich zur Aufgabe machen, durch entsprechende Gesetze alle Umweltverschmutzer vom Industriekonzern bis zum Eigenheimbesitzer, vom Tankerkönig bis zum einzelnen Autofahrer zu zwingen, strengere Reinheits- und Lebensschutzvorschriften einzuhalten. Nämlich Abgase zu entgiften, Abwässer zu klären, den Lärm zu vermindern ... Der Staat sollte Produkte, die die Umwelt verschmutzen, entweder verbieten, erheblich einschränken oder empfindlich besteuern. Das hieße beispielsweise: Autos werden nicht nach Hubraum oder PS besteuert, sondern nach Abgasen, Lärmbelästigung und Straßenverschleiß. Die Autoindustrie würde sehr schnell entsprechende andere Kraftwagen entwickeln und produzieren. Heizöl müßte nach Schwefelgehalt besteuert werden. Wer entschwefeltes Öl kauft, wird steuerbegünstigt. Wer billiges Öl heizt und die Luft verpestet, zahlt erheblich mehr Steuern. Wer unnötigerweise und im hohen Grade die Luft verpestet, das Wasser verunreinigt, Lärm verursacht, Nahrungsmittel „vergiftet" und aus Profitgier den Raubbau an der Natur betreibt, sollte vom Gesetzgeber nicht nur erheblich besteuert, sondern auch empfindlich bestraft werden. Auf jeden Fall müßte aber der Umweltsünder die Kosten für die Beseitigung der Verunreinigungen oder Zerstörungen tragen.

Jedes Vorgehen, das umweltzerstörende und gesundheitsgefährdende Folgen haben könnte, darf der Staat nicht mehr dulden, sondern muß es als kriminelles Vergehen gerichtlich verfolgen.

Aber noch immer tut man sich in demokratischen Ländern schwer mit der Verabschiedung und Praktizierung von Gesetzen, die dem Umwelt- und Lebensschutz dienen. Mächtige Wirtschaftsinteressen, politische Überlegungen und andere Faktoren wirken sich vielfach hemmend aus auf die Durchsetzung notwendiger politischer, gesellschaftlicher und umweltfreundlicher Gesetze und Reformen. Aber jede Verhinderung, ja jede unnötige Verzögerung lebensnotwendiger Reformen und jede laxe Ausführung von Bestimmungen bereits bestehender Gesetze im Bereich des Lebens- und Umweltschutzes können eines Tages zu verheerenden Folgen führen. Sie können zu spät kommen. Sie können nicht mehr die gewünschten Erfolge haben. Die Wahrheit, die einst der antike Dichter H o r a z (65—8) aussprach, gilt darum auch heute nach wie vor ohne Einschränkung:

„Was die Herrscher freveln — büßen die Bürger!"

Das darf jedoch so nicht weitergehen wie bisher. Darum sollte jeder Bundesbürger von seinem Recht (und von seiner Pflicht!) Gebrauch machen und den Kandidaten, den er in das Stadtparlament, den Kreis-, Land- oder Bundestag gewählt hat, nachdrücklich auffordern, sich energisch und tatkräftig für die Vorbereitung, die schnelle Verabschiedung und die Einhaltung und Durchführung von Gesetzen zu verwenden, die den Lebens- und Umweltschutz betreffen.

Darüber hinaus wird es höchste Zeit, daß sich die Gesundheitsbehörden ernstlich mit unserem Speisezettel befassen. Die Lebensmittelzusätze in unseren Nahrungsmitteln müssen auf ihre Gesundheitsgefährdung ständig überprüft werden. Diese „Einmischung des Staates" kann ebenso in Form einer intensiven ärztlich-wissenschaftlichen Beratung erfolgen, wie auch durch eine sorgfältige Kontrolle der auf den Markt gebrachten Lebensmittel. Ein staatliches Lebensmittelgesetz müßte grundlegende Änderungen schaffen für die zukünftige Nahrungsmittelproduktion und Nahrungsmittelbehandlung. Verstöße gegen dieses Gesetz sollte der Gesetzgeber durch Strafen ahnden. Schon unter dem deutschen Kaiser K a r l d e m V. (1500—1558) drohten Nahrungsmittelfälschern Rutenschläge. In schwerwiegenden Fällen sogar die Todesstrafe. Soweit wird der Gesetzgeber nicht gehen. Aber Verstöße gegen die Volksgesundheit wird er mit geeigneten demokratischen Mitteln des Rechtsstaates zu begegnen haben. Der Verbraucher hat das Recht, vom Staat vor der Schädigung seiner Gesundheit durch Gewinnsucht und Interessenvertretungen geschützt zu werden. Denn Verbraucherschutz ist Lebensschutz!

Staatliche Subventionen für Wissenschaft, Wirtschaft und Industrie sollten nur noch zur konstruktiven Erhaltung des Lebens und unserer Umwelt gezahlt werden.

Die staatliche Bildungspolitik sollte den Umwelt- und Lebensschutz zum ordentlichen Lehrfach an den allgemeinen und berufsfördernden Schulen machen und zum Studienfach an den Universitäten.

Aufgaben der Wissenschaft

Die Wissenschaft braucht mehr Einsichten in die wirklichen Beziehungen der Lebensgemeinschaften in der Natur. Denn wie wenig sie wirklich von dem Kreislauf der Natur weiß (oder wissen will) zeigt folgendes krasses, aber eindrucksvolles Beispiel:

Die Weltgesundheitsorganisation (!) schickte vor einiger Zeit ein von der Wissenschaft entwickeltes Insektenbekämpfungsmittel zur Mückenbekämpfung nach Borneo. Was die Mücken anbetraf, so wirkte es wunderbar, aber von den Kakerlaken dort blieb ein Teil am Leben. Die in den Strohdachhütten lebenden Eidechsen fraßen diese Kakerlaken mitsamt dem Gift, das sich in deren Körpern angereichert hatte. Das Insektizid machte sie schwerfällig, so daß sie eine leichte Beute der Katzen wurden, die prompt eingingen. Der Ausfall der Katzen führte zu einer Rattenplage, die wiederum die Gefahr von Seuchen heraufbeschwor. Außerdem hatte das Insektenmittel einen Parasiten ausgerottet, der von Raupen lebt. Die Folge war ein Überhandnehmen der Raupen. Und da diese sich vom Dachstroh der Hütten nähren, fielen bald die Dächer ein.[137]

Die Wissenschaft sollte in Zukunft vor jedem planmäßigen Eingriff in die Natur aufs sorgfältigste prüfen, ob sie nicht dadurch folgenschwere „Kettenreaktionen" im Naturhaushalt auslöst, die vielleicht schlimmer sind als das vorgenannte Beispiel zeigt.

Eine wichtige Aufgabe der Wissenschaft wird sein, exakte Werte für die Sauberkeit von Luft, Wasser u. a. festzulegen. Die Festlegung dieser wissenschaftlichen Werte darf nicht von wirtschaftlichen oder politischen Interessen beeinflußt werden, sondern muß von den Lebensbedingungen der Pflanzen- und Tierwelt, der Selbstreinigungskraft und Regenerierung des Naturhaushalts und vom Gesundheitsinteresse der Bevölkerung bestimmt sein.

Aufgaben der Technik

Die Technik sollte sich in Zukunft mehr lebens- und naturfreundlicher einstellen. Sie sollte nicht nur Geräte und Maschinen für ein bequemeres Leben schaffen, sondern uns auch durch geeignete technische Vorrichtungen vor der weiteren Zerstörung unserer Umwelt und unserer Gesundheit schützen.

Wir brauchen verbesserte Meßgeräte für exakte Messungen auf dem Gebiet der Umweltverschmutzung und Umweltzerstörung. Wir brauchen vermehrt mit Fernseh- und Infrarotkameras ausgerüstete Testgeräte und Testwagen, „Super-Umweltschnüffler", die Verschmutzungen von Luft und Wasser nicht nur genau messen, sondern sie auch über weite Entfernungen exakt lokalisieren.

Wir brauchen Warnsysteme in Betrieben und in den Städten, die Arbeiter und Bevölkerung rechtzeitig auf die Ballung von gesundheitsgefährdenden Giftstoffen in der Luft (Smog etc.) warnend hinweisen.

Wir brauchen verbesserte schallschluckende, giftstoffreduzierende und unfallverhindernde Einrichtungen in Wohnhäusern, in Betrieben und zwischen den Häuserschluchten unserer Großstädte.

Wir brauchen aber auch neue Techniken zur Aufbereitung und Wiederverwendung aller Stoffe, die wir heute wegwerfen. Die Abfälle der Superzivilisation könnten dadurch in den Produktionskreislauf zurückgebracht werden, was auch das Versiegen wichtiger Rohstoffquellen auf längere Zeit hinausschieben würde.

Aufgaben der Wirtschaft

Die Wirtschaft sollte ihre Produkte nicht mehr mit der bislang üblichen, überwiegend am Profit orientierten Zielstrebigkeit zu Markte tragen, sondern sie in den Dienst der menschlichen Bedürfnisse und der menschlichen Wohlfahrt stellen. Das würde zur praktischen Folge haben, daß Millionen von Menschen nicht mehr in einen profitbezogenen Wirtschaftsprozeß eingespannt werden und die Umwelt nicht mehr bis zur Rohstoffknappheit ausgenutzt oder anderweitig bis zum Generalstreik gereizt wird.

Die Wirtschaft sollte weitgehendst auf die Verwendung von hohen Dosen schädlicher Chemikalien bei der Produzierung und Haltbarmachung von Nahrungsmitteln verzichten, auch wenn dadurch ihre Gewinnspanne erheblich sinkt. Was nützt der Volkswirtschaft ein höherer Gewinn, wenn er letztlich zu Lasten der Volksgesundheit geht. Darum sollte der Produktion von biologischen Nahrungsmitteln der Vorrang gegeben werden. Der Verbraucher wird gern bereit sein, für biologische Nahrungsmittel, die ohne Chemikalien und andere Schadstoffe produziert wurden, mehr Geld auszugeben.

Die Wirtschaftswerbung sollte sich der anheizenden Konsumtricks und Kaufzwänge nicht nur Mäßigung auferlegen, sondern sogar enthalten. Ihre Verkaufspsychologen dürfen die Verbraucher nicht mehr einem Verkaufsterror aussetzen, sie bewußt manipulieren oder „für dumm verkaufen" — wie es beispielsweise an entsprechender Stelle in diesem Buch aufgezeigt wurde.

Die Zigarettenwerbung darf nicht nur eingeschränkt, sondern sollte schnellstens ganz eingestellt werden. Denn der „Genuß ohne Reue" ist lebensgefährlich. Darum plädiere ich dafür, daß die Zigarettenindustrie ihre Produktion ganz einstellt. Da sie aber ihre Produktion weder einstellen wird noch kann, weil Millionen von Menschen in aller Welt zigarettensüchtig sind, sollte sie aus Verantwortung für das Leben vieler Menschen wenigstens auf ihren Zigarettenpackungen auf die gesundheitliche Gefährlichkeit des Rauchens hinweisen.

Aufgaben der Völker

Die westlichen Industrieländer werden in Zukunft ungeheure Summen aufbringen müssen, um wenigstens auf Teilgebieten der Umweltvergiftung und Zerstörung Einhalt zu gebieten bzw. bereits vorhandene Schäden wiedergutzumachen — soweit dies überhaupt noch möglich sein wird. Allein an wasser- und abfallwirtschaftlichen Maßnahmen werden in der Bundesrepublik bis zum Jahre 2000 mindestens 230 Milliarden DM aus Steuergeldern aufgewendet werden müssen. Nach Berechnungen des Bundesinnenministeriums in Bonn wird in Zukunft jeder Bundesbürger jährlich mindestens 150 Mark für den Bau von Anlagen zum Umweltschutz und ihre Betriebskosten zu zahlen haben. Entsprechend ähnliche Ausgaben werden die Bewohner unserer Nachbarstaaten aufbringen müssen. Und diese Kosten werden empfindlich steigen. Aber sie werden längst nicht so hoch sein wie Arztrechnungen, verseuchte und verkrüppelte Menschenleben und die Zerstörung unserer Umwelt.

Da die Umweltgefährdung heute das Leben aller Menschen und Völker und Staaten betrifft, müssen geeignete Gegenmaßnahmen über die Ländergrenzen und über die verschiedenen Gesellschaftssysteme (Kommunismus und Kapitalismus) hinweg ergriffen werden. Dafür zwei Beispiele: Wird die Elbe bei Dresden verschmutzt, dann ist sie auch in Hamburg verschmutzt. Die mit gefährlichen Giftstoffen angereicherten Luftmassen über dem Ruhrgebiet können auch die Luft über den Beneluxstaaten, den skandinavischen Ländern und verschiedenen Ostblockstaaten erheblich verpesten.

Darum ist Umweltschutz eine weltweite Aufgabe. Zaghafte Ansätze für gemeinsame Maßnahmen zwischen einzelnen Ländern sind bereits vorhanden. Ein erster wichtiger Schritt zur weltweiten Lösung des Umwelt- und Lebensschutzproblems war die Durchführung der UNO-Umweltschutzkonferenz im Juni 1972 in Stockholm. (Die Sowjetunion und fünf andere osteuropäische Staaten boykottierten allerdings die Konferenz, weil die DDR als gleichberechtigter Konferenzpartner nicht teilnehmen durfte.) Die Ergebnisse dieser Konferenz wurden in einer 23 Punkte umfassenden Umweltschutz-Deklaration (Deklaration on the Human Environment) niedergelegt.

Eine weltweite, umfassende Bevölkerungsplanung wird vordringlich durchgeführt werden müssen, andernfalls wird die biologische Explosion nicht mehr aufzuhalten sein. Denn mehr Menschen auf der Welt heißt: mehr Bedarf — mehr Industrie — mehr Rohstoffe — mehr Nahrungsmittel — mehr Umweltverschmutzung — mehr Krankheit — mehr Kriege — mehr Hunger — mehr Todesfälle.

Dem Haß und der Feindschaft zwischen den Völkern, Rassen und Nationen sollte abgesagt und eine friedliche Koexistenz angestrebt werden, mit dem Ziel, selbst in Frieden zu leben und andere in Frieden leben zu lassen. Damit wäre verbunden die Einstellung des Wettrüstens, das wiederum zur Folge hätte, daß erhebliche Mittel frei würden (mindestens 720 Milliarden DM jährlich!), die es erlaubten, für die gesamte Menschheit lebenswichtige Maßnahmen zu ergreifen. Namentlich sei hier nur etwa genannt eine weitgehende Beseitigung bzw. Verhinderung der Umweltverschmutzung und Umweltzerstörung, die Verwirklichung umfangreicher Projekte im Bereich der Kultivierung natürlicher Hilfsquellen wie z. B. die riesigen Rohstoffreserven der Weltmeere und des Meeresbodens.[138]

Aufgaben über Aufgaben, die auf ihre Bewältigung warten. Sie zeigen, daß die Völker und ihre Regierungen, die Wissenschaft und Wirtschaft konkrete Chancen haben, eine Änderung der Lebens- und Umweltbedingungen auf unserem Planeten herbeizuführen.

4. Vertane Chancen besiegeln das Ende

Heute eine Zeit wie damals

Wird die Menschheit ihre Chancen wahrnehmen? Wird sie die weltweiten dringenden Aufgaben erkennen und zu ihrem Wohle und zur Rettung ihrer Umwelt tatkräftig anpacken? Wird es ihr gelingen, die weltweite Degeneration und Zerstörung zu stoppen? Werden die Menschen sich tatsächlich von ihrer Ichbezogenheit, von ihrem selbstsüchtigen Handeln lösen und sich Gott zuwenden? Werden sie sich von der Kraft Gottes in ihrem Denken, Reden und Tun umwandeln lassen und die christlichen Prinzipien auf das private und öffentliche Leben in Regierung, Wissenschaft, Wirtschaft und Kultur anwenden?

Ich stelle diese Fragen besorgt im Blick auf jenes Geschehen, das vor Tausenden von Jahren das Leben auf der Erde zerstörte.

Nach den Berichten der Bibel gab es schon einmal eine Zeit, die mit der unseren sehr ähnlich war. Die Menschen zur Zeit Noahs waren in ihrem Denken, Reden und Tun durch und durch verdorben. Man lebte selbstherrlich und fragte nichts nach dem lebendigen Gott. Aber Gott gab ihnen trotz ihres boshaften Verhaltens dennoch eine Chance zur Umkehr. Gott sagte zu N o a h :

„Die Menschen wollen sich von mir nicht mehr leiten lassen, denn sie sind ‚Fleisch'. Ich will ihnen noch eine Zeit geben von 120 Jahren" (1. Mose 6,3).

Wir wissen, daß die Menschen jener Zeit die Chancen zur Umkehr nicht genutzt haben. Sie änderten ihr Denken nicht. Sie änderten ihr Tun nicht. Sie änderten ihr Reden nicht. Sie änderten ihre Pläne nicht. Konsequent verwarfen sie die Warnungen Gottes weiter. Und die Folge? Kurz und präzis berichtet die Bibel:

„Die Erde wurde in den Augen Gottes immer verderbter und voller Unrecht und Gewalttat. Da sprach Gott zu Noah: Ich habe das Ende aller lebenden Geschöpfe auf Erden beschlossen. Denn die Erde ist durch ihre Schuld voll Unrecht und Gewalttat. Darum will ich alle lebenden Geschöpfe von der Erde vertilgen" (1. Mose 6, 11.13).

Was Gott ankündigte, machte er wahr. Auf dem Höhepunkt der menschlichen Bosheit, als man die Chancen zur Umkehr und Rettung belächelte und mißachtete, als man das Ende in eine weite Ferne verwies, kam das Gericht Gottes, das alles Leben auf der

Erde vernichtete. Nur Noah und seine Familie wurden gerettet. Weil sie die Chance zur Umkehr genutzt hatten!

Von dieser weltweiten Flutkatastrophe, die vor Tausenden von Jahren das Leben auf der Erde auslöschte, berichtet nicht nur die Bibel (1. Mose 6—8). Auch die geschichtliche Literatur des Orients berichtet davon. Sogar zahlreiche namhafte Archäologen aus neuerer Zeit sind auf die Spuren jenes weltweiten Unheils gestoßen.

Steht der Menschheit in Zukunft ein ähnliches Schicksal bevor?

Bemerkenswert und aufschlußreich ist, was J e s u s in seiner „Endzeitrede" sagte:

„Gleichwie es zur Zeit Noahs war, also wird auch die Zukunft des Menschensohnes sein. Denn gleichwie die Menschen in den Tagen vor der Sintflut lebten ... bis an den Tag, da Noah in die Arche ging, und sie achteten es nicht, bis die Sintflut kam und nahm sie alle dahin, also wird auch die Zukunft des Menschensohnes sein" (Matthäus 24,37—39).

Nun kann man sich des Eindrucks nicht erwehren, daß auch heute die meisten Menschen, Völker und Staaten, ungeachtet der drohenden Gefahren, egoistisch und selbstsicher in den Tag hineinleben. Aktiv ihre Umwelt weiter zerstören. Die Gefahren verharmlosen. Die Wahrheit für verrückt erklären. Gott einen guten Tag sein lassen. Seinen Willen weiter mißachten. Und die Chancen zur Umkehr nicht wahrnehmen. Unter ihnen sind sogar nicht wenige, die sich Christen nennen.

Die Menschheit wird deshalb damit rechnen müssen, falls sie nicht doch noch — und zwar schnellstens — umkehrt, daß der Fluch der Abwendung von Gott und der Mißbrauch der Natur das Gericht Gottes herausfordern wird. Der folgende Text eines modernen „Songs"[139] spricht in einer geradezu bedrückenden Weise von einer solchen Wahrscheinlichkeit:

„An dem ersten der letzten sieben Tage sah Gott die Welt und sprach: Gebt mir Blumen und Bäume zurück, denn ihr seid es nicht wert, ihre Schönheit zu genießen. Er sah sein Werk verschmäht, er hörte kein Gebet und niemand rief ihn an, der nächste Tag begann.

Und am zweiten der letzten sieben Tage sah er die Welt und sprach: Gebt mir all' meine Tiere zurück, denn ihr habt sie nur lieb als Spielzeug eurer Launen.

Und am dritten der letzten sieben Tage sah er die Welt und sprach: Wozu braucht ihr die Sterne, den Mond? Ihr wollt sie nur zerstören und das darf nicht geschehen. Er sah sein Werk verschmäht, er hörte kein Gebet und niemand rief ihn an, der nächste Tag begann.

Und am vierten der letzten sieben Tage sah er die Welt und sprach: Gebt das Glück und die Liebe zurück, denn ihr verdient sie nicht, die schönste aller Gaben.

Und am fünften der letzten sieben Tage nahm er der Welt das Licht, und die Sonne, die er einst schuf, verschwand am Firmament, die Erde lag im Dunkel. Noch war es nicht zu spät und doch noch kein Gebet, nur Fluchen und Geschrei, so ging der Tag vorbei.

Und am sechsten der letzten sieben Tage tat er den schweren Schritt, er verbrannte die Erde und seine Welt und auch die Menschheit, die nie auf ihn gehört hat.

Und dann, am allerletzten Tag, war die Erde wüst und leer, und dann hat er geweint."

Gott hat im Laufe der Weltgeschichte immer wieder auf das frevelhafte Tun des Menschen und auf die Übertretung seiner dem Menschen zum Heil und Segen gegebenen Gebote mit furchtbaren Gerichten eingegriffen. Er wird es gewiß auch in Zukunft tun. Die Ankündigung des Gerichtes Gottes in Offenbarung 11,18: „Dein Zorn, o Gott, ist gekommen zu verderben die, welche die Erde verdorben haben", kann schon morgen durch einen Generalstreik der Natur, durch einen Nuklearkrieg oder durch eine andere weltweite Katastrophe grausame Realität werden.

„Und keiner wollte es glauben!"

Nun verhalten sich aufgrund der anbahnenden und der möglichen Zukunftsereignisse heute die Menschen sehr unterschiedlich.

Die einen sagen: „Das ist ja Schwarzmalerei. Das ist ja dunkelster Pessimismus. Das ist übelste Phantasterei. Das ist nichts anderes als Bangemacherei und den Teufel an die Wand malen."

Nun — die Botschaft vom Gericht Gottes über die gottabgewandte und sich in ihrem Wahn selbstzerstörende Menschheit ist schon immer unpopulär gewesen — und in unserer Zeit besonders. Darum hört man auch heute in der landläufigen christlichen Verkündigung über Gottes Gericht nichts. Das aber ist schwere Unterlassungsschuld seitens derer, die das Evangelium von Jesus Christus verkündigen. Denn Gott ist kein Schwächling. Er ist kein wehrloser Papa. Kein hilfloser alter Mann mit langem Bart. Er läßt nicht fünf gerade sein. Er ist auch nicht nur der Gnädige. Dieses Gottesbild gehört aus unserem Denken, Reden, aus unserem ganzen Leben verbannt zu werden.

Gott ist ein heiliger und gerechter Gott. Ein Gott der weiß, was er will. Und der mit keiner Sünde Frieden schließt.

Gott ist auch ein zürnender Gott, da wo Menschen sich von ihm abwenden in Empörung, Gleichgültigkeit und selbstherrlichem Handeln „ohne Rücksicht auf Verluste" und ohne persönliche Skrupel.

Darum haben zu allen Zeiten von Gott beauftragte Männer im Blick auf die Schuld und die Abwendung des Menschen von Gott das Gericht Gottes verkündigt. Zumeist hat man sie jedoch nicht ernst genommen — aber Gottes Gericht kam doch und raffte die Menschen dahin.

Andere Menschen wiederum denken oder sagen: „Das k a n n ich alles einfach nicht glauben." Das wäre nicht verwunderlich. Wer glaubt heute in unserem so „aufgeklärten" Zeitalter schon dem, was Gottes Wort sagt, und denen, die es verkündigen. Wie treffend lautet der Titel eines christlichen Buches „Und keiner wollte es glauben", in dem die heutige Weltlage und die sich anbahnenden Zukunftsereignisse einer kritischen Wertung unterzogen werden.

Nun — wer das nicht glauben kann, was Gott in seinem Wort zur Gegenwart und Zukunft der Welt und des menschlichen Lebens sagt, der sollte im Gebet Gott seine Unfähigkeit zum Glauben sagen und ihn bitten:

„Herr, laß mich den Ernst der gegenwärtigen Weltlage und die möglichen Zukunftsentwicklungen mit der Menschheit erkennen. Laß mich glauben, was du in deinem Wort dazu sagst. Gib dich mir zu erkennen als die Wahrheit, damit ich das Gebot der Stunde wahrnehme und nicht unvorbereitet dem Tag X in falscher Sicherheit und Sorglosigkeit entgegentaumle und deinem Zorn und Gericht verfalle."

Wer aufrichtig und wahrheitssuchend ein solches Gebet wagt, dem schenkt Gott die Fähigkeit, ihm und seinem Wort Glauben und Vertrauen zu schenken.

Dem aber, der sagt: „Das w i l l ich nicht glauben", kann nicht geholfen werden. Gott wird ihn dahingeben, wenn sein Zorn sich in seinen Gerichten entladen wird.

Vielleicht haben manche Menschen für eine „solche" Zukunft nichts anderes als ein mitleidiges Lächeln übrig. Auch das wäre nicht verwunderlich, denn Beispiele gibt es dafür mehr als genug. Mitleidig

lächelten die Menschen über den Propheten Jeremia (626—
580), als er die Zerstörung Jerusalems ankündigte. Sie lachten
über Lot, als er die Menschen von Sodom und Gomorra warnte,
daß Gott über dem frevelhaften Tun der Menschen Feuer und
Schwefel regnen lassen würde. Sie lachten über den Propheten
Amos (um 760 v. Chr.), als er Israel wegen kommender Gerichte
Gottes warnte. Und doch — *alle diese Gerichte Gottes sind eingetroffen!*

Von den Menschen vor der Sintflut hieß es: „Und sie achteten des
drohenden Unheils nicht." Ist das nicht auch die Haltung des
Menschen von heute, über dem das drohende Damoklesschwert
einer von Gott zugelassenen Selbstvernichtung am dünnsten aller
Fäden hängt?

„Bis das Unheil kam und nahm sie alle dahin." Wird dies die Zukunft der Menschheit sein?

Hoffnung solange es noch Christen gibt?

Oder gibt es tatsächlich noch eine ernstzunehmende Hoffnung für
die Welt? Haben wir noch etwas Positives und Konstruktives für
die Zukunft zu erwarten? Und das in einer Zeit, in der das atomare Wettrüsten angesichts unlösbarer Weltkonflikte einem neuen
Höhepunkt möglicher Totalvernichtung entgegeneilt? Packt uns
nicht die nackte Angst, wenn wir an die Zeit vor uns denken? An
die Zeit, da für uns oder unsere Kinder auf der Erde nichts mehr
wirklich lebenswert erscheinen wird? An das Ende unserer Welt
— und Menschheitsgeschichte? An eine leergebrannte und geschwärzte Erde? Müssen wir nicht in Resignation und Hoffnungslosigkeit erstarren? Hat der Florentiner Dante (1265—1321) in
seiner „Göttlichen Komödie" nicht recht, wenn er sagt:

„Lasset alle Hoffnung fahren"?

Erschüttert es uns nicht zutiefst, wenn ein Wissenschaftler wie
Prof. Dr. E. Snyder in der Einleitung zu seinem Buch „Todeskandidat Erde" schreibt:

„Bin ich ein Panikmacher? Ich glaube nicht. Ein Pessimist. Ja, entschieden!"?[140]

Wenngleich unsere Welt uns wenig Anlaß gibt noch irgend etwas
Gutes zu erwarten, so dürfen wir als Christen einander und den
gottfernen und gottabgewandten Menschen unserer Zeit doch sagen: „Wir können noch hoffen!" Wir können es deshalb sagen,
weil wir Beispiele aus der Bibel dafür haben, daß Gott sein Gericht über Menschen ausgesetzt hat, weil unter ihnen solche waren,

die Gott in Treue ergeben lebten und ihn baten, sein Gericht aufzuheben oder zumindest aufzuschieben. Das wohl eindrücklichste Beispiel hierfür ist die Fürbitte Abrahams für die Bevölkerung Sodoms (1. Mose 18,20—32):

„Herr, es mögen vielleicht zehn Gerechte in der Stadt sein. Wolltest du deretwegen dem Ort nicht vergeben?"

Und Gott gab die Zusicherung:

„Ich will sie nicht verderben um der zehn willen."

Bedeutet dies nicht auch Hoffnung für uns und unsere Umwelt? Hoffnung vor allem, weil Jesus Christus, der gekreuzigte, auferstandene und wiederkommende Herr, die Hoffnung der Welt ist? Ohne ihn wäre die Zusage einer solchen Hoffnung nicht nur unbegründet, sondern auch gefährlich und unverantwortlich.

Solange es darum noch Christen gibt, die vorbehaltlos diesem Herrn glauben, vertrauen und im Dienen ergeben sind, gibt es für die Welt noch Hoffnung, das drohende Unheil abzuwenden oder zumindest aufzuhalten. Das erkennen sogar selbst „unchristliche" Leute unserer Zeit. Der britische Geschichtsphilosoph Arnold J. Toynbee, der in einer geistlichen Erneuerung die Bewahrung der Industriegesellschaft vor den tödlichen Zivilisationsschäden sieht, sagte in einem Interview:

„Ich denke weniger an eine organisierte Kirche, sondern mehr an eine neue religiöse Bewegung, die die Harmonie zwischen Mensch und Natur wiederherstellt. Wenn das nicht geschieht, wird sich die Natur am Menschen rächen."[141]

Dies bedeutet, daß wir heute als Christen des 20. Jahrhunderts verstärkt gefragt werden, ob wir weiterhin introvertiert leben wollen. Das heißt, ob wir nur auf uns, nur auf unser Glaubensleben, nur auf unsere Rettung bedacht sein wollen. Oder ob wir bereit sind, auch unsere Verantwortung für unsere Umwelt, für unseren Nächsten zu erkennen und wahrzunehmen. Ob wir bereit sind, im Namen Jesu Christi weltweit konstruktiv zu denken, zu reden und zu handeln.

Es wäre falsch, im Blick auf die Zerstörung unserer Umwelt und ihrer möglichen Folgen, zu resignieren und zu sagen: „Was wollen wir als Christen denn schon ausrichten? Es muß doch alles so kommen, weil es Endzeit ist. Darum können wir sowieso nichts dagegen machen. Wir können nur hoffen, daß wir das Allerschlimmste nicht mehr erleben und vorher durch die Wiederkunft Jesu aus dieser bösen Welt entrückt werden."

Wir dürfen auch nicht abwehrend unsere Hände ausstrecken und sagen: „Ohne mich! Mag doch die Welt in ihrem Schmutz zugrunde gehen." Solch eine Haltung und Redeweise wäre nicht nur eine egoistisch-fromme Weltflucht. Nicht nur eine Flucht vor der Verantwortung. Sie wäre nicht nur Ausdruck dafür, daß wir darauf bedacht sind, selbst gerettet zu werden. Sondern zugleich auch Ausdruck dafür, daß wir unmenschlich, unchristlich und unbiblisch handeln.

Die Tatsache, daß die Erde und alles was darinnen ist, Gott gehört (5. Mose 10,14), ist verpflichtend für uns, denn Gott will durch das geistgewirkte Leben und Zeugnis seiner Gemeinde angesichts der gegenwärtigen und umfassenden Umwälzungen auf allen Gebieten des menschlichen Lebens bis hinein in die gewaltigen Umwälzungen in Geschichte und Natur der christusfernen Menschheit die einzige und letzte Möglichkeit der Rettung weisen. Nehmen wir deshalb die uns von Gott zugedachten Aufgaben für unsere Zeit in vollem Bewußtsein wahr, durch Einsatz unserer besten Kräfte, durch Kräfte der Seele, des Geistes, des Leibes — und zwar in der Vollmacht des Heiligen Geistes.

Voraussetzung dafür ist allerdings, daß wir der eigenen selbstherrlichen Kraft der Sünde in unserem Leben, der Unentschiedenheit in unserer Christusnachfolge, absagen. Daß wir uns der totalen Herrschaft Jesu Christi aussetzen. Und damit nicht erst morgen, sondern heute beginnen. Denn Gottes Zusage gilt auch in unserer Zeit unverändert:

„Wenn sich mein Volk demütigt, das nach meinem Namen genannt ist, daß es betet und mein Angesicht sucht und sich von seinen bösen Wegen bekehren wird, so will ich vom Himmel hören, seine Sünden vergeben und sein Land heilen" (2. Chronik 7,14).

Aus dieser Zusage Gottes wird ersichtlich, daß die Gesundung unserer Umwelt *durch eine geistliche Erweckung der Christen* möglich ist.

Der Preis für eine geistliche Erweckung ist jedoch das Gebet, das Bekenntnis der Schuld und die totale Weihe des Lebens für Jesus Christus. Sind wir dazu bereit?

Sind wir bereit, uns vor Gott zu demütigen über unser Versagen als Christen? Über unsere selbstsichere Selbstgenügsamkeit? Über unsere Kraftlosigkeit?

Sind wir bereit, vor Gott — und wo es nötig ist auch vor unseren Mitmenschen — unsere Gedankensünden, Unterlassungssünden und Tatensünden zu bekennen?

Sind wir bereit, vor Gott unsere ichhafte Nachfolge zu bekennen, die lange Zeit nur auf das eigene Heil ausgerichtet war und keine echte Seelsorge und Leibsorge für den Nächsten kannte?

Sind wir bereit, uns neu mit Geist, Seele und Leib dem Dienst Jesu Christi am Nächsten zu verschreiben und dabei — um Jesu und der andern willen — persönliche Opfer und Verzichte auf uns zu nehmen?

Wenn es uns wirklich um eine geistliche Erweckung unter den Christen geht, dann sollte jeder Gott um den Anfang einer solchen Erweckung bei sich persönlich bitten.

Das folgende Gebet möchte allen denen eine Hilfe geben, die mit Ernst um den Anfang einer geistlichen Erweckung bei sich Ausschau halten, die ihr Leben Jesus neu weihen und in ihrer Nachfolge entschiedener sein wollen — zur Ehre Gottes und zum Segen für ihre Mitmenschen:

„Herr, ich möchte ein entschiedener Christ sein,
ein Christ, der durch dich eine erhellte und gesicherte Zukunft hat.
Und der anderen Menschen Hoffnung aus dem Glauben an dich
zu geben vermag.
Darum sage ich ab, allem was mich hindert,
ein entschiedener Christ zu sein.
Ich sage ab meinen Sünden,
die mich lähmen und blockieren,
und die ich heute noch in dein Licht bringen will.
Wo ich etwas gutzumachen habe,
will ich es nach deiner Weisung
sobald als möglich tun.

Ich sage ab dem Umgang mit Menschen,
die auf mich und andere einen unguten Einfluß nehmen.
Ich sage ab jedem unverantwortlichen Lebensstil,
der anderen und mir schädlich ist.
Ich sage ab der Unkeuschheit.
Ich will nicht mehr verantwortungslos,
disziplinlos, rücksichtslos und gedankenlos
anderen Menschen gegenüber sein.
Ich sage ab den Unterhaltungsprogrammen,
Parties und Freizeitbeschäftigungen in Wort, Bild und Ton,
sofern sie sich nicht mit dir und deinem Auftrag
vereinbaren lassen.

Ich sage ab den Mitteln und Genußmitteln,
die mir oder anderen gesundheitlich schaden.
Ich sage ab, allem was mich hindert,

entschieden für dich zu leben:
meiner Trägheit, die lieber ruhen will,
meiner Lauheit, die mich zum Aufgeben veranlassen will,
meiner negativen Kritik, die nur zerstören will.

Ich sage ab meiner Selbstbezogenheit,
die mich blind macht für das,
was andere jetzt brauchen
und was ich ihnen vermitteln kann,
wenn ich mich selbst vergesse.

Ich habe es satt, gereizt zu werden,
gereizt von Menschen, Mächten und Massenmedien
draußen und Versuchungen von innen.
O Gott, reize du mich
zu vermehrter Liebe für dich und meinen Nächsten,
zu vermehrter Barmherzigkeit gegenüber den Benachteiligten,
Unterdrückten, Geächteten,
zu vermehrter Hingabe für dich und die Menschen, die mich
brauchen,
zu vermehrtem Gebet für die, die ohne Hilfe sind,
zu vermehrtem Glauben an dich, Herr,
zu vermehrtem Dienst für dich an andere,
zu vermehrtem Hoffen auf dich,
damit du durch mich groß und herrlich werdest
in deiner Gemeinde und vor Menschen, die noch ohne dich leben.
Gib ein neues geistliches Leben für mich und für andere.
Laß mich ein entschiedener Christ sein, der sich im Glauben bewahrt und bewährt,
anderen Menschen das Leben mit dir glaubwürdig vorlebt
und der voll Freude auf die Wiederkunft Jesu Christi
und das Kommen des Reiches Gottes wartet."

Wer aus diesem Gebet mit Gottes Hilfe die Konsequenzen zieht,
wird nicht nur für sich neues Leben aus Gott empfangen, sondern
auch aus der Verantwortung heraus gemäß dem Auftrag Gottes
alles tun, das Leben seiner Mitmenschen zu erleichtern und seine
und der anderen Umwelt vor Zerstörung zu schützen.

Was Gott einmal durch Prophetenmund dem Volk Israel sagen
ließ, als es in das heidnische Babylon deportiert worden war, ist
sicher auch für die Christen des 20. Jahrhunderts, die in einer von
Gottlosigkeit und ihren Folgen geprägten Umwelt leben, von
Gültigkeit:

„Baut Häuser, darin ihr wohnen mögt. Pflanzt Gärten, daraus
ihr die Früchte essen mögt. Sucht der Stadt Bestes, dahin ich euch

habe wegführen lassen. Und betet für sie zum Herrn. Denn wenn es ihnen wohlgeht, so geht's auch euch wohl" (Jeremia 29,5.7).

Mit diesem Auftrag haben wir zwar nicht die Verheißung, daß durch unseren Einsatz die Not der ganzen Welt gewendet werden kann. Das hat sich Gott für die Welt von morgen unter der Herrschaft Jesu Christi vorbehalten. Aber im kleineren oder größeren Rahmen, so wie es uns durch die Beauftragung und Bevollmächtigung durch unseren Herrn ermöglicht wird, können wir der zunehmenden Not in unserer Umgebung und der weiteren Zerstörung unserer Umwelt wehren.

Gott ist bereit, uns zu konkreter Tat für unsere Umwelt zu bevollmächtigen und zu gebrauchen. Sind wir bereit, diese Chance wahrzunehmen?

5. Das Engagement der Christen für ihre Umwelt

Sind Christen fortschrittsfeindlich?

Immer wieder hat es Christen gegeben, die fortschrittsfeindlich eingestellt waren. Solche Christen sind auch heute noch anzutreffen. Sie verteufeln grundsätzlich alle Errungenschaften der Wissenschaft und Technik. In einer falsch verstandenen Frömmigkeit bringen sie zum Ausdruck, daß sie ihre „Hände und Herzen an dieser Welt nicht schmutzig machen" wollen. Sie berufen sich dabei zumeist auf den Apostel J o h a n n e s , der schrieb:

„Habt nicht lieb die Welt noch was in der Welt ist" (1. Johannes 2,15).

Dies führte bei vielen Christen zu einem falschen Rückzug aus der Welt, was einer Verantwortungslosigkeit gegenüber der Welt gleichkam.

Manche Christen sind in der Beurteilung der Zeitereignisse auch unsicher und wissen nicht, wie sie sich gegenüber dem Fortschritt unserer Zeit verhalten sollen. Dies hat sie vielfach nicht nur in ihrer persönlichen Christusnachfolge geschwächt, sondern sie auch im Blick auf ihr Engagement für die Welt unsicher und kraftlos gemacht.

Wieder andere Christen meinen, daß das Engagement für die Christen in dieser Welt allein nur Evangeliumsverkündigung sein darf, damit „Seelen für Jesus" gerettet werden.

Schließlich gibt es Christen — vielleicht sind sie gegenüber den bisher genannten in der Überzahl —, die die Ansicht vertreten: Engagement für die Welt muß heute in erster Linie s o z i a l e s Engagement für den Menschen sein.

Wer aber hat nun recht? Wer handelt wirklich biblisch und christlich? Darüber brauchen wir Klarheit.

1. Als Christen brauchen wir zunächst Klarheit über unsere Haltung gegenüber dem Fortschritt unserer Zeit. In einem Gebet zu seinem Vater sagte J e s u s von seinen Jüngern:

„Sie leben in der Welt, aber sie sind nicht v o n der Welt" (Johannes 17,11.16).

Das heißt: Durch den Glauben an Jesus Christus sind wir als Christen mit Gottes Reich verbunden. Wir sind Kinder Gottes.

205

Als solche leben wir in dieser Welt. Wir stehen mitten drin in den Ereignissen und Entwicklungen unserer Zeit — und dürfen und können uns ihnen doch nicht entziehen. Jesus hat dies deutlich gemacht in seinem Gebet:

„Gleichwie du, Vater, mich in die Welt gesandt hast, so sende ich sie auch in die Welt" (Johannes 17,18).

Als die von Jesus Christus in die Welt Gesandten können und dürfen wir offen sein für die Ereignisse und Errungenschaften auf den verschiedenen Gebieten in unserer Zeit, ohne unsere Herkunft und unser Sein als Christen verleugnen zu müssen.

Wie das Licht in die Dunkelheit und das Salz in die Suppe gehört (Matthäus 5,13—16), so gehören die Christen in die Welt, mittenhinein in den Fortschritt unserer Zeit, mit einem klaren Auftrag: Wenn alle Welt vom Fortschritt redet — warum nicht auch wir! Wenn alle Welt von der Zukunft redet — wir Christen haben wohl den meisten Anlaß dazu!

Bereits vor rund 2000 Jahren forderte der Apostel Paulus die Christen in der damaligen modernen Handelsstadt Philippi auf, fortschrittlich und zukunftsgerichtet zu sein, wie er es selbst ist:

„Ich vergesse was dahinten ist, und strecke mich aus zu dem, was vorne ist und jage nach dem vorgesteckten Ziel, nach dem Kleinod, welches vorhält die himmlische Berufung Gottes in Jesus Christus" (Philipper 3,13—14).

Mag diese Aussage des Paulus zunächst auch auf den geistlichen Fortschritt im Leben des Christen bezogen sein, so kann sie für uns als Christen doch auch im Blick auf unser profanes Leben von Bedeutung sein. Wir dürfen nämlich nicht unser geistliches Leben vom profanen Leben trennen. Wir können und dürfen nicht am Sonntag Gott dienen und uns im Alltag der Welt entziehen. Unser Christsein darf sich nicht nur auf ein Lebensgebiet beziehen: Auf den Fortschritt in der Nachfolge. Sondern muß auch unser Anteilgeben und Anteilnehmen am Fortschritt unserer Zeit mit einbeziehen. Das aber heißt, zukunftsfreundlich, fortschrittlich und umweltbewußt eingestellt sein — sowohl im Blick auf unsere Christusnachfolge, als auch im Blick auf unser Leben in Gesellschaft, Volk und Staat.

Dies erfordert jedoch bei manchen Christen ein großes Umdenken. Aber es wird notwendig sein, wenn wir als Christen in der Zukunft bestehen wollen. Wir werden manches an bisherigen Vorstellungen und liebgewordenen „christlichen" Meinungen über Bord werfen müssen. Dazu wird gehören müssen, daß wir den gegenwärtigen Fortschritt auf den verschiedenen Gebieten nicht immer gleich pauschal verdächtigen oder gar verteufeln. Wir werden uns vielmehr die glaubensmäßige und intellektuelle Mühe machen müssen, *zwischen positiven und negativen Wirkungen des modernen Fortschritts zu unterscheiden.* Zwischen dem, was wesensmäßig wertneutral ist, und dem, was uns in der Nachfolge Christi schadet oder schaden könnte.

Noch vor 50 Jahren waren viele der Christen gegen das Radio. Manche von ihnen haben es sogar als „Teufelswerk" bezeichnet. Heute gibt es kaum christliche Familien, die kein Radiogerät besitzen. Denn die meisten Christen wissen längst, daß der Rundfunk nicht nur zur Manipulation mißbraucht werden kann, sondern auch der sachgemäßen Information, der Bildung, ja sogar der Verkündigung des Evangeliums von Jesus Christus dient. (Siehe im deutschsprachigen Raum z. B. der Evangeliums-Rundfunk!)

Vor ungefähr 25 Jahren gab es in einer bewußt christlichen Familie kein Fernsehgerät. Heute ist das Verhältnis geradezu umgekehrt. Es gibt nur wenige christliche Familien, die keins haben.

Warum nicht? Weil sie sich die Anschaffung eines Fernsehgerätes nicht leisten können? Mit wenigen Ausnahmen — bestimmt nicht! Der Grund ist zumeist ein anderer: Das Fernsehen wird — entsprechend einer von ihnen falsch verstandenen Aussage des Johannes in Offenbarung 13,14.15 — als „Bild des Antichristen" bezeichnet und darum abgelehnt. Doch das Fernsehen an sich ist nicht das Bild des Antichristen, wie auch nicht das Telefon, das Auto, die Schnellbahn an sich Produkte des Antichristen sind. Hier sollte man doch einerseits zwischen wertneutraler Technik und andererseits zwischen sinnvollem Gebrauch sehr sorgfältig unterscheiden.

Zwar wissen wir sehr wohl, daß das Fernsehen durch Menschen und Mächte mißbraucht werden kann. Sicher wird sich auch einmal der kommende Weltdiktator (der Antichrist) dieses Mediums, gewiß auch anderer Medien wie Rundfunk und Presse (Tageszeitungen) bedienen, um seinen teuflischen Einfluß bis in die letzte Wohnung zu tragen. Es ist auch genügend bekannt, daß Menschen fernsehsüchtig werden können (und viele unserer Zeitgenossen sind es längst!).

Es darf auch nicht verschwiegen werden, daß es viele Christen gibt, die wahl- und maßlos Fernsehsendungen „konsumieren", und die es nicht fertigbringen, eine Auswahl der angebotenen Sendungen zu treffen und das Maß ihres Fernsehkonsums zu begrenzen. Daß dies auf Kosten ihres Familienlebens, ihres geistlichen Lebens, ihrer Mitarbeit in der christlichen Gemeinde geht und oft auf andere Christen versuchlich wirkt, ist hinreichend bekannt. Wer darum als Christ meint, daß er sich kein Fernsehgerät anschaffen sollte, dessen Haltung sei respektiert. Er sollte aber dann nicht die Christen diskriminieren, die aus christlicher Souveränität und Freiheit sich ein Fernsehgerät anschaffen und verantwortlich damit umzugehen versuchen.

Man möge mich nicht mißverstehen, als würde ich damit Propaganda für das Fernsehen machen. Es geht vielmehr darum, daß wir differenzieren müssen. Daß wir zwischen negativen und positiven Wirkungen, zwischen übermäßigem schädlichen Fernsehkonsum und sinnvoller Information und Unterhaltung unterscheiden. Andernfalls treffen wir in ungerechter und liebloser Weise Pauschalurteile und Pauschalverurteilungen. Und bringen damit nur zum Ausdruck, daß uns die gerade heute so notwendige gottgewirkte Gabe der „Unterscheidung der Geister" fehlt.[142]

In diesem Zusammenhang sei unbedingt erwähnt, daß die christliche Gemeinde in einigen Ländern der Welt zunehmend das Fernsehen zur Ausbreitung des Evangeliums entdeckt. In den USA werden schon seit Jahren über zahlreiche Sender christliche Fernsehsendungen ausgestrahlt. In Holland gibt es die „Evangelische Omroep", eine christliche Rundfunk- und Fernsehgesellschaft, die getragen wird von verschiedenen lebendigen Kirchen und Freikirchen. Die „Evangelische Omroep", die wir als „evangelikal" bezeichnen können, strahlt wöchentlich $10^{1}/_{2}$ Stunden christliche Radioprogramme über die Sender Hilversum I, II und III und $2^{1}/_{2}$ Stunden christliche Fernsehprogramme über zwei Netze des holländischen Fernsehens aus.

Wir sollten darum als Christen damit aufhören, immer erst alles Neue (ob Radio, Fernsehen oder andere technische Errungenschaften unserer Zeit) zwanzig Jahre lang zu verdammen, bis wir uns schließlich eines Tages doch daran gewöhnt haben. Denn nicht alles Moderne ist grundsätzlich immer schlecht und für den Christen gefährlich. *Es liegt vielmehr daran, was wir mit den modernen Errungenschaften unserer Zeit machen. Ob wir sie in christlicher Souveränität und Freiheit beherrschen — oder ob sie uns beherrschen.* Christliche Souveränität und Freiheit heißt nämlich, aus einer engen Lebensgemeinschaft mit Jesus Christus heraus verantwortlich für sich und andere planen, reden und handeln. P a u l u s schreibt:

„Alles ist euer — ihr aber gehört Christus!" (1. Korinther 3, 22.23)

Beide Teile des paulinischen Satzes sind gleichstark zu betonen — und auf unser Leben als Christen zu übertragen. Andernfalls sind wir keine Christen!

2. Es ist notwendig, die „Experimente" mit dem Menschen und mit seiner Umwelt in ihrer eigentlichen Bedeutung und Zielsetzung zu erkennen und entsprechend zu werten. Dies ist nicht nur vom ethischen Standpunkt, sondern auch aus der Sicht der göttlichen Schöpfungsordnung her unerläßlich. Es ist auch nicht nur von futurologischen Gesichtspunkten her notwendig, sondern auch von biblisch-prophetischen Zukunftsaspekten her von Bedeutung.

Dazu bedarf es menschliches Wissen, einen „gesunden Menschenverstand", sachgerechte Information durch seriöse Bücher, Zeitschriften, Fernsehdokumentationen, Vorträge und Gespräche. Es gehört aber auch unbedingt göttliche Weisheit dazu, die göttliche Gabe der „Geisterunterscheidung" und die Erkenntnis des Willens Gottes.

Um also die „Experimente" mit dem Menschen und mit seiner Umwelt heute in ihrer eigentlichen Bedeutung und Zielsetzung erkennen und entsprechend werten zu können, bedarf es neben einer gründlichen Sachkenntnis auch eines prophetischen Durchblicks. Eines Durchblicks, der verbunden ist mit einer vom Heiligen Geist gewirkten vollmächtigen Sprache der Gewißheit, die unmißverständlich hörbar macht, was Gott als „Wort der Stunde" der Menschheit im Blick auf ihre „Experimente" zu sagen hat.

Andernfalls werden wir weder die wirkliche Wahrheit über unsere „Zeit-Zeichen" erkennen, noch sie in eigentlicher Weise werten und uns entsprechend darauf einstellen können.

Diener Gottes und Anwälte der Menschenrechte

3. Als auf die Wiederkunft Jesu hin lebende Christen sind wir vom Evangelium her verpflichtet, alles zu tun, damit der Wille Gottes in der Welt heute und morgen erfüllt wird. Wo immer wir können — in unserem Beruf, in der Nachbarschaft, in Staat und Gesellschaft — haben wir als Menschen, die von der Zukunft, von der Wiederkunft Jesu h e r und auf sie z u leben, konkrete Beiträge im Blick auf den Fortbestand der Menschheit und ihrer Umwelt zu leisten. Allerdings mit der klar erkennbaren Einstellung, daß das, was wir für unsere Welt tun, auf den Herrn unseres Lebens, Jesus Christus, ausgerichtet ist und sich mit unserem Glauben an ihn und dem Gehorsam gegenüber seinem Willen vereinbaren muß. Darum nicht falscher Rückzug aus der Welt, sondern ein am göttlichen Willen ausgerichtetes zukunftsbezogenes Engagement für die Welt.

Der bekannte evangelische Theologe Prof. Dr. A d o l f K ö b e r l e sagte in einem Vortrag zum Thema „Weltzerfall heute":

„Wir müssen uns fragen, ob wir uns als Christen nicht oft zu sehr aus der Welt zurückgezogen haben, statt uns für das Geschehen in der Welt mit verantwortlich zu wissen. Das Ziel der Wege Gottes ist ja nicht für uns Erlösung von der Welt, sondern Erlösung der Welt. Gottes Ziel ist die Heimholung der Welt in der Richtung auf die neue Schöpfung, auf die neue Erde hin. Wer diese endgeschichtliche Hoffnungsausrichtung aus der Heiligen Schrift lebendig erfaßt hat, der kümmert sich um die Welt. Nicht in dem Sinn, daß er ihr verfällt, daß er ihr in unwürdiger Anbiederung nachläuft. Wohl aber in dem Sinn, daß er in Wissenschaft und Kunst, in Wirtschaft und Politik mithilft, Arges zu verhüten und Heilsames zu gestalten."

Damit wird deutlich: Engagement der Christen ist stets ein Engagement für Gott i n dieser Welt und f ü r diese Welt. Bei diesem Engagement wird kein Gebiet des Lebens ausgeklammert sein dürfen. Es wird sich auf politische, technische, kulturelle, wirtschaftliche und wissenschaftliche Bereiche ebenso erstrecken müssen, wie auf das persönliche, geistige, geistliche und körperliche Wohl des Menschen in Ehe, Familie, Nachbarschaft und Gesellschaft.

Wie kann dieses Engagement im einzelnen aussehen?

a) Als verantwortliche Christen sollten wir unsere Politiker, Wissenschaftler, Wirtschaftsexperten und Techniker nicht sich selbst überlassen. Sie dürfen die Verantwortung für die Zukunft der Menschheit und der Welt nicht allein tragen. Sie dürfen bei der Ausübung ihrer Macht von uns nicht unbeeinflußt bleiben. Wir haben unbedingt bei ihren Plänen und Maßnahmen dabeizusein

● durch unseren Einfluß,
● durch unseren Rat,
● durch unsere Warnungen,
● durch unsere Pläne,

damit sie nicht im Rausch der Macht und des Fortschritts, im Stolz auf ihre Erkenntnisse und Errungenschaften der Menschheit den Untergang bereiten. Vor allem werden wir in konstruktiver Weise mit Rat und Tat bei denen sein müssen, die bereits im positiven Sinne am Lebens- und Umweltschutz arbeiten.

210

b) Als verantwortliche Christen sollten wir Vereinigungen und Gruppen, die sich den Schutz der Landschaft, den Kampf gegen Luftverschmutzung und Gewässerverunreinigung, der Lärmbekämpfung und den Abbau von Spannungen unter den Menschen zum Ziel gesetzt haben, beitreten und ihre Arbeit ideell und finanziell unterstützen.

c) Als verantwortliche Christen haben wir zugleich auch die Pflicht bei denen zu sein, deren Umwelt bedroht ist, deren vitale Lebensgrundlagen gefährdet sind oder gar vernichtet werden. Wir haben bei denen zu sein, die den Fortschritt zu bezahlen haben — und zwar nicht nur als Steuerzahler, sondern auch durch immer neue Anpassungsschwierigkeiten und durch immer neue psychische und physische Belastungen und Gefährdungen. Wir haben bei denen zu sein, die wegen ihres Standes, ihrer Gesinnung und ihren Überzeugungen gequält, unterdrückt und ausgebeutet werden. Denn was der „Prediger" des Alten Testamentes vor Tausenden von Jahren über Unrecht und Gewalt sagte, hat sich bis heute im Grunde nicht geändert, sondern ist nur um so realistischer geworden:

„Ich sah alles Unrecht an, das unter der Sonne geschieht, und siehe, da waren Tränen derer, die Unrecht litten und keinen Tröster hatten. Und die ihnen Gewalt antaten, waren zu mächtig, so daß sie keinen Tröster hatten. Da pries ich die Toten, die schon gestorben waren, mehr als die Lebendigen, die noch das Leben haben. Und besser daran als beide ist, wer noch nicht geboren ist und des Bösen nicht innewird, das unter der Sonne geschieht" (Prediger Salomo 4,1—3).

Die Not, das Unrecht, die Gewalt, die Menschen heute einander zufügen und erleiden, dürfen uns nicht kaltlassen. Wir dürfen vor ihnen unsere Augen und Ohren und vor allem unser Herz nicht verschließen. Die persönliche Lage unseres Nächsten darf uns nicht gleichgültig machen und zu der Aussage veranlassen: „Was geht mich schon der andere an." Die Not des andern darf uns auch nicht abstumpfen, darf nicht bei uns zu der Entschuldigung führen, daß ein jeder — und auch wir — genug mit sich zu tun habe. Für die Nöte und Probleme unserer Mitmenschen dürfen wir uns nicht für unzuständig erklären, indem wir die Verantwortung auf andere Menschen oder etwa auf Institutionen abschieben, die vielleicht nach unserer Meinung eher dafür verantwortlich sein müßten. Nein, jeder einzelne Christ, wir alle tragen Verantwortung für unsere Mitmenschen vor Gott. Und diese Verantwortung wird übermächtig, wenn uns wirklich die Menschen in Not zutiefst jammern. Wenn sich uns angesichts der Benachteiligungen, Bedrängungen, Leiden zahlloser Menschen — bildlich gesprochen — das Herz im Leibe herumdreht.

Wir sollten darum als „Diener Gottes" und als „Anwalt der Menschenrechte" für die Benachteiligten, Bedrängten, Leidenden unser Einspruchs-, Mitsprache- und Fürsorgerecht wahrnehmen. Denn nach dem Grundgesetz der Bundesrepublik Deutschland, Artikel 2, hat jeder das Recht auf Leben und körperliche Unversehrtheit. Körperliche Unversehrtheit bzw. Gesundheit bedeutet aber nach der Erklärung der Weltgesundheitsorganisation ein Höchstmaß an geistigem, körperlichem und seelischem Wohlbefinden. Dies aber wird im wesentlichen durch andere Menschen, durch die Umwelt geprägt und gesteuert. Wo dieses Recht auf Leben und körperliche Unversehrtheit durch gezielte Interessen Menschen verweigert wird, dürfen wir Christen nicht schweigen. Die Bibel fordert uns auf:

„Tu deinen Mund auf für die Stummen und für das Recht aller Schwachen. Tu deinen Mund auf und richte in Gerechtigkeit und schaffe Recht dem Elenden und Armen" (Sprüche 31,8.9).

Dieses alttestamentliche Gebot ist — wie ich meine — auch heute für die Christen im Blick auf ihre Verantwortung für ihre Mitmenschen unveränderlich gültig. Wenn wir aber schweigen, wenn wir die gebotene Hilfeleistung unterlassen, werden wir zu Steigbügelhaltern des Bösen. Wir werden schuldig am Blut unserer Menschenbrüder, das von der Erde zu Gott schreit.

Damit soll keinesfalls zum Ausdruck gebracht werden, als handele es sich hierbei allein nur um eine soziale Tat. Der Glaube an Jesus Christus und unser Gehorsam gegenüber seinem Willen befreit uns vielmehr von aller im Menschlichen hängenbleibenden Aktivität, um dann im Sinne Jesu und in göttlicher Vollmacht zu helfen, dem Unrecht zu wehren oder eine konkrete Aufgabe zu übernehmen, durch die das Leben von Menschen erleichtert und erhalten wird.

Dabei wird die konkrete geistliche Hilfe gegenüber dem Menschen in Not von uns nicht zweitrangig angesehen werden dürfen. Denn gerade das Bezeugen der Frohen Botschaft von Jesus Christus wird dem durch seine Umwelt bedrängten und leidenden Menschen eine bedeutsame Ermutigung sein, sein Leben im Glauben Jesus Christus anzuvertrauen. Dies wiederum wird ihm zu einer großen Hilfe werden, den Lebenskampf besser bestehen zu können.

Wie immer unser Engagement als Christen im einzelnen in dieser Welt auch aussehen mag — stets haben wir es vorzubereiten und zu begleiten durch glaubensvolles Gebet. Auch dann, wenn wir vielleicht selbst keinen direkten Einfluß auf das Geschehen in dieser Welt haben, sind wir zur Fürbitte für die Menschheit und ihre Umwelt verpflichtet. Der „Tatort Erde" bietet uns eine Fülle von Gebetsanliegen.

Wir sollten mit dem Globus vor Augen und mit der Zeitung in der Hand für alles, was auf dieser Erde geschieht, fürbittend vor Gott eintreten.

Wir sollten für die Ohnmächtigen beten: für die Asozialen, für die Obdachlosen, für die Hungernden, für die Geächteten, für die Ausgestoßenen, für die Trauernden, für die Resignierenden, für die Einsamen ...

Wir sollten für die Mächtigen beten: für die, die an den „Schalthebeln der Macht" sitzen, für die Politiker, für die Wissenschaftler, für die Techniker, für die Verantwortlichen der Massenmedien ...

Wir sollten zu Gott rufen und ihn bitten, das drohende Unheil abzuwenden, das unserer Welt den Todesstoß versetzen will.

Wir sollten Gott bitten, daß er die Menschheit von ihrem „Selbstmordprogramm" abbringe und sie überzeuge von einer Überlebensstrategie, die sich an seinem Willen orientiert.

Die Menschen und ihre Pläne, die Welt und ihre Ereignisse erwarten geradezu das Gebet lebendiger und entschiedener Christen.

Durch konkrete sach-, situations- und personbezogene Fürbitte übernehmen wir neben aller direkten Einflußnahme für unsere Welt eine zusätzliche Verantwortung.

Der Christ in der Eigenverantwortung

Als Christen haben wir aber auch eine ebenso große Verantwortung für uns selbst, für unsere seelische, geistige und leibliche Gesundheit.

Zunächst müssen wir uns erneut daran erinnern, was der Leib eines Christen ist. Der Apostel P a u l u s schreibt den Christen in Korinth:

„Wißt ihr denn nicht, daß euer Leib der Tempel des Heiligen Geistes ist? Gott hat euch seinen Geist gegeben, der jetzt in euch wohnt. Darum gehört ihr nicht mehr euch selbst. Gott hat euch als sein Eigentum erworben. Macht ihm also mit eurem Körper Ehre!" (1. Korinther 6,19.20)

Der Leib des Christen — ein Tempel des Heiligen Geistes! Was heißt das?

Der Tempel gehört Gott, darum gehört unser Leib nicht uns, sondern Gott. Der Tempel ist Wohnstätte Gottes, darum ist unser Leib als Christen auch Wohnstätte Gottes. Der Tempel ist Stätte der Gegenwart Gottes, darum will Gott auch in uns und durch uns gegenwärtig sein. Der Tempel ist Stätte der Wirksamkeit des Heiligen Geistes, darum will auch der Heilige Geist in uns und durch uns wirken. Der Tempel ist Stättte des Lobes und der Verherrlichung Gottes, darum sollen auch Christen mit ihrem Leib Gott preisen.

Ähnliches gilt für unseren Geist und für unsere Seele.

Wo immer Gott am Werk ist, ist zumeist auch der Teufel am Werk. Er will keinen Tempel, in dem Gott wohnt und durch den der Heilige Geist wirkt. Er will eine Ruine und keinen Tempel. Er will ein menschliches Wrack und kein von Gott geadeltes Menschsein. Er will, daß wir unseren Leib als Tempel des Heiligen Geistes vernachlässigen. Er will, daß wir unsere Gesundheit fahrlässig aufs Spiel setzen. Das müssen wir wissen.

Darüber hinaus müssen wir uns klarmachen, daß der Tempel Gottes, der Leib des Christen, gepflegt und instand gehalten werden muß, wenn er nicht — bildlich verstanden — baufällig werden und in Kürze zerfallen soll. In Zeiten, in denen das Volk Israel geistlich gesund war, in gehorsamer Abhängigkeit von Gott lebte und treu ihm diente, wurde auch der Tempel gepflegt. Dadurch wurde er vor Entweihung und Zerfall bewahrt.

Auch Leib, Seele und Geist des Christen müssen vor Entweihung und Zerfall bewahrt werden.

Wenn wir der Wahrheit der umgestaltenden und erneuernden Kraft Gottes, die Geist, Seele und Leib umfaßt, nicht Hohn sprechen wollen, werden wir darauf bedacht sein müssen, gesund zu leben und alles zu tun, was wir nur tun können, um uns der Schädigung oder Zerstörung unseres Lebens zu widersetzen oder zu entziehen. Nur wenn wir gesund sind an Geist, Seele und Leib, werden wir uns auch in entsprechender und überzeugender Weise für unsere Umwelt engagieren können.

6. Praktischer Umwelt- und Lebensschutz

Aus der Verantwortung um den Nächsten und im Blick auf uns selbst werden wir den schädigenden Umwelteinflüssen, die andere und uns bedrohen, mit entschiedenen Maßnahmen zu begegnen haben. Zwar werden wir nicht alle schädlichen Umwelteinflüsse beseitigen oder uns ihnen gänzlich entziehen können. An vielem werden wir auch nur schwer etwas zu ändern vermögen. Dennoch haben wir zahlreiche praktische Möglichkeiten im Alltag, entscheidend dazu beizutragen, die Lebensbedingungen im kleinen oder größeren Rahmen für den andern und für uns selbst zu verbessern — oder doch zumindest ihrer weiteren Zerstörung vorzubeugen: [143]

Bereich: Landschaftsschutz

1. Setzen Sie sich im Rahmen einer umfassenden Orts- und Regionalplanung ein für die Schaffung von Grünzonen und Erholungsgebieten mit den nötigen öffentlichen Einrichtungen.

2. Ergreifen Sie die Initiative, damit Grünflächen in den Siedlungen nicht nur mit Gras, sondern auch mit Gebüsch und Bäumen bepflanzt und durch kleine Tümpel und Teiche bereichert werden.

3. Verlangen Sie, daß für längere Zeit freistehende Bauplätze nicht als Schuttwüsten brachliegen, sondern in der Zwischenzeit begrünt und wenn möglich der Öffentlichkeit zugänglich gemacht werden.

4. Fordern Sie die Schaffung großer überregionaler Landschafts- und Naturschutzgebiete. Wir alle haben sie zur Erholung dringend nötig.

Bereich: Luft

1. Unterlassen Sie unnötige Autofahrten. Wenn Sie z. B. regelmäßig die gleiche Strecke zur Arbeit fahren, so besteht die Möglichkeit, sich mit anderen Leuten zusammenzuschließen, die den selben Weg haben. Statt zwei bis vier Autos verpestet dann nur eins die Luft.

2. Stellen Sie den Motor Ihres Fahrzeuges ab, wenn in Kolonnen, vor Verkehrsampeln, Bahnschranken oder auf Autobahnen ein längerer Halt zu erwarten ist. Den Fahrer und seinen Fahrgästen hinter Ihnen bewahren Sie dadurch vor zusätzlichen giftigen Ab-

gasen. Bedenken Sie bitte: Im Leerlauf ist der Anteil der giftigen Abgase 5 bis 10mal größer als bei fahrendem Wagen.

3. Achten Sie als Kraftfahrer darauf, daß bei Ihrem Auto der Vergaser oder die Einspritzpumpe in Ordnung, die Zündung richtig eingestellt, die Auspuffanlage nicht defekt ist.

4. Befolgen Sie die staatlichen Appelle und benutzen Sie für den täglichen Berufsweg möglichst nicht Ihr eigenes Auto, sondern die öffentlichen Verkehrsmittel. Das Verkehrschaos auf unseren Straßen morgens und abends, das lästige Kolonnefahren erhöht nämlich beträchtlich den Ausstoß von unverbranntem Benzin und giftigem Kohlenmonoxid.

5. Unternehmen Sie als Eltern mit Ihren Kindern nicht gerade während des stärksten Autoverkehrs einen Stadtbummel. In der Atemhöhe der Kinder ist nämlich der Gehalt an giftigen Abgasen wesentlich höher als in der Atemhöhe von Erwachsenen.

6. Verbrennen Sie keine Abfälle aus Haus oder Garten in offenen Feuern oder Öfen in der Wohnung. Sie tragen sonst dadurch erheblich zur Luftverschmutzung durch Rauch und schädliche Abgase bei.

7. Wenden Sie sich an das zuständige Gewerbeaufsichts-, Gesundheitsamt oder an das Amt für öffentliche Ordnung, wenn Fabrikschlote in Ihrer Nähe „zum Himmel stinken".

8. Dulden Sie es nicht, wenn man in Ihrer Gegenwart ungefragt raucht und Ihnen die Atemluft verpestet. Haben Sie den Mut, den in Ihrer Gegenwart Rauchenden zu sagen, daß Sie den Tabakrauch nicht vertragen können. Dadurch bewahren Sie sich vor zusätzlichen schädlichen Giften in Ihren Atemwegen.

Bereich: Wasser

1. Es gibt weniger Wasser als Sie denken. Verschwenden Sie es darum nicht. Lassen Sie defekte Dichtungen an Trinkwasseranlagen schnellstens ersetzen oder lernen Sie selbst, sie auszuwechseln.

2. Verwenden Sie keinen bunten Zellstoff, gefärbte Papierhandtücher oder ähnliches. Das Papier läßt sich zwar im Wasser auflösen, aber die Farbe verschmutzt das Wasser.

3. Halten Sie sich beim Verbrauch von Wasch- und Spülmitteln unbedingt an die Gebrauchsanweisung. Denn die Waschmittel enthalten Phosphate und Enzyme, die nicht nur Allergien der Haut und der Atmungsorgane auslösen können, sondern vor allem die Wirkung der Kläranlagen mindern und zu einem hemmungslosen Wachstum der Algen in unseren Gewässern beitragen.

4. Setzen Sie sich in Ihrem Wohnort dafür ein, daß alle Häuser an eine Kläranlage angeschlossen werden.

5. Verwenden Sie als Landwirt oder Gartenbesitzer nicht übermäßig Pflanzenschutzmittel und Kunstdünger. Beim nächsten Regen können sie in das Grundwasser eindringen oder in Flüsse und Seen gespült werden.

6. Waschen Sie Ihr Auto nicht irgendwo in der Natur, nicht an stehenden oder fließenden Gewässern. Machen Sie im Freien auch keinen Ölwechsel. Lassen Sie Ölwechsel und Autowäsche in den Autowerkstätten und Autowaschanlagen vornehmen, die für eine ordnungsgemäße Beseitigung der Schmutzstoffe ausgerüstet sind.

7. Lassen Sie weder Öl noch chemische Reinigungsstoffe auf den Boden, in Gewässer oder in die städtischen Abwässeranlagen laufen. Bereits ein Liter Öl kann eine Million Liter Wasser verseuchen. Geben Sie darum das Altöl der Autowerkstatt oder einer dazu eingerichteten Verbrennungsanlage.

8. Lassen Sie Ihren Heizöltank regelmäßig auf seine Dichtheit überprüfen.

9. Lassen Sie den Benzintank Ihres Autos nicht zu voll füllen. Verschütten Sie kein Benzin beim Tanken. Ausgelaufenes Benzin schadet nicht nur dem Lack Ihres Wagens. Es kann auch eine schlimme Verschmutzung des Bodens zur Folge haben. Verdunstetes Benzin verschwindet nicht einfach. Es ist eine der größten Verschmutzungsursachen unserer Ozeane.

Bereich: Abfälle

1. Weisen Sie nach Möglichkeit Produkte in Wegwerfpackungen zurück, vor allem, wenn sie sich über längere Zeit oder gar nicht biologisch zersetzen: Plastikbehälter, Einwegflaschen, mit Aluminium beschichtete Dosen etc. Kaufen Sie dafür Produkte von Firmen, deren Verpackung sich leicht und schadlos beseitigen läßt oder von der Firma wieder zurückgenommen wird.

2. Verzichten Sie beim Einkaufen möglichst auf die Plastiktüte. Denn sie verrottet nicht. Benutzen Sie vielmehr Ihre eigene „altmodische" Einkaufstasche.

3. Lassen Sie sich die vom Hersteller bereits verpackten Artikel im Laden nicht noch zusätzlich einpacken.

4. Verzichten Sie auf das Kaufen und Verschenken von Produkten, deren Verpackung in keinem Verhältnis zum Inhalt steht.

5. Übergeben Sie die zirka 6 Zentner Müll, die jeder von uns im

Laufe eines Jahres „erzeugt", ordnungsgemäß der Müllabfuhr. Leeren Sie Ihren Mülleimer auch nicht am Waldrand. Lassen Sie weder Plastikflaschen, Blechdosen noch sonstige Picknickreste in der Natur herumliegen. Sie vermindern nicht nur den Erholungswert einer Landschaft. Sie können auch Gewässerverschmutzung verursachen und Tieren wie Menschen gefährlich werden.

6. Sorgen Sie dafür, daß Ihr Auto im Schrottwerk und nicht auf einem landschaftsverschandelnden Autofriedhof landet. (Im Neupreis von Fahrzeugen sollte endlich die längst geplante Verschrottungsgebühr eingeschlossen werden.)

7. Bringen Sie Abfälle und Sperrmüll, falls sie nicht abgeholt werden, nur zu öffentlichen Müllplätzen.

Was Gott seinem Volk Israel einmal sagte, gilt auch heute:

„Macht das Land nicht unrein, darin ihr wohnt" (4. Mose 35,34).

Bereich: Lärm

1. Vermeiden Sie bei Ihrer Arbeit oder in Ihrer Freizeit soviel Lärm wie nur irgend möglich. Hämmern, sägen und bohren Sie nicht in den Mittags- und Abendstunden, wenn Ihre Nachbarn sich ausruhen wollen. Schalten Sie das Fernseh- oder Tonbandgerät, den Plattenspieler und das Radio auf Zimmerlautstärke.

2. Beweisen Sie Ihre Fahrkünste nicht mit heulendem Motor, knatterndem Auspuff und kreischenden Bremsen. Fahren Sie auch nicht mit quietschenden Reifen um die Kurve.

3. Wenn Sie in Ihrer Ruhe durch Ihren Nachbarn erheblich gestört werden, dann schreiben Sie ihm einen freundlichen Brief, daß Sie sich · durch den von ihm verursachten Lärm belästigt fühlen. Schränkt der Nachbar den Lärm nicht ein, dann wiederholen Sie diesen Brief, indem Sie dem Ruhestörer mitteilen, daß Sie Durchschriften dieses Briefes an den Hauseigentümer, den Mieterschutzverein und das Gesundheitsamt schicken werden. Diese „Methode" führt meistens zum gewünschten Erfolg.

4. Protestieren Sie — allein oder besser gemeinsam mit anderen — bei den zuständigen Behörden, falls Sie durch den Lärm von Militär- oder Zivilflugzeugen Schaden an Ihrer psychischen und physischen Gesundheit nehmen. In manchen Fällen läßt sich nämlich der Flugverkehr erheblich einschränken — oder sogar verlegen.

5. Wenn Sie eine neue Wohnung mieten wollen, hören Sie bei der Besichtigung nur mit einem Ohr den Anpreisungen des Vermieters zu. Achten Sie mit dem anderen darauf, wie laut es ist. Be-

achten Sie die Lage der Zimmer, vor allem, wo die „Ruhe-Räume"
liegen.

Bereich: Nahrungsmittel-, Genußmittel- und Medikamentenkonsum

1. Falls Sie Landwirt sind, dann versuchen Sie Acker- und Gartenfrüchte ohne Anwendung von Chemikalien heranzuziehen, sogenannte „biologische Nahrungsmittel", die es auf dem Markt schon längst nicht mehr gibt. Da heute immer mehr Hausfrauen Ausschau halten nach chemisch freien Nahrungsmitteln, ist es unschwer den Landwirten, die „biologische Nahrungsmittel" heranziehen, eine wirtschaftlich gute Existenz vorauszusagen.

2. Unterstützen Sie als Verbraucher in jeder nur möglichen Weise Landwirte und landwirtschaftliche Betriebe in ihren Bemühungen, „biologische Nahrungsmittel" anzubauen.

3. Kaufen Sie weder Obst, Gemüse noch andere unverpackte Waren, die ein Händler an einer von Autos starkbefahrenen Straße aufgestellt hat. Sie sind zumeist durch giftigen Bleistaub aus den Autoabgasen verschmutzt.

4. Seien Sie vorsichtig beim Kauf von Nahrungsmitteln, die als „Sonderangebote" angepriesen werden. Sie können qualitativ schlechter sein als die zu „normalen" Preisen. Im übrigen: Niemand hat etwas zu verschenken — auch der Händler nicht!

5. Vermeiden Sie jede einseitige Ernährung. Essen Sie nicht zu häufig eine bestimmte Fleisch-, Geflügel- oder Obstsorte. Dadurch vermeiden Sie, daß Ihr Körper laufend bestimmte chemische Giftstoffe aufnimmt und speichert.

6. Vermeiden Sie um Ihrer Gesundheit willen übermäßiges Essen und Trinken. Das Problem ist heute nämlich nicht mehr Unterernährung wie in der Nachkriegszeit, sondern Fettsucht. Es ist wissenschaftlich erwiesen, daß Übergewicht die Lebenserwartung des Menschen verkürzt. Wachen Sie darum darüber, daß Ihr Bauch nicht Ihr Gott wird und Sie nicht unfreiwillig Selbstmord begehen, nur weil es Ihnen halt so gut schmeckt.

7. Gewöhnen Sie sich Nikotingenuß und übermäßigen Alkoholkonsum ab. Es schadet nämlich Ihnen und Ihren Mitmenschen. Die Folgen sind ausreichend bekannt. Die Bundeszentrale für gesundheitliche Aufklärung empfiehlt deshalb zum Beispiel den Rauchern, „die es sich abgewöhnen möchten":

„Der Versuch der allmählichen Entwöhnung, indem man jeden

Tag eine Zigarette weniger raucht, ist selten erfolgreich. Die Erfahrung lehrt, daß bei Tabaksucht für die Entwöhnung der feste Willensentschluß, von heute auf morgen aufzuhören und in Zukunft unter keinen Umständen Tabak anzurühren, am erfolgreichsten ist."

Bedenken Sie bitte:

„Nichtrauchen ist aktiver Umweltschutz — für sich und andere!"

8. Greifen Sie nicht in jeder angeblichen „Notlage" zu einem Medikament. Nehmen Sie eine Tablette gegen Kopfschmerzen, eine Pille zum Einschlafen, ein Präparat für den verstimmten Magen nur, wenn es gar nicht anders geht. Nehmen Sie vor allem nicht über einen längeren Zeitraum ein bestimmtes Medikament ein, da es auf andere Organe unerwünschte Nebenwirkungen haben könnte. Besondere Vorsicht sollte man bei Appetitzüglern walten lassen, da der begründete Verdacht besteht, daß sie den gefürchteten Lungenhochdruck auslösen.

Bereich: Arbeit, Beruf und Erholung [144]

1. Vermeiden Sie bei Ihrer Arbeit und in Ihrem Beruf jede Maßlosigkeit, Hetze und Unrast. Denn jeder Streß, jede Mehrbelastung über das Maß hinaus, das bei jedem aufgrund seiner persönlichen Konstitution unterschiedlich ist, hat in der Regel eine größere Anfälligkeit des physischen Organismus und der psychischen Struktur des Menschen zufolge. Es kommt zu seelischen Konflik-

1. Bildseite
„Macht das Land nicht unrein, darin ihr wohnt" (4. Mose 35, 34). Lebensschutz ist Landschaftsschutz! (Foto Robert Holder)

2. Bildseite
Streß ist moderner Selbstmord. Jede berufliche Mehrbelastung führt früher oder später zu seelischen Konflikten, zu Kreislauf- und Magenerkrankungen. Gott aber will nicht, daß Sie von Menschen oder Institutionen „verheizt" werden. (Foto pbp-Poss)

3. Bildseite
In jeder „Notlage" ein Medikament: Tabletten gegen Kopfschmerzen, Pillen zum Einschlafen, Kapseln gegen nervöse Herzbeschwerden ... Werden aber damit wirklich die „Probleme des Alltags" bewältigt oder nur verdrängt? (Foto pbp-Poss)

4. Bildseite
Lebensfreude, mehr Dankbarkeit und Gemeinschaft mit gleichgesinnten Menschen sind wichtige Voraussetzungen für die eigene seelische Gesundheit. (dpa-Bild)

Naturschutzgebiet

Es ist verboten:

Die Wege zu verlassen
Pflanzen zu entnehmen
Tiere zu beunruhigen
zu lärmen (Kofferradio!)
Feuer zu machen
Hunde frei laufen zu
lassen
Abfälle wegzuwerfen

Landratsamt

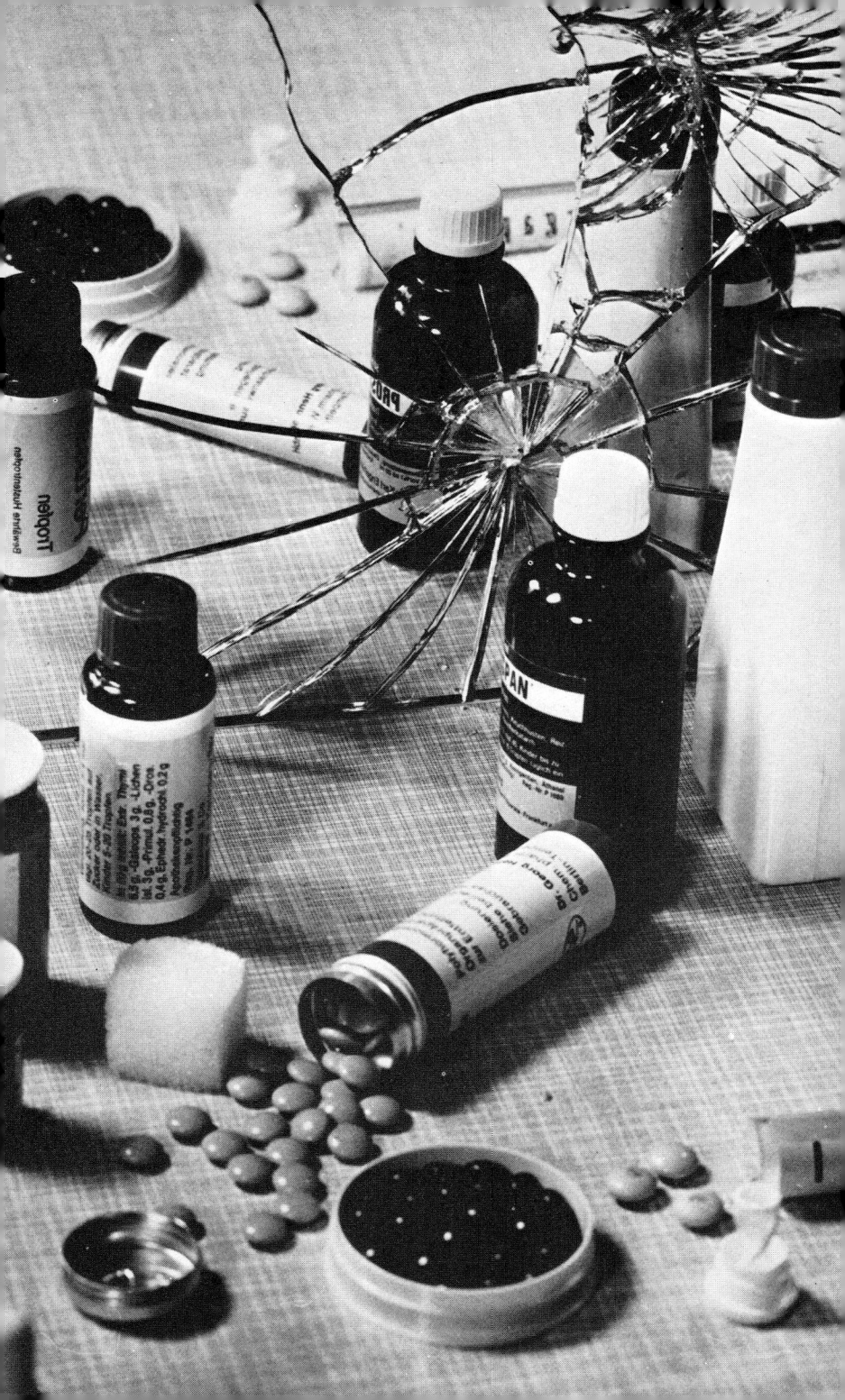

ten. Kreislauf und Magen fangen an zu rebellieren. Der Blutdruck steigt zusehends. Es kommt zu dauernd beschleunigtem Puls. An diesen Faktoren „muß", wie der Münchner Kreislaufexperte Prof. Gustav Schiwert sagt, „irgendwann der Blutkreislauf kaputtgehen". Das trifft sowohl auf körperlich als auch auf geistig tätige Personen zu. Denken Sie also stets daran: Streß ist moderner Selbstmord!

2. Sagen Sie konsequent nein, wenn Sie bei Ihrer Arbeit oder in Ihrem Beruf überfordert werden. Drängen Sie bei sich selbst oder bei anderen auf Abhilfe. Mißbrauchen Sie sich nicht selbst und lassen Sie sich nicht mißbrauchen — weder von Personen noch von einer Sache, sofern sie Ihnen letztlich körperlich, seelisch und geistlich schaden könnten. Wechseln Sie notfalls Ihre Arbeitsstelle oder Ihren Beruf. Mit einem Beruf werden Sie wahrscheinlich in Zukunft sowieso nicht mehr durchs Leben kommen. Zwei, ja drei Berufe werden für viele Menschen üblich werden.

3. Gewinnen Sie den rechten Maßstab für Ihr Tun und Nichttun in der gehorsamen Abhängigkeit von Gott, aus der engen Bindung an Jesus Christus und durch das Fragen nach seinem Willen für Ihr Leben. Nikolaus Ludwig Graf von Zinzendorf (1700—1760), der Gründer der Herrnhuter Brüdergemeine, betete als ein „vielbeschäftigter" Mann immer wieder: „Herr, gib mir das Tun und Ruhn im gleichen Maße." Dabei dachte er sicher nicht daran, daß die eine Hälfte des Tages zur Arbeit und die andere Hälfte des Tages zum Ruhen sein müsse. Sondern es ging ihm in seinem Gebet um das rechte Verhältnis zwischen Tun und Nichttun. Zwischen Anspannung und Entspannung. Zwischen engagiertem Arbeiten und schöpferischem Pausieren.

4. Achten Sie auf notwendige Pausen bei Ihrer Tätigkeit. Gott will nicht, daß Sie von Menschen oder Institutionen „verheizt" werden. Auch pausenloses Arbeiten, lückenlos vollgeschriebene Terminkalender, restlos verplante Wochen und Monate, die Sie nicht mehr zu sich selbst kommen lassen, sind nicht in seinem Sinne. Noch immer gilt das Gebot Gottes: Sechs Tage sollst du arbeiten; einen Tag sollst du ausruhen! (2. Mose 20,9.10)

5. Geben Sie das ungeistliche Streben nach falschverstandener Vollkommenheit auf. Haben Sie den Mut zum Stückwerk, den Mut „zum Fragment Ihres Lebens". Denn noch ist „unser Wissen Stückwerk. Wenn aber kommen wird das Vollkommene, dann wird das Stückwerk aufhören", schreibt Paulus in 1. Korinther 13,9.10. Machen Sie sich darum frei von möglichen Minderwertigkeitskomplexen und dem Krampf einer ehrgeizigen Selbstüberforderung, die darin bestehen, daß Sie sagen oder denken: „Ich

muß ein Ganzes schaffen. Ich muß das Ziel voll erreichen. Stückwerk, bruchstückhaft darf es nicht sein. Was ist es denn sonst wert?" Nun — in Gottes Augen hat nicht das Wert, was wir erreicht haben, sondern das, was wir sind: seine Geliebten!

6. Haben Sie unbedingtes Vertrauen zu Jesus Christus und bitten Sie ihn um eine geistliche Gelassenheit für alle Bereiche Ihres Lebens. Das rückhaltlose Vertrauen zu ihm nimmt das Übermaß an Spannung von Ihnen. Die geistliche Gelassenheit nimmt zu in dem Maße, wie Sie mit dem allgenugsamen Herrn Ihres Lebens tatsächlich rechnen. Lassen Sie deshalb weder Menschen, Mächte noch Massenmedien Herr in Ihrem Leben sein, sondern allein Jesus Christus.

Bereich: Psychische Gesundheit

1. Tun Sie nichts und unterlassen Sie nichts, was die psychische Gesundheit Ihrer Mitmenschen gefährdet oder zerstört. Die besorgniserregende Zunahme der psychisch Erkrankten in unserer Zeit geht nämlich zum wesentlichen Teil zu Lasten der Gesellschaft. Siralla schreibt in seinem Buch: „Die Schizophrenie des Einzelnen und der Gemeinschaft", daß „unser Tun und Lassen, Wachsen und Stehenbleiben, Hören und Taubbleiben, alles was durch uns geschieht, seien wir Vater, Mutter, Kind, Schüler, Lehrer, Arbeiter, Richter, Priester, Arzt oder Putzfrau, *alles ist von Bedeutung für das Du.*" In der Begegnung mit Menschen — in der Kindheitserziehung, in Liebe und Ehe, im Beruf und in der Freizeit — sollten wir stets daran denken, wie sehr wir auf andere positiv oder negativ wirken können.

2. Nehmen Sie sich der Gemütskranken an, die heute weithin durch Intoleranz und Vorurteil der menschlichen Gesellschaft diskriminiert und ausgestoßen werden. Der Gemütskranke braucht aber menschliche Zuneigung und Geborgenheit. Er sucht einen Menschen, der Zeit für ihn hat. Er sucht Verständnis für seine Probleme. Er sucht Beichte und Vergebung. Er sucht Antwort auf seine ihn zutiefst bewegenden Fragen: „Warum muß ich leiden? — Wie werde ich mit meinen Problemen fertig? — Hat das Leben für mich noch einen Sinn? — Gibt es für mich eine Zukunft? — Hat Gott mich abgeschrieben? — Wie kann ich wieder lernen, an Gott zu glauben?" Sind Sie bereit, sich auch nur eines Gemütskranken in Ihrer Umgebung anzunehmen? In der Fürbitte für ihn vor Gott einzutreten? Mit ihm wiederholt seelsorgerische Gespräche zu führen? Die Partnerschaft für ihn zu übernehmen? Sich für seine Resozialisierung einzusetzen? Bedenken Sie, daß Sie morgen

selbst gemütskrank sein können und der Hilfe anderer dringend bedürfen.

3. Betreiben Sie an sich selbst intensiv Psychohygiene.[145] Sie ist das Bemühen, die eigene seelische Gesundheit zu verbessern und ist deshalb ein wichtiges Gebiet der Gesundheitsvorsorge. Wie Sie Ihre seelische Gesundheit erhalten und verbessern können, dafür nachfolgend ein paar einfache aber wichtige Regeln:

- Freuen Sie sich mehr als bisher.
- Seien Sie noch dankbarer — für alles.
- Meditieren Sie.
- Entscheiden Sie sich für das, was Sie wirklich als wertvoll in Ihrem Leben empfinden!
- Suchen Sie sich Möglichkeiten der Betätigung (Arbeit, Hobby u. a.), die Sie innerlich befriedigen und die Ihnen Freude bereiten.
- Genießen Sie mehr den Augenblick. Faustregel: In kleinen Mengen genießen und nicht in großen Mengen verbrauchen!
- Suchen Sie in Ihrer Freizeit Entspannung, Entlastung, Ausgleich und Kontakt mit sympathischen und gleichgesinnten Menschen.
- Wenn Sie in Schwierigkeiten stecken, dann denken Sie daran, daß andere gewiß ähnliche Schwierigkeiten haben.
- Seien Sie sich gegenüber ehrlich, indem Sie sich die eigenen Empfindungen, Wünsche und Verhaltensweisen ohne Selbstbetrug veranschaulichen.
- Hängen Sie nicht ständig dem negativen Gedanken nach, daß Sie und Ihre Leistungen nicht viel wert sind. Denken Sie daran, daß vor Gott alle Menschen von gleichem Wert sind. Darum erfahren Sie durch „schlechte Leistungen" auch keine Wertminderung in Ihrer Persönlichkeit, wie Sie auch keine Wertsteigerung Ihrer Persönlichkeit durch besonders „gute Leistungen" erreichen können. Haben Sie darum ruhig eine gesunde Achtung vor sich selbst und ein gesundes Selbstvertrauen im Blick auf Ihre Leistungen.
- Stecken Sie sich bei allem, was Sie erreichen wollen, Zwischenziele. Nicht die Methode der „großen Schritte", sondern die Methode der „kleinen Schritte" führt zum Endziel.
- Bemühen Sie sich alle äußeren und inneren Zwänge in unserer Leistungs- und Konsumgesellschaft, die Sie innerlich nicht bejahen können, soweit es möglich ist, abzustellen.
- Ärger, Aufregung und quälerisches Sichabsorgen sind ein gefährliches Trio für Ihre seelische Gesundheit. Es lohnt nicht, sich mit ihnen auch nur im geringsten abzugeben.

■ Nutzen Sie von Zeit zu Zeit die Gelegenheit, Ihre Probleme, Schwierigkeiten und Nöte, die Sie belasten, — aber auch Ihre Freuden, Wünsche und Empfindungen bei einem Menschen Ihres Vertrauens auszusprechen.

■ Erbitten Sie von Gott Vergebung für Ihre Schuld. Vergebung der eigenen Schuld ist die Voraussetzung für ein ungestörtes Verhältnis zu Gott, zum Nächsten und zu sich selbst. Vergebung der eigenen Schuld fördert und erhält sodann entscheidend Ihre seelische Gesundheit.

Bereich: Ehe und Familie

1. Erziehen Sie als Eltern Ihre Kinder zu verantwortungsbewußten Menschen, die für ihre Umwelt Sorge tragen. Fangen Sie damit bei Ihren Kindern schon im Kindergartenalter an.[146]

2. Als junger Mensch sollten Sie nur einen solchen Beruf ergreifen, der Ihnen und der menschlichen Gesellschaft zum Wohle dient, und einen Beruf ablehnen, der Ihren Mitmenschen direkt oder indirekt schaden und die Natur und die Schöpfungsharmonie stören könnte.

Bereich: Allgemeine Umweltfürsorge

1. Verzichten Sie auf das Tragen von Kleidungsstücken, auf Dekorationsgegenstände, auf Delikatessen sowie auf irgendwelche anderen Produkte, die aus dem Fell oder aus anderen Körperteilen von aussterbenden Tierarten hergestellt werden. Denken Sie an die bedrohte und aussterbende Tierwelt.

2. Überzeugen Sie Ihre Freunde, Bekannten, Nachbarn und Kollegen von der Notwendigkeit, das Leben und die Natur in jeder nur erdenklichen Art und Weise zu schützen, wenn es morgen nicht zu spät sein soll.

3. Denken Sie darüber nach, welche schädlichen Einflüsse Ihre Tätigkeiten auf die Umwelt haben und wie Sie die Auswirkungen vermindern können. —

Es gibt eine Vielzahl von Möglichkeiten, das Leben erträglicher zu machen und der weiteren Zerstörung der Natur durch den Menschen Einhalt zu gebieten, wenn man nur ein wenig darüber nachdenkt.

Jeder einzelne, ob Geschäftsmann oder Arbeiter, ob Handwerker oder Hausfrau, ob Minister oder Industriekapitän sollte sich bei jeder Tätigkeit überlegen, ob er sich selbst oder anderen damit einen Schaden zufügt. Ein Sprichwort lautet:

„Was du nicht willst,
das man dir tu,
das füg' auch keinem andern zu."

Ähnlich sagte es einmal Jesus zu seinen Nachfolgern:

„Alles nun, was ihr wollt, daß es auch die Menschen tun, das sollt
auch ihr ihnen tun" (Matthäus 7,12).

Und der Apostel Paulus schrieb den Christen:

„Ein jeder suche nicht das Seine, sondern das was des andern ist"
(1. Korinther 10,24).

Ist dies nicht in besonderer Weise auch für die Christen von heute
verpflichtend? Aber haben wir nicht oft auf diesem Gebiet versagt? Haben wir nicht meistens bei unserem Tun an uns gedacht
und den eigentlichen Sinn unseres Lebens, Gott und den Menschen zu dienen, vergessen? Sind wir nicht unserem Nächsten gegenüber auch schuldig geworden durch Gedankenlosigkeit, durch
Gleichgültigkeit, durch Unterlassung der Hilfe? Unter allem
schuldhaften Versagen sollten wir uns als Christen beugen und
Gott entschieden und aufrichtig bitten:

„Hilf, Herr meines Lebens,
daß ich nicht vergebens,
hier auf Erden bin.
Hilf, Herr meiner Tage,
daß ich nie zur Plage
meinem Nächsten bin.
Hilf, Herr meiner Seele,
daß ich niemals fehle,
wo ich nötig bin."
(Gustav Lohmann)

Ein positiv wirkendes Engagement für unsere Umwelt, das alle
Bereiche des menschlichen Lebens einschließt und ausgerichtet ist
auf Verstehen, Helfen und Heilen, ist für alle Christen das Gebot
der Stunde. Dieses vom Auftrag Jesu und seiner Apostel her begründete Engagement, hat nichts mit einem christlichen Sozialis-
mus oder purer Mitmenschlichkeit zu tun.

Freilich läßt sich dieses Engagement nur dann verwirklichen, wenn
wir als Christen bereit sind, persönliche Verzichtsleistungen auf
uns zu nehmen, ohne die keine menschliche Gemeinschaft auf die
Dauer bestehen kann.

Diese Grundwahrheit wird besonders in unseren Tagen durch
namhafte Wissenschaftler, so durch den Psychoanalytiker Alexander Mitscherlich, deutlich herausgestellt. Jedoch ist diese

Grundwahrheit nicht neu, weil sie aus den Opfergedanken des Neuen Testamentes abgeleitet werden kann.

Das Vorbild dafür ist Jesus Christus. Aus dem vorbehaltlosen Ja zu Gott, seinem Vater, und zu uns Menschen, den Geschöpfen Gottes, hat er auf seine göttliche Würde bei Gott verzichtet und während seines Lebens große persönliche Opfer auf sich genommen (Philipper 2,6—8). Sie gipfelten schließlich in der Hingabe seines Lebens am Kreuz auf Golgatha in Jerusalem. Und zwar für die Schuld der Menschheit. Für die selbstherrliche Abwendung des Menschen von Gott. Für die Mißachtung des göttlichen Willens. Denn Schuld gegen Gott und den Mitmenschen, Verstoß gegen Gottes Gebote und seine Schöpfung fordert göttliche Genugtuung. Deshalb diente Jesu gehorsames Opfer dazu, Gott Genugtuung zu schaffen. Den Menschen mit ihm zu versöhnen. Den Menschen von seiner geistigen Verschmutzung zu reinigen.

Teilerfolge sind möglich

Vom Vorbild Jesu her steht es auch den bewußten und entschiedenen Christen an, Opfer zu bringen. Aus Verantwortung und Liebe. Als Kampf gegen das drohende Unheil. Als Sorge um die Rettung des Menschen nach Geist, Seele und Leib. Dies würde ein hoffnungsvoller Schritt bedeuten zu einer T e i l l ö s u n g gegenwärtiger und weltweiter Probleme.

Eine G e s a m t l ö s u n g der Probleme unserer Welt durch unser Engagement als Christen ist uns jedoch vom Evangelium Jesu Christi her nicht verheißen. Denn wir haben unsere Welt und ihre Gesellschaftsstrukturen nur als vorläufig zu verstehen. Würden wir sie absolut setzen, würden wir nicht mehr an die in der Bibel angekündigte neue Welt unter der Herrschaft Gottes glauben und darauf hoffen.

Andererseits werden wir aber, solange wir im Glauben und in der Hoffnung leben, uns mit den Tatsachen, daß Menschen noch Menschen quälen und ausbeuten und die Natur zerstören, nicht zufriedengeben können. Würden wir uns mit den Zuständen in der Welt zufriedengeben oder sie schon von vornherein als unabänderlich hinnehmen, würden wir ab sofort als Christen Konkurs machen und die Welt dem Teufel überlassen.

Darum werden wir als Christen für unsere Umwelt tun müssen, was wir nur tun können, denn das „Christentum der Tat" gilt auch in hoffnungsloser Lebens- und Weltsituation.

Wir werden aber bei allem Einsatz, zu dem uns der Herr beauftragt, und zu jedem Zeitpunkt mit beiden Beinen auf dem Boden der Realität bleiben müssen und einsehen, daß wohl Teilerfolge möglich sind, daß wir aber die ganze Welt nicht in ein Paradies werden verwandeln können. Wir können nur Zeichen setzen. Ähnlich wie Jesus es tat. Er machte wohl viele Kranke gesund, aber er beseitigte nicht das Weltkrankheitsproblem. Er gab zahlreichen Hungernden zu essen, aber er löste nicht das Welthungerproblem. Er half seinen Zeitgenossen, wo er konnte, aber er beseitigte nicht alle Leiden und Nöte dieser Welt. Mit seinen Taten setzte Jesus Zeichen, Zeichen der anbrechenden Gottesherrschaft auf Erden. Diese Zeichen sind Aufforderung und Verpflichtung für uns, mit ganzem Einsatz die Aufgaben anzupacken, die „vor unserer Tür" liegen.

IV. Teil

Morgen wird die Welt wieder schön sein

1. Aufbruch zum Paradies

Zuckererbsen für jedermann

In zahlreichen weltweit wirkenden geistigen Strömungen der Vergangenheit, wie im Rationalismus, in der Französischen Revolution, in der Freidenkerzeit und in der Arbeiterbewegung des 19. Jahrhunderts, wurde den Menschen stets ein zukünftiges Erdenparadies vorgegaukelt. Ein Paradies, das der Mensch durch eigene Vernunft und Kraft, ohne Gott, in der Zukunft errichten werde. Ein Paradies von Wohlstand, Gerechtigkeit, Sicherheit und Frieden.

Der Atheist Heinrich Heine (1797—1856) kleidete seine Schau vom Erdenparadies in die Worte:

„Es wächst hienieden Brot genug
für alle Menschenkinder,
auch Rosen und Myrten, Schönheit und Lust
und Zuckererbsen nicht minder.
Ja, Zuckererbsen für jedermann,
sobald die Schoten platzen!
Den Himmel überlassen wir
den Engeln und den Spatzen."

In der Mitte unseres Jahrhunderts behauptete Adolf Hitler (1889—1945):

„Die Zukunft Deutschlands liegt allein im Nationalsozialismus."

Mit ihm wollte Hitler sein „Tausendjähriges Großdeutsches Reich" aufbauen. Doch es währte nur 12 Jahre.

Die kommunistische Weltanschauung progagiert:

„Die kulturelle und pädagogische Funktion des Sowjetstaates ist auf die Vermittlung einer wissenschaftlich fundierten, materialistischen Weltanschauung gerichtet, auf die Überwindung aller geistigen Rudimente (Überreste) der Vergangenheit, auf die Überwindung von Aberglauben und religiösen Vorurteilen ... Im letzten Jahrzehnt ... trat ein qualitativ gehobenes System wissenschaftlich fundierter atheistischer Erziehung, die ihrem ganzen Wesen nach zutiefst human ist, die auf dem Glauben an die Menschheit beruht. Die materiellen, moralischen, ästhetischen und gesellschaftlichen Bedürfnisse der Menschen finden immer weniger auf religiöser als auf dialektisch-materialistischer Basis ihre Befriedigung."[147]

Aus diesen und anderen Ideologien — im Westen wie im Osten — erwuchs ein unerschütterlicher Fortschrittsglaube. Ein Glaube an den allmächtigen und allweisen Menschen, der alles „machbar" machen kann. Jeder Schritt auf diesem Weg, jedes Produkt des menschlichen Geistes, jede technische Entwicklung wurde als „Fortschritt in eine bessere, glücklichere Zukunft" umjubelt. Viele malten schon ein Paradies auf Erden in den buntesten Farben.

Der Fortschrittsglaube in der Krisis

Seit einiger Zeit hegt man nun Zweifel am „Segen des Fortschritts". Man erkennt nämlich nicht nur die positiven Auswirkungen des Fortschritts. Man sieht auch die negativen Auswirkungen des Fortschritts. Man erkennt, wie der Fortschritt zu einer globalen Bedrohung, ja zum Fluch wird. Indem er eine lähmende A n g s t verbreitet. Es ist bereits unverkennbar:

● *Der Mensch der Moderne hat Angst vor dem Menschen.*

K u r t   H u t t e n schreibt:

„Die Naturwissenschaft hat riesige Wissensstoffe angehäuft und vermehrt sie emsig weiter und niemand kann sie mehr übersehen. Aber wachsendes Wissen bedeutet nicht nur wachsende Macht des Menschen über die Natur, sondern auch über den Menschen — durch Waffen, Gifte, Kontrollen, Gehirnwäsche, Manipulierungen aller Art. Und die Erfahrungen des 20. Jahrhunderts lehrten, daß es auch in diesem ‚aufgeklärten' Zeitalter nichts Schlimmeres für den Menschen gibt, als in die Hände des Menschen zu fallen."[148]

● *Der Mensch der Moderne hat Angst vor der Technik.*

Bereits vor 200 Jahren sagte J o h a n n   W o l f g a n g   v o n   G o e - t h e (1710—1782) in kluger Vorausschau:

„Das überhandnehmende Maschinenwesen quält und ängstigt mich. Es wälzt sich heran wie ein Gewitter, langsam, langsam, aber es hat seine Richtung genommen. Es wird kommen und treffen."

Diese Entwicklung ist eingetroffen. Sie bedrängt und bedroht den Menschen. Der Kybernetiker Prof. K a r l   S t e i n b u c h fordert deshalb:

„Angesichts der ungeheuren Gefahren, welche die unkontrollierte technische Entwicklung mit sich bringt, müßte sich eigentlich eine menschliche Solidarität der Bedrohten einstellen."

Doch Steinbuch gibt resignierend zu, daß wir „noch weit davon entfernt sind", uns gegen die Gefahren der Technik zu schützen.

231

Weil wir außerstande sind, „angesichts der Unmäßigkeit der Technik, (uns) mäßig zu verhalten."[149]

● *Der Mensch der Moderne hat Angst vor dem Leben in der Stadt.*

Der bedeutendste katholische Theologe im deutschsprachigen Raum, Karl Rahner, schreibt:

„Die Stadt ist zum Schicksal der Menschheit geworden."

Der Münchner Architekt Helmut Borcherdt spricht vom „Tod der Großstädte".

Die italienische Stadt Neapel meldet Spitzenrekorde in Bevölkerungsdichte, Verkehrslärm, Luft- und Wasserverpestung, Infektionskrankheiten, Kindersterblichkeit, Wohnungselend und klagt:

„Unsere Stadt ist bald nicht mehr zu retten."

Ähnlich geht es heute Hunderten von Großstädten auf der Welt. Die Probleme in den Großstädten und Ballungsgebieten der Industriestaaten sind riesengroß. Kurt Hutten nennt einige der entscheidenden Probleme, warum unsere Großstädte sterben und die Industriebevölkerung zunehmend degeneriert:

„Verlust der gewachsenen städtischen Kultur. Verödung der Stadtkerne. Zerstörung der sozialen Strukturen. Verwandlung der Megalopolis in die Profitopolis. Privater Reichtum und kommunale Armut. Dazu kommt die Raumnot: Kampf um den Wohnplatz, Bauplatz, Parkplatz, Kinderspielplatz, Flugplatz, den Platz für Industrieanlagen, Autostraßen, Kraftwerke. Heute als ‚heile Welt' angepriesene Erholungsgebiete sind morgen schon ‚sterbende Paradiese', überbaut mit Hotel- und Apartmentkästen, überschwemmt von Menschengewimmel, Autos, Gestank, Wegwerfdreck und Vergnügungsrummel. Die zusammengepreßte Industriebevölkerung verliert wie ihre vergifteten Gewässer die Selbstreinigungskraft, sinkt auf die Stufe einer amorphen Riesenhorde herab, deren Glieder als anonyme ‚Figuren' ihrem Lohn und Profit nachjagen und von mechanisch-rationellen Verwaltungsapparaturen erfaßt und ‚betreut' werden."[150]

Zwischen Vakuum und Hoffnung

● *Der Mensch der Moderne hat schließlich Angst vor dem Nichts.*

Der sowjetische Schriftsteller Nikolai M. Amosow, Herzchirurg und Leninpreisträger, schreibt voller Enttäuschung:

„Es ist etwas Entsetzliches — der Materialismus, Atomkerne, Atome, Moleküle, Zellen, Organe, Organismen. Das Gehirn — nichts als ein Versuchsmodell. Liebe, Freundschaft, Eingebung —

eine bloße Frage des Programmierens. Es gibt keinen Gott, keine Seele. Eigentlich nichts."[151]

Diese These hat in der westlichen Welt der französische Biologe und Nobelpreisträger Prof. J a c q u e s M o n o d noch weiter vertieft.[152] Er behauptet: Es gibt keinen Gott. Und somit weder Himmel noch Hölle. Die Welt brauchte keinen Schöpfer. Der Mensch, das Leben, alle Lebewesen verdanken ihre Existenz — dem Zufall:

„Der Mensch weiß endlich, daß er in der teilnahmslosen Unermeßlichkeit des Universums allein ist."

Doch dieses Wort eines bekannten Wissenschaftlers unserer Zeit ist für viele Menschen, die über den Sinn des Lebens nachdenken, bedrückend, ja zum Verzweifeln. Denn wo Gott keine Rolle mehr spielt, wird und ist alles sinnlos. Da steht der Mensch eines Tages vor dem Vakuum, vor dem absoluten Nichts. Denn niemand kann ihm Antwort geben. Wissenschaft und Philosophie lassen ihn im Stich. Sie haben keine Antworten. Und sie können keine letzten Antworten geben auf die den Menschen bedrängenden Fragen: Warum ist alles so, wie es ist? Wozu sind wir eigentlich auf dieser Welt? Wofür leben wir eigentlich? Warum gibt es keine allgemein anerkannten Normen? Keine gemeinsame Gesprächsbasis, keine gemeinsame Zielvorstellung unter den Menschen? Warum ist die Menschheit aufgespalten in politische, soziale, wirtschaftliche und weltanschauliche Einzelgruppen, die ihre Interessen blindwütig und rücksichtslos vertreten? Warum gibt es die Bandenbildung und den Heckenschützenterror, die Eskalation von Angst, Haß und gegenseitiger Verteufelung? Warum all der Lebenskampf, die Frustration, der Pessimismus? Warum? Wozu?

Diese aus unserem Fortschritt kommenden Ängste, die unser gesamtes Leben bedrohen, schlagen zunehmend um in Zukunftsangst, teilweise sogar schon in Zukunftsverzweiflung.

Viele Menschen sagen darum, daß es s o nicht mehr weitergehen kann. Daß es aber a n d e r s weitergehen m u ß. Daß ein das gesamte Leben und die Welt ergreifender Umbruch stattfinden müsse, wenn das Leben überhaupt noch lebenswert sein und die Erde am „berauschenden Fortschritt" nicht endgültig zugrunde gehen soll. Fortschritt müsse es zwar geben. Aber kein Fortschritt mit Angst! Kein Fortschritt mit Lebensbedrohung! Kein Fortschritt ohne Hoffnung! Sondern ein Fortschritt mit „Sinn und Verstand"! Ein Fortschritt mit Wohlfahrt und weniger mit Wohlstand! Ein Fortschritt in eine heile Welt, in eine Welt — mit paradiesischem Zustand!

2. Auf der Suche nach der Welt von morgen

Hoffnung ist die Mutter der Zukunft

Aus Anlaß der Verleihung des Friedenspreises des Deutschen Buchhandels 1972 an Janusz Korczak (1878—1942) sagte Bundespräsident Dr. Gustav Heinemann in der Paulskirche in Frankfurt am Main:

„Die Sinngebung einer gesellschaftlichen Ordnung bleibt die große Aufgabe jeder Generation aufs neue. Nur dort, wo große Hoffnung ist, entstehen auch die je für die nächste Zukunft notwendigen kleinen Hoffnungen."[153]

Es ist auffallend, daß bei der Frage nach dem Sinn des Fortschritts und der damit verbundenen weit verbreiteten Hoffnungslosigkeit in den letzten Jahren bei vielen eine neue Hoffnung auf eine bessere Zukunft aufbricht. Das elementare Empfinden sagt dem Menschen, daß er eben ohne Hoffnung nicht leben kann. Und daß es ohne Hoffnung keine Zukunft gibt. Weil Hoffnung die Mutter der Zukunft ist.

Futurologen, Techniker, Soziologen und Politiker bemühen sich darum zu erforschen: Wie können wir in eine bessere Zukunft gehen als bisher? Wie können wir eine schöne neue Welt schaffen? Eine Welt, ohne die uns gegenwärtig belastenden Konflikte und Probleme? Und wie wird diese Welt von morgen aussehen?

Zunächst müssen wir uns vergegenwärtigen, daß die Suche nach der Welt von morgen nicht neu ist. Von Plato (427—347) über Thomas Morus (1478—1535) und Olaf Stapledon (1886—1950) haben über Jahrhunderte hinweg Philosophen und Utopisten Mutmaßungen darüber angestellt, was die Zukunft den Menschen bringen werde. Heil oder Unheil? Glück oder Unglück? Wie jener Zukunft zu begegnen sei? Wohin sie führen werde? In den Aufstieg oder in das Chaos und den Untergang? Sie alle gelten heute als Wegbereiter der Zukunftsforschung. Was hingegen in ihrer Methode philosophisches Kalkül, Vision oder literarisch geprägter Fortschrittsglaube (Science-fiction) war, ist heute ein Rechenexempel. Denn das Zukünftige ist vom Vergangenen und Gegenwärtigen abzulesen bzw. zu errechnen. Wer wissen will, wie die Welt von morgen mit großer Wahrscheinlichkeit aussehen wird, muß möglichst viel vom Gegenwärtigen und Vergangenen wissen.

Schrittmacher auf dem Gebiet der heutigen Zukunftsforschung ist

der verhältnismäßig noch junge Wissenschaftszweig F u t u r o l o -
g i e . Der Begriff „Futurologie" wurde 1943 erstmals durch den
Politik-Wissenschaftler O s s i p K. F l e c h t h e i m für die syste-
matische und kritische Behandlung von Zukunftsfragen geprägt.

Der Futurologie geht es darum, die Zukunft nicht nur zu erforschen, um bestimmte Voraussagen machen zu können, sondern die
Zukunft soll auch von diesen Erkenntnissen her bewußt gestaltet
(manipuliert) werden.

Gegenwärtig gibt es aus dem Bereich der Futurologie fast 25 000
Bücher und an die 2 Millionen Zeitschriftenartikel, die Denk- und
Phantasiemodelle für eine „bessere" Zukunft zum Inhalt haben.
Die Weltausstellung 1970 in Osaka/Japan befaßte sich eingehend
mit der Welt, in der wir morgen mit großer Wahrscheinlichkeit
leben werden. Wissenschaft und Wirtschaft entwerfen Modelle für
die Welt von morgen. In den immer unüberschaubareren Mam-
mut-Instituten der Medizin und Biochemie, in den Planungsstä-
ben der Industrie, in den Ministerien und den administrativen
Apparaten wird eingehend eine „bessere Zukunft" und mit ihr
ein „besserer" Mensch geplant und verplant.

Der blinden Fortschrittsbesessenheit in der Vergangenheit folgt
nun ein enthusiastischer Zukunftsoptimismus. *Doch beide haben
im Grunde genommen die gleichen falschen und verhängnisvollen
Ansätze:*

1. L e u g n u n g bzw. A u s s c h a l t u n g Gottes.
2. Der M e n s c h schafft die neue Welt von morgen selbst.

Das muß aber erneut schiefgehen. Wieso? Der Mensch ohne Gott
plant bei der Schaffung der neuen Welt von morgen die n e g a t i -
v e n A u s w i r k u n g e n eines solchen Tuns — wie sie im vergangenen und gegenwärtigen Fortschritt deutlich erkennbar und erleb-
bar sind — zu verhindern. Dies kann und wird ihm jedoch nicht
gelingen, wenn er nicht die U r s a c h e n , die zu den negativen
Auswirkungen seines Tuns führen, bekämpft. Da der Mensch ohne
Gott diese Ursachen nicht kennt oder nicht wahrhaben will (obwohl die Bibel und die christliche Verkündigung sie deutlich nennen), wird sich bei der Planung und Schaffung einer neuen Welt
von morgen im Grunde an den Problemen, an denen heute die
Welt leidet, nichts ändern.

Alltag im Jahre 2000

Das ist ohne Schwierigkeit sofort erkennbar, wenn man die Prognosen und Modelle, die Politiker, Futurologen und Wissenschaft-

ler in Rede und Schrift publizieren, ein wenig unter die Lupe nimmt. Es sei hier — stellvertretend für viele — nur ein „Dokument über die Zukunft" genannt. Es trägt den Titel „Alltag im Jahre 2000" — geschrieben von dem deutschen Wissenschaftsjournalisten H e i n r i c h   R i e k e r.[154] In diesem Buch ist laut Klappentext zu lesen, „an welchen Projekten in zahllosen Laboratorien mit einem unvorstellbaren Aufwand an Kapital und raffiniertesten Methoden gearbeitet wird". Der Leser „lernt phantastisch scheinende Zukunftsprojekte kennen, deren endgültige Verwirklichung nur noch eine Frage der Zeit und des Geldes ist. Wir lesen von Organen aus der Tiefkühltruhe; Glück aus der Retorte; Menschen nach Maß; Krankenhäusern im Weltraum; Robotern als Autokonstrukteuren; Computern, die Krieg spielen; ferngesteuerten Menschen; lautlosen Autos; dem Flugzeug im Rucksack; Großstädten unter dem Meere; dem Fernsehtelefon; künstlichem Sonnenlicht; Kraftwerken auf dem Mars und vielen anderen ‚shocking facts' mit denen die Zukunft zum Teil schon begonnen hat."

Doch welche neuen Probleme dieser „Alltag im Jahre 2000" mit sich bringen wird, davon lesen wir nichts. Nun — wenn man Probleme nicht verhindern oder beseitigen kann, dann werden sie einfach totgeschwiegen.

Und ob man in einem solchen „Alltag im Jahre 2000" leben möchte, danach wird eben niemand gefragt.

Es ist tragisch, daß der Mensch aus dem Vergangenen und Gegenwärtigen offensichtlich nichts gelernt hat — und für die Zukunft nichts lernen wird.

Projekt „Übermensch" [155]

Der Mensch ohne Gott glaubt, daß auf dem Wege der Schaffung einer neuen Welt von morgen unbedingt auch der Mensch verändert werden müsse. Denn der Mensch sei das eigentliche Problem auf dem Wege in eine „bessere Zukunft".

Zahlreiche Wissenschaftler vertreten die Meinung:
Der Mensch hindere den Fortschritt. Folglich muß das gegenwärtige Menschenmaterial „verbessert" werden.

Das Wissen nimmt in einem Tempo zu wie nie zuvor. Folglich muß versucht werden, Menschen zu züchten, die vereint die geistigen Qualitäten eines L i n c o l n (1809—1865), E i n s t e i n (1879—1955) und P a s t e u r (1822—1895) haben.

Für die Weltraumfahrt und das Sternenzeitalter ist der Mensch eine „Fehlkonstruktion". Um weitere Erfolge in der Weltraumfahrt erzielen zu können, muß der Mensch umgebaut werden, um die Aufgaben lösen zu können, die auf ihn zukommen.

Damit überhaupt unsere Welt anders werden kann, ist eine völlig neue Menschenart nötig. Zu diesem Zweck muß der Mensch radikal verändert werden.

Namhafte Wissenschaftler sind der Ansicht, daß der Umbau des Menschen durch eine Veränderung der Erbanlagen in absehbarer Zeit denkbar ist. Durch Tierversuche ist diese Möglichkeit längst gegeben.

Der Gedanke einer künstlichen Herstellung eines neuen Menschen ist ebenfalls keine Phantasie mehr. Die moderne Biologie will — laut des amerikanischen Biologen H. J. Muller — das gesamte neuzuentstehende Leben „von der Geburtenkontrolle über die Transplantationen und der Geschlechtsbestimmung des Eies, der Kindproduktion bis zur industriellen Erzeugung des Keimplasmas und der vollautomatischen Austragung des künstlich befruchteten Eies" steuern. Die Familie würde angesichts dieser künstlichen Aufzüchtung nicht mehr nötig sein. Dafür erhofft man, „göttliche Wesen zu schaffen, deren dürftige Vorahnen wir elende Kreaturen von heute sind".

Nachdem das amerikanische Experiment, eine menschliche Eizelle im Brutkasten zu befruchten, gelungen ist, fragt man sich voller Besorgnis, was die Forscher in Zukunft daran hindern wird, Menschen zu machen.

Indessen gehen die Pläne, einen Super- bzw. Übermenschen zu schaffen, noch weiter. Dr. Cole, ein amerikanischer Wissenschaftler der General Electric Company in den USA, hat ein phantastisches Projekt eines „Übermenschen" entworfen, den „Close Cycle Man". Er dachte über die Menschen nach und sagte sich: Ist es nicht Wahnsinn, was so ein Mensch während seines Lebens kostet? Er muß essen, trinken, wohnen, sich kleiden, lernen. Wird er anfällig, braucht er Ärzte, Krankenhäuser, Sanatorien, künstliche Glieder, Krankengeld, Renten. Und die, die in den Weltraum wollen ... Millionen kostet doch diese Gebrechlichkeit. Daran geht die Menschheit noch pleite.

Diese Gedanken ließen Dr. Cole nicht zur Ruhe kommen. Also setzte er sich hin und entwarf ein Konzept: Man nehme den Menschen, schneide ihm Herz, Lunge, Magen und alles was dazu gehört heraus. Dafür setze man ihm eine Apparatur ein, die alle diese Funktionen übernimmt. Mehr noch: eine Apparatur, die den Abfall wieder zum Betriebsstoff verwandelt. Dann brauchte dieser Mensch nur noch einmal eine „Füllung" und wäre für sein ganzes Leben versorgt. Operiert man ihm gar noch einige künstliche Organe ein, dann könnte er mehr sehen, mehr hören und in verschiedenen Frequenzen sprechen. So ausgerüstet, könnte er eigentlich unendlich leben hier auf der Erde, draußen im Weltraum — und wenn es sein müßte, sogar auf den Sternen.[156]

Projekt „Übermensch" — Möglichkeit oder Unsinn? Darüber streiten sich untereinander noch die Wissenschaftler.

Kein Überleben der Zukunft ohne Gott

Im Blick auf diese Pläne, Prognosen und Projekte für die Welt von morgen und einen neuen Menschen seien nun folgende Feststellungen getroffen:

1. Der Mensch ohne Gott wird nicht ablassen von dem erklärten Ziel, einen neuen, einen Übermenschen zu schaffen. Dieser Übermensch wird jedoch — kommt er überhaupt jemals zustande — die Probleme, an denen die Welt und die Menschheit leiden, nicht beseitigen können. Weil nicht nur der Schöpfer „Mensch" problematisch ist, sondern auch die Schöpfung „Übermensch" problematisch sein wird. Der Mensch wird bei aller von außen gelenkten Veränderung letztlich im Kern seines Seins nicht zu ändern sein. Er wird bei aller Manipulation durch die moderne Biologie und Medizin, durch Experimente in wissenschaftlichen Forschungsstätten in seinem Wesen und Charakter derselbe bleiben. Weil er unter der furchtbarsten Krankheit der Welt leidet: Unter der Krankheit der Sünde, die im eigentlichen in der Abwendung von Gott besteht, und das gesamte Denken, Reden und Tun verseucht.

Die Botschaft der Bibel bietet eine andere Möglichkeit an, die Probleme der Welt zu lösen: Nicht neuer Mensch durch Veränderung, Umbau, Reparierung und Reformierung durch menschliches Tun, sondern neuer Mensch durch eine vom Geist Gottes gewirkte und im Glauben an Jesus Christus vollzogene schöpferische Lebenserneuerung. Diese von Gott kommende schöpferische Lebenserneuerung ist keine Neugeburt unseres Körpers, sondern eine Wiedergeburt unserer Seele, unseres Geistes und sogar unseres Charakters. Das dies möglich ist, beweisen unter Millionen sogenannter (Namens-)Christen Tausende von e c h t e n Christen, die diese geistliche Wiedergeburt erlebt haben. Und sie allein sind berechtigt, sich Christen zu nennen.

Was also allein die Probleme der Welt wirklich zu ändern vermag, sind von Gottes Geist in ihrem inneren Sein umgewandelte und erneuerte Menschen.

Darauf weisen heute sogar zunehmend zahlreiche Wissenschaftler hin. Einst hatte K a r l   M a r x die Religion als Opium des Volkes und Hindernis für den Fortschritt bezeichnet. Heute, rund 125 Jahre später, stellen Wissenschaftler fest, daß der Weg in die Zukunft ohne Gott, ohne die Kräfte des Herzens und des Glaubens, zum Todesmarsch wird. Sie empfehlen die Hinwendung zu Gott, um überleben zu können. Der Wirtschaftswissenschaftler Prof. F. B a a d e schließt sein Buch „Der Wettlauf zum Jahre 2000" mit einem Hinweis auf die Bergpredigt Jesu:

„Wenn das alles gehofft werden kann: ein Erdreich, auf dem zu wohnen es sich lohnt, und eine Weltregierung, die dieses Erdreich besitzt in dem Sinne, daß sie es verwaltet, so ist eines klar: Nur die Sanftmütigen werden dieses Erdreich besitzen."[157]

Ohne die Hinwendung des Menschen zu Gott, wird es jedoch kein Umdenken des Menschen geben. Kein verändertes Reden des Menschen. Kein wirkliches, dem Wohle des Menschen dienendes Handeln. Keine neue Verhaltensweise gegenüber dem Fortschritt. Keine neue Welt, in der es sich zu leben lohnt.

2. Der Mensch ohne Gott wird auch nicht ablassen von dem erklärten Ziel, eine neue schöne Welt unter seiner Herrschaft zu schaffen. Doch eine neue schöne Welt unter der Herrschaft des gottabgewandten und gottfeindlichen Menschen — wie sie Optimisten für die Zukunft erwarten — wird es nicht geben. In seinem selbstherrlichen Bemühen wird es dem Menschen nicht gelingen, eine Welt mit „paradiesischen Zuständen" zu schaffen. Im Gegenteil! Diese Welt wird nach den Aussagen der Bibel in Selbstzerstörung, Chaos und Gericht einmünden und durch die Wiederkunft Jesu Christi einen N e u a n f a n g nehmen. Bereits vor mehr als 25 Jahren — als die meisten der heutigen Pläne, Prognosen und Projekte für eine neue Welt noch nicht bekannt waren — sagte der bekannte evangelische Theologe D i e t r i c h   B o n h o e f - f e r (1906—1945):

„Die Welt phantasiert von Fortschritt, Kraft, Zukunft. Die Nachfolger Christi wissen um das Ende, das Gericht und die Ankunft des Triumphreiches Gottes."

Auf das vergebliche Bemühen des Menschen, auf Erden „paradiesische Zustände" zu schaffen, hat auch der Mathematiker Prof. Dr. B o d o   V o l k m a n n, ein engagierter Christ und Verkündiger des Evangeliums, hingewiesen:

„Es ist im Neuen Testament klar vorgezeichnet, daß sich die Welt in ihrer Gesamtheit nicht zum ewigen Glück und Frieden emporentwickeln wird, daß der Mensch weder individuell noch kollektiv imstande sein wird, die Probleme, an denen er leidet, aus eigener Kraft und vollständig zu lösen."

Wenn das die Menschen unserer Tage doch endlich einsehen würden!

1. Bildseite — oben und unten
Wissenschaftler entwerfen Modelle für eine schöne neue Welt von morgen. Wird es sich aber lohnen, in dieser Welt von morgen unter der Regie des Schöpfers „Mensch" zu leben? (dpa-Bild)

2. Bildseite — oben
In der Welt unter der Herrschaft Gottes werden sich die Menschen, Völker und Rassen anders die Hand geben. Denn Angst, Aggression, Haß, Rassismus, Kriminalität werden der Vergangenheit angehören.
(Foto Hans Lachmann)

2. Bildseite — unten
In der Welt unter der Herrschaft Gottes wird es keine Rassentrennung mehr geben. Kleine schwarze und weiße Mädchen und kleine schwarze und weiße Jungen werden sich als Brüder und Schwestern an den Händen halten.
(Foto Lachmann)

3. Bildseite — oben
„Es wird kein Volk gegen das andere eine Waffe erheben und die Völker werden hinfort nicht mehr kriegen lernen" (Jesaja 2, 4). Infolge der Versöhnung zwischen den Menschen und Völkern wird es keine Produktion und Verwendung von Kriegsmaterial mehr geben und kein Erlernen, wie man mit Waffen umgeht. (Foto Fritz May)

3. Bildseite — unten
In der kommenden Welt Gottes wird nach biblischer Prophetie „von Zion das Gesetz ausgehen und des Herrn Wort aus Jerusalem" (Micha 4, 2).
(Fotomontage aus Israel)

4. Bildseite
Morgen wird die Welt — unter der Herrschaft Jesu Christi — wieder schön sein. Es wird eine Welt sein, in der es eine Lust sein wird zu leben.
(Foto Petri)

240

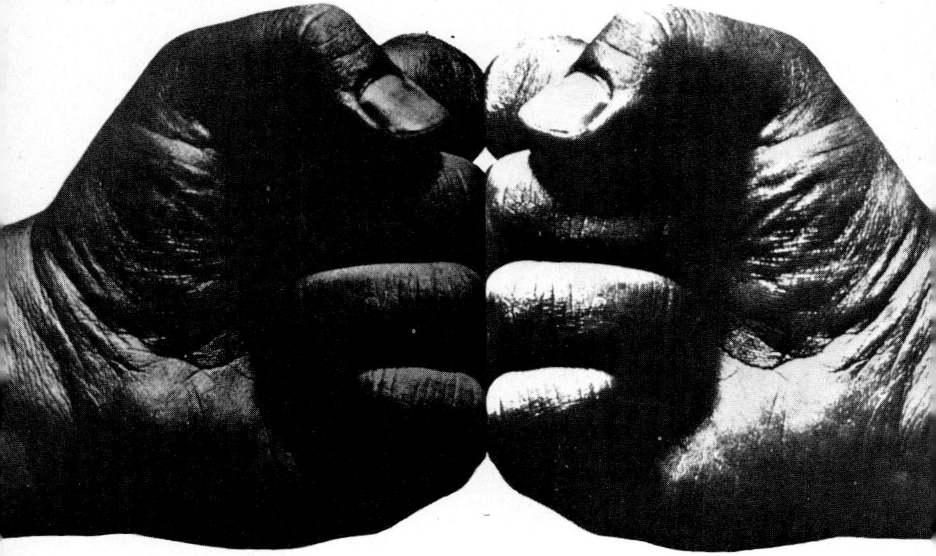

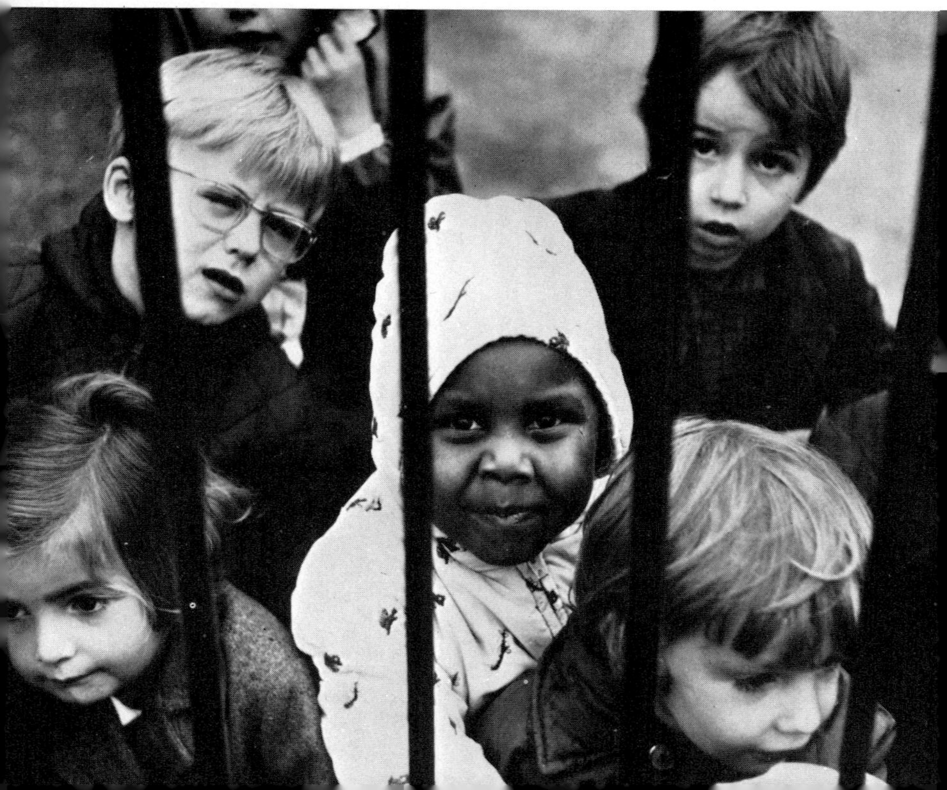

3. Schöne neue Welt unter Gottes Herrschaft

Der „Tag aller Tage"

Da der von Gott abgewandte Mensch — trotz intensiver Bemühungen — eine schöne neue Welt, in der es sich wirklich zu leben lohnt, nicht zustande bringen wird, weil er sie wegen seiner Gottlosigkeit und Schuldverhaftung nicht schaffen kann, wird Gott eine Welt schaffen mit einer großartigen Zukunft.

Einmal wird der „Tag aller Tage" kommen, an dem unsere gequälte, denaturierte, vergiftete und lärmerfüllte Welt mit ihren Leiden und Konflikten, erfüllt von Unbarmherzigkeit und Haß, abgelöst wird durch eine neue Welt Gottes.

Die Bibel spricht unmißverständlich davon, daß auf Chaos und Zerstörung unserer Umwelt Gott aus den Ruinen einer fast vollständig zerstörten und verseuchten Erde durch das erneute Kommen Jesu Christi eine neue Welt errichten wird.

Diese neue Welt Gottes wird keine vergeistigte, sondern eine reale Welt sein, die sich auf unserer „alten" Erde verwirklichen wird durch gewaltige radikale und totale Veränderungen auf allen Gebieten.

Allerdings wird diese zukünftige Welt Gottes auf Erden nicht durch eine politische Weltrevolution, nicht durch weltweite neue Erziehungsmethoden aufgerichtet werden. Sie wird auch nicht durch weitere wissenschaftliche Fortschritte entstehen. Nicht durch soziale Reformen. Nicht durch biologisch-medizinische Experimente. Die zukünftige Welt wird von Gott durch seinen Sohn Jesus Christus errichtet werden. E r i c h   W a r m e r s schreibt in seinem Buch „Information über den Glauben":

„Diese neue Welt beginnt mit einem erneuten Auftreten Jesu Christi. Für den Glauben ist diese Erwartung weder Phantasie noch billige Vertröstung über eine unzulässige Gegenwart. Wir malen uns nicht eine bessere Zukunft aus, sondern rechnen mit dem Gott, der das letzte Wort hat. Ihm gehört die Zukunft. Auch in der Zukunft wird er derselbe sein, der er schon jetzt ist: Der Schöpfer, der Richter, der Befreier, der Lebensspender, der Überwinder des Todes. Als solcher hat er bestimmt das letzte Wort. Aus diesem Grunde haben wir begründete Hoffnung und keine Angst vor der Zukunft. Deshalb freuen wir uns auf Gott und seine Welt. Weil wir von dieser neuen Welt wissen, darum reden wir von unserer Welt als der ‚Welt im Vergehen'."[158]

Auch Jesus sprach von seiner Rückkehr auf die Erde. Bei seinem Abschied von seinen Jüngern sagte er:

„Ich will wiederkommen und euch zu mir nehmen ... und euer Herz soll sich freuen" (Johannes 14.3; 16,22).

Die Freude der Christen, daß Jesus Christus wiederkommen wird, um eine neue Weltepoche zu begründen, stützt sich nicht nur allein auf diese Aussage Jesu, sondern auf eine Vielzahl von prophetischen Ankündigungen im Alten Testament, sowie auf mehr als ein Drittel des gesamten Inhalts des Neuen Testaments, das von der Wiederkunft Jesu Christi spricht. In einem Interview über die Bedeutung der Wiederkunft Jesu Christi sagte der evangelische Theologe Prof. H e i n r i c h V o g e l:

„Nach meiner Kenntnis der Bibel zielen Altes und Neues Testament auf die Herrlichkeitserscheinung des Christus bzw. des Messias hin. Im Alten Testament wird dieser Kommende, der das Reich Gottes heraufführen und vollenden wird, etwa in Jesaja 60, 1 ff und Jesaja 65, 17 ff bezeugt. Im Neuen Testament z. B. in den eschatologischen Reden des Herrn, in der Offenbarung des Johannes und in den Thessalonicherbriefen. Auch 1. Korinther 11, 23—26; 1. Korinther 15 und 2. Timotheus 4,7—8 haben die Wiederkunft Jesu zum Inhalt."[159]

Auf die Frage, ob der kommende Christus mit Jesus von Nazareth, dem Gekreuzigten, identisch sei, antwortete Prof. Vogel:

„Ja, d i e s e r   u n d   k e i n   a n d e r e r wird in der unmittelbaren Evidenz (Offenbarung) seiner göttlichen Herrlichkeit erscheinen. Gott, der in seiner Allmacht so ohnmächtig werden kann, ohne nur einen Augenblick aufzuhören, Gott zu sein, er kann diese ihn verbergende Knechtsgestalt in die Herrlichkeitsgestalt verwandeln. Aber nicht kraft unserer dialektischen Künste, nicht so, daß Finsternis in Licht, Tod in Leben einfach umschlägt. Nicht durch unsere Interpretation des Kreuzes, sondern realiter und existentiell. Dem ist weder historisch beizukommen noch spekulativ. Aber wer hat uns gelehrt, die Realität göttlichen Handelns von unseren Erkenntnismöglichkeiten abhängig zu machen? Dieser an unserer Stelle Erniedrigte, Verstoßene, Verfluchte — ER und kein anderer wird in seiner Herrlichkeitserscheinung die Göttlichkeit Gottes unmittelbar offenbaren."

Wenn Jesus Christus wiederkommen wird auf diese Erde, dann wird er nicht als Jesulein oder als Christkind mit Flügeln oder als „holder Knabe mit lockigem Haar" oder als Schwächling — wozu viele immer wieder Jesus im Laufe der Geschichte „umfunktioniert" haben — erscheinen, sondern als König und Herr. In der Offenbarung (19,11 ff) schreibt der Apostel Johannes:

„Ich sah den Himmel aufgetan und siehe ein weißes Pferd und der darauf saß hieß Treu und Wahrhaftig und er richtet und streitet mit Gerechtigkeit. Seine Augen sind wie eine Feuerflamme und auf seinem Haupt sind viele Kronen; und er hatte einen Namen geschrieben, den niemand wußte, denn er selbst. Und er war angetan mit einem Kleide, das mit Blut besprengt war, und sein Name heißt ,Das Wort Gottes'. Ihm folgte nach das Heer im Himmel auf weißen Pferden, angetan mit weißer und reiner Leinwand. Aus seinem Mund ging ein scharfes Schwert, daß er damit die Heiden schlüge. Er wird sie regieren mit eisernem Stabe ... und er hat einen Namen geschrieben auf seinem Kleid und auf seiner Hüfte: *Ein König aller Könige und ein Herr aller Herren.*"

Es besteht kein Zweifel darüber, daß damit Jesus Christus und seine Rückkehr zur Erde gemeint ist. Über dieses zukünftige Ereignis schreibt Frederick A. Tatford:

„An jenem herrlichen Tag wird es keinen Bereich geben, in dem er (Jesus Christus) nicht als der König ausgerufen wird. Es wird keine Zunge da sein, die ihm nicht als dem Herrn zujubelt. Kein Knie, das sich nicht in Ehrfurcht vor ihm beugen wird. Er wird das gesamte, gewaltige Schöpfungswerk Gottes bis ins letzte hinein beherrschen."[160]

Mit seinem Kommen wird Jesus auf unserer Erde durch sein schöpferisches Wort, nach den Urplänen Gottes aus den Ruinen dieser Welt eine neue Welt aufbauen, ein Reich Gottes auf Erden.

Wann aber wird der Zeitpunkt dafür sein?

„Seher" und Spekulanten haben sich wiederholt darüber den Kopf zerbrochen. Hal Linsey, Verfasser des in über einer Million Exemplaren verbreiteten Bestsellers „The Late Great Planet Earth" (in deutscher Sprache unter dem Titel „Alter Planet Erde wohin?"[161] erschienen), sagte in New Orleans/USA, daß er die Wiederkehr Jesu Christi, den Untergang unserer Zivilisation und den Anbruch der Welt Gottes *noch in diesem Jahrhundert* erwarte.[162] Noch genauer wird der Zeitpunkt für die Wiederkunft Jesu Christi in einem Prospekt über das Buch „Enthüllte Endzeit"[163] angekündigt:

„... spannend und für jeden Interessierten leicht verständlich geschrieben, vermittelt es einen hellen Ausblick auf die Wiederkunft Jesu Christi und den Beginn seines Friedensreiches 1 9 9 4 auf der Erde."

Vieles mag für solche Annahmen sprechen. Dennoch ist es spekulativ, für die Wiederkunft Jesu Christi und die Errichtung der Welt Gottes einen Zeitpunkt zu nennen. Niemand weiß, wann Jesus Christus wiederkommt und Gottes Reich auf Erden errichten wird. Den „Tag aller Tage" zu bestimmen, hat sich allein Gott vorbehalten. Jesus sagte:

„Von dem Tage und von der Stunde weiß niemand, auch die Engel nicht im Himmel, sondern allein mein Vater" (Matthäus 24,36).

Und dennoch haben wir mancherlei Hinweise, wann Jesus Christus wiederkommt. Allerdings keine Hinweise im Blick auf Jahr und Tag. Wohl aber im Blick auf die Zeit, die dann sein wird: Es wird auf der Erde Mitternacht sein. Die Stunde „Null". Es wird die dunkelste Stunde der Welt sein, die Todesstunde der alten Welt. Es wird die Stunde des Sterbens und des Verwesens der Schöpfung sein durch Umweltverschmutzung, durch Gewalttaten, durch Kriege. Wenn die Eskalation des Bösen einen noch nie dagewesenen Höhepunkt erreicht haben wird, „dann wird der Menschensohn (Jesus Christus) kommen in den Wolken des Himmels mit großer Kraft und Herrlichkeit" (Matthäus 24,30). Dann wird die sterbende Welt und mit ihr die Menschheit von ihrem tödlichen Siechtum durch Jesus Christus erlöst werden.

Der neue Mensch

Mit dem Kommen Jesu Christi und dem Anbruch der Welt Gottes auf Erden werden gewaltige Veränderungen stattfinden, wie sie seit den Tagen der Schöpfung dieser unserer Welt nicht stattgefunden haben.

Im folgenden sei der (unvollkommene) Versuch unternommen, die Welt von morgen unter göttlicher Herrschaft in knappen Zügen zu skizzieren, wie sie in der Heiligen Schrift mehr oder weniger ausführlich beschrieben ist.

Eine der gewaltigen Veränderungen in der neuen Welt Gottes wird die Beseitigung der geistigen Verschmutzung der Menschheit sein.

1. *Jesus Christus wird die Menschen in ihrem Denken, Reden und Tun umerziehen.*

Zunächst werden die Menschen die wirkliche Wahrheit über sich und ihre denaturierte und zerstörte Umwelt erkennen. Sie werden erkennen, daß ihre geistige Verschmutzung die Folge der Sünde, der Abwendung von Gott und der Mißachtung seiner den Menschen zum Heil und Segen gegebenen Gebote ist.

Da zu dieser Zeit der Inspirator des Bösen, die Persönlichkeit Satan, durch Jesus Christus unschädlich gemacht — nicht tot — sein wird (Offenbarung 20,2—3), werden die Menschen aufhören, Gott ungehorsam zu sein. Jesus Christus wird dafür sorgen, daß sie willig und fähig sind, Gottes Gesetze zu befolgen. Die Menschen werden die Kraft bekommen, ihrer natürlichen Veranlagung nach Maßlosigkeit, Gesetzlosigkeit, materieller Gier zu widerstehen. Sie werden ihre sündhafte menschliche Wesensart und Lebensart mit Gottes Hilfe überwinden lernen und sich Wegweisung für ihr Planen, Reden und Handeln bei Jesus Christus holen, den Willensträger und Willensverwalter Gottes auf Erden.

2. Unter den Menschen wird absolute Gerechtigkeit herrschen.

Ungerechtigkeit und Willkür, Ichhaftigkeit und Benachteiligung — Grundelemente des menschlichen Daseins heute — wird es in der Welt von morgen unter göttlicher Herrschaft nicht mehr geben. Bittere Rivalität und rücksichtsloser Konkurrenzkampf, Ausbeutung und egoistisches Leistungsstreben werden der Vergangenheit angehören.

Es wird auch keine sozialen Probleme mehr geben. Keinen Hunger. Keine Slums. Kein Analphabetentum. Keine Armut. Was Politiker und Gewerkschaftler, Hilfsorganisationen und Kirchen in Hunderten von Jahren vergeblich zu erreichen suchten: Soziale Gerechtigkeit für alle Menschen —, das wird dann durch den einzig absolut Gerechten, Jesus Christus, erreicht werden. ER wird die Menschen zur Gerechtigkeit erziehen (Psalm 45, 7—8; Jesaja 11, 3—5), die Menschen, die infolge ihrer Revolution gegen Gott zum gegenwärtigen Zeitpunkt noch total unfähig sind, absolut gerecht zu sein.

3. Zwischen den Menschen wird es zur völligen Versöhnung kommen.

Angst, Mißtrauen, Haß, Krieg, Rassismus, Kriminalität und Brutalität wird es zwischen den Menschen, den Völkern und den Rassen in der Welt Gottes nicht mehr geben. Es wird keine politischen Parteien mehr geben. Keine Machtkämpfe. Keine Kriegsdrohungen. Kein Töten auf Befehl. Von einer solchen total veränderten Situation durch die Versöhnung unter den Menschen schreibt sogar der Wirtschaftswissenschaftler Prof. F r i t z B a a d e :

„Diese Zeit wird eine große und schöne Zeit sein für alle . . ., die das Christentum ernst und die Gebote Christi wörtlich nehmen möchten. Sie werden endlich frei von diesem schrecklichen Gewissenskonflikt sein können, der für den einfachen Staatsbürger schon schrecklich, für den leitenden Staatsmann und den Geistlichen aber noch schrecklicher und tragischer ist: Menschen auf Staatsbefehl töten zu müssen oder anderen Menschen zu befehlen, dies zu tun. Schon unsere Enkel werden höchstwahrscheinlich nur mit Schaudern an die Zeiten zurückdenken, in denen die Menschen in diesem tragischen Konflikt lebten."[164]

Als Folge der völligen Versöhnung zwischen den Menschen und den Völkern wird es keine Armee, auch keine Verteidigungsarmee mehr geben. Keinen Wehrdienst. Keine Produktion von Kriegsmaterial. Keine technische Weiterentwicklung und Anhäufung von ABC-Waffen. Kein Erlernen des Gebrauchs von Waffen. Kein Manöver. Die Bibel sagt ausdrücklich:

„Die Völker werden ihre Schwerter (Waffen) zu Pflugscharen (Maschinen) und ihre Spieße (Gewehre) zu Sicheln (Handwerkzeug) machen. Denn es wird kein Volk gegen das andere ein Schwert (Waffe) erheben, und sie (die Völker) werden hinfort nicht mehr kriegen lernen" (Jesaja 2,4).

In Israel, das in Zukunft noch eine wichtige Rolle in der Weltpolitik und im Ablauf des göttlichen Welt- und Heilsplanes spielen wird, dergestalt, daß Jesus Christus dieses Land für seine Rückkehr zur Erde ausersehen wird, ist dieses alte Prophetenwort bereits heute von wichtiger Bedeutung. In Jerusalem, unweit der Railway-Station, in Rehovot vor dem großen Weizmann-Institut, sowie an anderen Orten in Israel stehen Mahnmale, die dieses Prophetenwort verkörpern: In einem modernen Stil ist altes Kriegsgerät zu Ackergeräten und Maschinen zusammengeschweißt. Diese Monumente sind schon heute hoffnungsvolle Hinweise auf eine Welt, in der die völlige Versöhnung zwischen den Menschen und den Völkern eine Selbstverständlichkeit sein wird.

Da es morgen keinen Krieg und keine Waffen mehr geben wird, werden die Wissenschaftler und Techniker ihren Geist ausschließlich für friedliche Ziele einsetzen. Die Industrie wird die Rohstoffe und Erfindungen ausschließlich für das Wohl der Menschen verwenden. Die ungeheuren Summen, die Völker und Machtblöcke gegenwärtig für eine alles zerstörende und somit sinnlose Rüstung ausgeben und den hungernden Menschen der Dritten Welt vorenthalten, werden für friedliche Zwecke und zur Wohlfahrt der Menschen in den unterentwickelten Ländern der Erde eingesetzt werden. Für Verbotstafeln wie „Zutritt für Juden und Hunde verboten!" oder „Zutritt für Farbige verboten!" wird es keinen Platz mehr geben.

Infolge der totalen Versöhnung zwischen den Menschen, den Rassen und den Völkern wird es untereinander nur noch glückliche, friedliche und freundliche menschliche Beziehungen geben. Die Menschen werden zueinander eine ganz andere Einstellung haben, als sie gegenwärtig weltweit üblich ist.

Noch können wir uns heute eine solche Welt, in der Menschen und Völker in völliger Versöhnung miteinander und füreinander leben werden, nicht recht vorstellen. Aber eine solche schöne Welt, eine solch großartige Zukunft wird kommen. Dies hat nichts mit Utopie, Spekulation, Phantasterei oder einem „frommen Wunschtraum" weltabgewandter und gegenwartsgescheiterter Menschen zu tun. Dies hat mit Gottes Wort zu tun. Mit Gottes Verheißungen. Gott hat eine solche Welt vorausgesagt, in der endlich Friede sein wird. Ein Friede, wovon Politiker und Friedensorganisationen (UNO u. a.) seit Jahrzehnten, ja seit Jahrhunderten träumen. Und reden, reden, reden ... Den sie für die Welt von morgen planen. Und den sie in eigenem Wollen, in eigener Regie doch nicht werden verwirklichen können. Weil sie nicht wissen oder wahrhaben wollen, daß ein weltweiter wirklicher Friede, der nicht nur auf dem Papier vereinbart, sondern auch im Herzen des Menschen beschlossen sein muß, nur zu erreichen ist durch die uneingeschränkte Machtübernahme Gottes auf Erden. Und die totale im Glauben und Gehorsam vollzogene Hinkehr zu Jesus.

Erst in der Welt von morgen unter göttlicher Regierung wird das Leben der Menschen untereinander wieder schön. Weil der Mensch im Frieden mit Gott und seinem Nächsten leben wird. R e i n e r R e n é hat versucht, dies in folgende Verse zu kleiden:

„Eines Tages wird es wieder schön,
wenn in der Welt
wird Frieden sein,
und die Welt
von Napalmbränden rein.

Eines Tages wird es wieder schön,
wenn in Berlin
die Mauer weicht,
und man sich dort die Hände reicht.

Eines Tages wird es wieder schön,
wenn Helfen oberstes Gebot,
und niemand stirbt
am Hungertod.

Eines Tages wird es wieder schön,
wenn die Waffen
endlich schweigen,
und Menschen
sich als Menschen zeigen."

In einer ähnlichen Weise sah Martin Luther King (1929 —1968), der im Kampf zur Überwindung der Rassentrennung und des Rassenhasses hinterhältig ermordet wurde, die kommende Versöhnung unter den Rassen. In einer Predigt sagte er:

„Wir halten es für eine selbstverständliche Wahrheit, daß alle Menschen gleich geschaffen sind. Ich habe den Traum, daß eines Tages die Söhne ehemaliger Sklaven und die Söhne ehemaliger Sklavenhalter am Tisch der Brüderlichkeit sitzen werden. Ich habe den Traum, daß Kinder eines Tages in einer Welt leben werden, wo man sie nicht nach der Farbe ihrer Haut beurteilen wird. Ich habe den Traum, daß eines Tages kleine schwarze Mädchen und kleine schwarze Jungen und kleine weiße Mädchen und kleine weiße Jungen sich als Brüder und Schwestern an den Händen halten werden."

Martin Luther Kings „Traum" wird eines Tages, in der Welt Gottes auf Erden, Wirklichkeit werden!

Die erneuerte Erde

Unser gegenwärtig sterbender Planet wird nicht endgültig sterben, sondern durch das Eingreifen Gottes gesunden. Die bisherige Verschmutzung und Zerstörung unserer Umwelt und die noch weiter zu erwartende für die nahe Zukunft, wird bei der Wiederkunft Jesu Christi aufgehalten, ja aufgehoben werden.

Nachdem die Menschen von ihrer geistigen Verschmutzung gereinigt sein werden, wird es eine weitere Verschmutzung oder Zerstörung der Erde nicht mehr geben. Die Menschen werden nicht mehr die Luft verpesten. Sie werden nicht mehr das Wasser verseuchen. Sie werden nicht mehr ihre Nahrungsmittel vergiften. Sie werden nicht mehr ihre Umwelt mit Lärm erfüllen. Sie werden sich auch nicht mehr mit einer Müll-Landschaft umgeben. Denn sie werden sich der Gotteserkenntnis öffnen und ihr Leben und Tun nach Gottes Willen ausrichten. Bereits der Prophet Micha (ca. 740—690 v. Chr.) hat auf dieses Geschehen in einem „Zukunftsbericht" über die kommende „Welt des Messias" hingewiesen:

„In den letzten Tagen aber wird der Berg (Zion in Jerusalem), darauf des Herrn Haus (Tempel) ist, fest stehen, höher denn alle Berge, und über die Hügel erhaben sein. Die Völker werden kommen und die Heiden werden gehen und sagen: Kommt, laßt uns hinauf zum Berge des Herrn gehen und zum Hause des Gottes Jakobs, daß *er uns lehre seine Wege* und *wir nach seinem Willen leben! Denn von Zion wird das Gesetz ausgehen und des Herrn Wort aus Jerusalem*" (Micha 4,1.2).

Als Folge der Hinwendung der Menschen zu Gott und der Annahme und Verwirklichung seines Willens, werden sich die Verhältnisse auf der Erde radikal und total verändern. Diese veränderte Lage könnte realistisch so präzisiert werden:

„Die Städte werden keine eiternden Pestbeulen auf dem Antlitz der Erde mehr sein. Keine Irrgärten mit unentwirrbarem Straßenverkehr. Keine Sammelplätze für Verbrecher. Keine Verbreitungszentren für Pornografie. Keine Giftküchen voller verseuchter Luft, worin unglückliche, elende Menschen schnell zu Geld kommen wollen, damit sie eine Zeitlang vor der Wirklichkeit dieser bedrückenden Asphaltdschungel fliehen können.

Dann wird auch die Landwirtschaft nicht mehr unter dem Fluch abnormer Wetterverhältnisse zu leiden haben. Für alle, die Gott gehorchen, werden Mißernten der Vergangenheit angehören! Der unvernünftige Raubbau und die Vergiftung des Erdbodens mit Chemikalien wird eingestellt werden, und der Fluch des Insektenbefalls und der Pflanzenkrankheiten wird verschwinden."

Nach den Verheißungen Gottes wird sich die gesamte Erde, die gesamte verwüstete und gequälte Natur regenerieren. Die Landschaft wird grünen und blühen.

Es wird eine Lust sein, zu leben

Welternährungsprobleme wird es nicht mehr geben. Alle Menschen auf der Erde werden genug zu essen und zu trinken haben. Der materielle Wohlstand wird bei allen Völkern und Bevölkerungsschichten Einzug halten. Jeder wird eine eigene Wohnung besitzen und einen Garten (Micha 4,4). Dieser Wohlstand wird allerdings nicht von der materiellen, mechanisierten Zivilisation unserer Tage herrühren. Sondern von Gott kommen als eine Folge seines Segens (Psalm 72,16; Amos 9,13—14; 5. Mose 28, 2—8).

In der göttlichen Welt von morgen werden sogar die Krankheiten und Gebrechen des Menschen besiegt sein. Unser Leib wird entgiftet sein von den zahlreichen Giften, die unsere Zivilisation und Wohlstandsgesellschaft hervorgebracht haben. Weder Kohlenmonoxid aus Autoabgasen noch Antibiotika vom Fleischgenuß werden in unseren Körperzellen mehr sein. Unsere Zivilisationskrankheiten, wie Streß, Kreislaufstörungen, Herzinfarkt, Krebs, die zum Großteil durch eine ungesunde Lebensweise und durch vielfältige Umwelteinflüsse entstehen und oft viele schon in jungen Jahren zu Todeskandidaten machen und bald hinwegraffen, werden über den Menschen keine Macht mehr haben. Es wird auch keine seelischen Defekte oder Geisteskrankheiten mehr geben. Die biblische Prophetie läßt uns darüber nicht im unklaren — sie bestätigt dies ausdrücklich:

„Kein Einwohner wird sagen: Ich bin schwach (krank). Denn das Volk, das darin wohnt, wird Vergebung der Sünden haben" (Jesaja 33,24; vergl. Jesaja 29,18; 35,5—6; Sacharja 12,8).

Traurigkeit und Kummer werden sich in Freude verwandeln. Glück an die Stelle von Schwermut treten (Jesaja 61,1—3).

Mit der Besiegung der Krankheiten wird allerdings nicht gleichzeitig auch der Tod besiegt sein. Wohl aber wird durch die Besiegung der Krankheiten, dem Menschen ein hohes Lebensalter ermöglicht werden. Stirbt jemand im Alter von 100 Jahren, wird er als kleines Kind betrachtet werden. Dafür bürgt Gottes Zusage:

„Gleich der Lebenszeit der Bäume soll auch die Lebenszeit meines Volkes sein. Es soll kein Säugling von nur wenigen Tagen und keinen Greis mehr geben, der seine Tage nicht voll auslebt, sondern als Jüngster wird der Hundertjährige sterben. Und wer nur hundert Jahre alt wird, soll als ein vom Fluch getroffener Sünder gelten" (Jesaja 65,22.20).

Der Segen Gottes wird sich über die Menschen hinaus sogar auf die gesamte Welt der Lebewesen auswirken. Der Fluch des verschmutzten menschlichen Geistes und seiner bösen Taten, der auf der gesamten Kreatur liegt, wird beseitigt werden. Der Apostel Paulus schreibt:

„Die gesamte Kreatur wird erlöst von der Sklaverei der Vergänglichkeit zu der herrlichen Freiheit der Kinder Gottes. Denn wir wissen, daß alle Kreatur sehnt sich mit uns und ängstet sich noch immer" (Römer 8,21.22).

Gott sagte — lange bevor Paulus dies schrieb —, daß er diesen unerträglichen Zustand der Kreatur, wie er derzeit noch andauert, beenden werde:

„Ich will an jenem Tage einen Bund zu ihren Gunsten mit den Tieren des Feldes, mit den Vögeln des Himmels und mit dem Gewürm des Erdbodens schließen und sie werden vor Schußwaffen, Messern und Kriegen, durch die der Mensch sie tötete, sicher sein" (Hosea 2,20).

Als Folge dieses Geschehens werden die Tiere ihre Wildheit verlieren und für den Menschen ungefährlich sein. Die Tiere werden sich gegenseitig auch nicht mehr töten und sich von ihren Kadavern ernähren. Der Prophet Jesaja schreibt:

„Der Wolf wird beim Lamm zu Gast sein und der Panther bei den Böcken lagern. Rind und Löwe werden miteinander weiden, ein kleiner Junge kann sie führen. Die Kuh und die Bärin werden sich befreunden und ihre Jungen miteinander spielen. Der Löwe wird Stroh fressen wie der Ochse. Der Säugling wird am Loch der Otter spielen, und das Kind seine Hand in das Versteck der Natter stecken. Nichts Böses wird man tun, keinen Schaden stiften" (Jesaja 11,6—9a).

Alles in allem: Die Erde wird zum Wohl der Menschheit und der Tiere und zur Ehre und Verherrlichung Gottes einen paradiesischen Zustand erleben. Einen paradiesischen Zustand, wie er in ähnlicher Weise vor dem Sündenfall auf dieser unserer Erde anzutreffen war. In allem was der Mensch in der neuen Welt Gottes denken, reden und tun wird, in allem was geschehen wird, wird sich der Wille Gottes verwirklichen. Es wird eine Welt sein, in der es eine Lust sein wird zu leben. Es wird eine Zeit sein, in der es endlich eine Freude ist, Mensch und Christ sein zu dürfen (F. Baade[165]).

Aufgrund zahlreicher Aussagen der Heiligen Schrift, denen man unbedingt und vorbehaltlos Glauben und Vertrauen schenken kann, weil sich bisher viele von ihnen verwirklicht haben, steht es fest:

Morgen wird die Welt — unter der Herrschaft Jesu Christi — wieder schön sein!

Dann werden die Menschen sagen:

„Laßt uns freuen und jubeln und Gott ehren. Denn die Herrschaft über die Welt hat unser Gott in den Händen. Mit ihm herrscht Christus, und er wird regieren in alle Ewigkeit" (Offenbarung 19,7; 11,15).

V. Teil

Anhang

Anmerkungen und Quellenverzeichnis

1 E. E. Snyder, Todeskandidat Erde — Programmierter Selbstmord durch unkontrollierten Fortschritt, Heyne-Buch Nr. 912, München, 1972

2 E. E. Snyder, a. a. O.

3 Der Spiegel, 41/1970

4 Die Jahreszahlen v o r der christlichen Zeitrechnung beziehen sich in fast allen Fällen jeweils auf die Zeit der Wirksamkeit bzw. der Herrschaft der betreffenden Persönlichkeiten. Die Jahreszahlen n a c h Beginn der christlichen Zeitrechnung beziehen sich zumeist jeweils auf die Lebensdauer der betreffenden Persönlichkeiten.

5 Aus Psalm 8 nach J. Zink, Womit wir leben können — ausgewählte Bibeltexte für jeden Tag in der Sprache von heute, Kreuz-Verlag, Stuttgart, 1966

6 G. R. Taylor, Das Selbstmordprogramm — Zukunft oder Untergang der Menschheit?, Fischer, Frankfurt, 1971

7 D. Widener, Kein Platz für Menschen, Fischer, Frankfurt, 1972

8 G. R. Taylor, a. a. O.

9 G. R. Taylor, a. a. O.

10 neue tenne, 1/1971

11 contrapunkt, Zeitschrift für die junge Generation, MBK-Verlag, Bad Salzuflen, 5/1970

12 Der Spiegel, 41/1970

13 Informationen zur politischen Bildung. Herausgegeben von der Bundeszentrale für politische Bildung, Bonn, 146/1971

14 Planet in der Krise. Ohne uns kein Umweltschutz. Eine Informationsschrift. Herausgegeben von der Aktion Gemeinsinn, Bonn-Bad Godesberg, 1972

15 E. E. Snyder, a. a. O.

16 G. R. Taylor, a. a. O.

17 E. E. Snyder, a. a. O.

18 Bereits heute sind 20—25 Prozent der Menschheit von Krebs befallen

19 X-Magazin, 9/1970

20 Hörzu, 33/1972

21 Eine zusammenfassende Darstellung der Gefahren des Rauchens vom medizinischen Standpunkt aus gibt Dr. med. W. Cyran in seinem Buch „Genuß mit oder ohne Reue?", rororo-aktuell, Nr. 984, 1968.

22 Mit Beginn des Jahres 1973 ist die Zigarettenwerbung von den bundesdeutschen Bildschirmen verschwunden. In den übrigen Werbeträgern wird sie aber um so intensiver betrieben.

23 Das Beste aus Reader's Digest, 6/1972

24 Wetzlarer Neue Zeitung, 18. 5. 1972

25 G. R. Taylor, a. a. O.

26 Wetzlarer Neue Zeitung, 16. 9. 1972

27 F. W. Dahmen, Verantwortung für die Landschaft ... ist Verantwortung für den Mitmenschen. Herausgegeben v. Eifelverein Düren in Zusammenarbeit mit dem Landschaftsverband Rheinland, 1971

28 Aus „Zitate" — Die Welt, 6. 5. 1972

29 F. May, Menschheit wohin? — An der Schwelle zum 21. Jahrhundert, Hänssler-Verlag, Neuhausen-Stuttgart, 1970

30 Umwelt-Report '72. Herausgegeben vom Presse- und Informationsamt der Bundesregierung, Bonn.

31 Die Welt, 4. 8. 1971

32 E. E. Snyder, a. a. O.

33 Informationen zur politischen Bildung, a. a. O.

34 Zitiert nach „Friedenslicht", 9/1972

35 G. R. Taylor, a. a. O.

36 G. R. Taylor, a. a. O.

37 B. Manstein, Im Würgegriff des Fortschritts, Sonderdruck für den Weltbund zum Schutz des Lebens, Sektion BRD, Bonn-Bad Godesberg

38 Zeit-Magazin, 40/1971

39 Der letzte Kreuzzug zur Rettung der Menschheit, Verein für Lebenskunde, Salzburg, 1971

40 F. W. Dahmen, a. a. O.

41 R. Carson, Der stumme Frühling, Biederstein Verlag, München, 1970

42 G. R. Taylor, a. a. O.

43 D. Widener, a. a. O.

44 G. Schwab, Wie soll das weitergehen? — Was jeder vom Lebensschutz wissen muß. Verein für Lebenskunde, Salzburg, 1968

45 Der Spiegel, 26/1971

46 Der Spiegel, 26/1971

47 C. J. Briejer, Silberne Schleier-Gefahren chemischer Bekämpfungsmittel, Biederstein Verlag, München, 1970

48 Unser verseuchter Planet, Herausgegeben vom Forschungsstab des Ambassador College, England, 1970

49 Der Spiegel, 15/1972

50 Der letzte Kreuzzug zur Rettung der Menschheit, a. a. O.

51 D. Meadows, Die Grenzen des Wachstums — Bericht des Club of Rome zur Lage der Menschheit, Deutsche Verlagsanstalt, Stuttgart, 1972

52 Materialien zum Umweltprogramm der Bundesregierung. Herausgegeben vom Bundesinnenministerium, Bonn, 1972

53 E. E. Snyder, a. a. O.

54 Überleben. Texte zu einer Ausstellung des World Wildlife Fund, Schweiz

55 Deutschland in Zahlen — Zahlen, Fakten, Trends. Herausgegeben v. J. Nimmergut. Ausgabe 1972/73, Kompaktwissen Nr. 10, Heyne Verlag, München

56 H. Reimer, Müllplanet Erde, Hoffmann u. Campe, 1971

57 F. May, a. a. O., Kap. XIII: Im Schatten des Tages X

58 Aus diversen Quellen.

59 R. S. McNamara, Die Sicherheit des Westens, dtv-Taschenbücher Nr. 685, 1970

60 E. E. Snyder, a. a. O.

61 Harmagedon ist die biblische Bezeichnung für ein Gebiet in Israel. Im weiteren Sinne ist Harmagedon auf das gesamte Gebiet des Nahen Ostens zu beziehen, das nach der biblischen Prophetie der Kriegsschauplatz des letzten Weltkrieges sein soll.

62 Aus diversen Quellen.

63 Aus diversen Quellen.

64 Wetzlarer Neue Zeitung, 17. 10. 1972

65 Siehe auch K. Kaiser, Friedensforschung in der Bundesrepublik, Vandenhoeck u. Ruprecht, Göttingen, 1970

66 K. Becsi, Aufmarsch zur Apokalypse — Große Allianz oder Dritter Weltkrieg?, Zsolnay Verlag, Wien/Hamburg, 1971

67 Die in der Bezeichnung Schizophrenie enthaltene seelische Spaltung im

Sinne des Nebeneinander von gesunden und krankhaften Verhaltensweisen ist charakteristisch für diese nur beim Menschen vorkommende Krankheit.

68 K. Becsi, a. a. O.
69 B. Philberth, Christliche Prophetie und Nuklearenergie, Brockhaus, Wuppertal, 1967
70 Umwelt für Teenager. Herausgegeben vom hessischen Minister für Landwirtschaft und Umwelt, Wiesbaden, 1972
71 Aus diversen Quellen.
72 Aus diversen Quellen.
73 P. R. Ehrlich, Die Bevölkerungsbombe, Hauser Verlag, München, 1971
74 Wetzlarer Neue Zeitung, 6. 6. 1972
75 Über 10 Zentner Lebensmittel hat jeder Bundesbürger im Jahr 1972 verzehrt. Wie eine Frankfurter Beratungsstelle für Schlankheitsprobleme er-
mittelte, aß jeder Einwohner der Bundesrepublik 1972 laut Statistik etwa
35 kg Rindfleisch, 45 kg Schweinefleisch, 7 kg Geflügel, ferner 225 Eier,
10 kg Margarine, 9 kg Butter, 8 kg Käse, etwa 110 Liter Milch, 100 kg
Kartoffeln, 35 kg Zucker, über 70 kg Obst und Obstsäfte, mehr als 50 kg
Gemüse und nicht zuletzt 70 kg Brot und andere Getreideprodukte. —
Wetzlarer Neue Zeitung, 2. 1. 1973
76 TV-Hören und Sehen, 47/1971
77 E. E. Snyder, a. a. O.
78 Le Monde, 27. 8. 1972
79 Songs der Frohen Botschaft, Nr. 61103, Verlag H. Schulte, Wetzlar
80 Geschäftsmann und Christ, 10/1971
81 A. Mitscherlich, Das beschädigte Leben — Diagnosen und Therapien in
einer Welt unabsehbarer Veränderungen, Piper, München
82 K. Becsi, a. a. O.
83 F. Baade, Wettlauf zum Jahre 2000 — Paradies oder Selbstvernichtung,
Stalling Verlag, Oldenburg, 1960
84 G. Löfrath, Pasticide and Catastrophe, 1968
85 E. E. Snyder, a. a. O.
86 H. Kahn u. A. J. Wiener, Ihr werdet es erleben — Voraussagen der Wissenschaft bis zum Jahre 2000, Molden, München, 1968
87 B. Philberth, a. a. O.
88 K. Becsi, a. a. O.
89 B. Schlink, Umweltverschmutzung — und dennoch Hoffnung, Evangelische Marienschwesternschaft, Darmstadt-Eberstadt, 1972
90 G. R. Taylor, a. a. O.
91 Der christliche Kaufmann, 10/1970
92 R. Augstein, Jesus — Menschensohn, Verlagsgruppe Bertelsmann, 1972
93 R. Augstein, a. a. O. S. 114
94 R. Augstein, a. a. O. S. 125
95 R. Augstein, a. a. O. S. 320
96 R. Augstein, a. a. O. S. 362
97 J. Lehmann, Jesus-Report — Protokoll einer Verfälschung, Econ Verlag, Düsseldorf, 1970
98 Eine ausführliche Stellungnahme zu diesen Thesen des Jesus-Reports finden Sie in dem Buch von F. May, Der verfälschte Jesus — Glaube und
Auftrag der Christen im Widerstreit der Meinungen, Telos-Bücher Nr.
1017, Hänssler-Verlag, Neuhausen-Stuttgart, 1972
99 Die Gemeinde, 5/1972
100 W. E. Phipps, Was Jesus Married?, Harper u. Row., Publisher, New York
and London, 1971

101 A. Holl, Jesus in schlechter Gesellschaft, Deutsche Verlagsanstalt, Stuttgart, 1971

102 Es wird von den Gegnern des christlichen Glaubens vielfach behauptet, daß Glaube und Vernunft unvereinbar seien. Das stimmt nicht. Man kann als Christ glauben, ohne dabei intellektuell unredlich zu sein. Sonst gäbe es heute weder positive Theologen noch eine positive Theologie.

103 Aus einer Rundfunkansprache von F. May zum Thema: Kirche ade! — Evangeliums-Rundfunk, 18. 4. 1972; zitiert nach „Der Spiegel" 17/1969

104 Im Jahre 1969 wurde aus dem Kreis der sogenannten „Celler Theologenkonferenz" eine Verlautbarung veröffentlicht, in der es hieß: „Wir sind linke Theologen, die sich zusammenschließen, um in der Kirche Raum zu schaffen für ihre revolutionäre weitere Tätigkeit. Sozialisten aller Landeskirchen vereinigt euch. Wir werden versuchen in die Kirchen einzusickern. In Zukunft wird man nie wissen, ob nicht im schwarzen Rock ein Roter steckt." Inzwischen ist es soweit: In den 19 evangelischen Landeskirchen in der BRD gibt es mindestens 50 Geistliche, die der DKP angehören. Damit votieren diese Pfarrer für eine Partei, die sich auf die ideologische Linie von Moskau und Ostberlin festgelegt hat und damit auf Atheismus und Kampf gegen die Kirche.

105 Die Welt, 17. 5. 1972

106 Aus diversen Quellen.

107 W. Menge, Der verkaufte Käufer — Die Manipulation der Konsumgesellschaft, Molden, Wien, 1971

108 Deutschland in Zahlen, a. a. O.

109 Die Dunkelziffer der Wirtschaftskriminalität liegt nach diversen Schätzungen durch kompetente Stellen bei ungefähr 50 Milliarden DM jährlich. Diese Summe entspricht zugleich dem jährlichen Kaufkraftschwund.

110 D. Morris, Der nackte Affe, Knaur-Taschenbücher Nr. 224, 1970.

111 J. Dollard u. Neal E. Miller, Frustration und Aggression, Beltz, Weinheim, 1971

112 Vergleichen Sie bitte die Ausführungen v. A. Richter, Prozeß gegen Gott, Brockhaus, Wuppertal, 1961

113 Die Gemeinde, 4/1971

114 F. Hacker, Aggression — Die Brutalisierung der modernen Welt, Molden, Wien, 1971

115 Zum Thema „Rassismus" aus evangelikaler Sicht sh. P. Beyerhaus, Rassismus — seine evangeliumsgemäße Überwindung, Verlag Liebenzeller Mission, Bad Liebenzell, 1972

116 Nach einer Statistik im Spiegel, 6/1972

117 Die Gemeinde, 3/1971

118 K. Port, Sexdiktatur, Port-Verlag, Esslingen, 1972

119 G. Sichelschmidt, Verblöden die Deutschen?, Nicolaische Versandbuchhandlung, Herford, 1969

120 A. Plack, Die Gesellschaft und das Böse, List Verlag, München, 1971

121 M. Mead, Der Konflikt der Generationen — Jugend ohne Vorbild, Walter Verlag, Freiburg, 1972

122 ZDF am 5. 4. 1970

123 Der als eine „internationale Kapazität" geltende Wiener Psychotherapeut Hans Strotzka hat in seinem Buch „Sozialpsychiatrie heute", Zsolnay, Wien, 1972, nachzuweisen versucht, daß 15 Prozent der Gesamtbevölkerung — das sind 10 Millionen Bundesdeutsche und 2 Millionen Österreicher und Schweizer — psychisch krank seien. Genaue Zahlenangaben sind jedoch nicht möglich, da die psychisch Kranken noch immer gesell-

schaftlich geächtet werden und sich scheuen zum Psychotherapeuten zu gehen.

124 F. May, Die Drogengesellschaft — Menschen auf der Suche nach einem chemischen Pfingsten, Telos-Paperback Nr. 1015, Brendow-Verlag, Rheinkamp-Baerl, 1972

125 Der Spiegel, 41/1972

126 Liberty Gerig-Musikverlag, Nr. 15444

127 G. R. Taylor, a. a. O.

128 B. Manstein, a. a. O.

129 H. A. Schweigart, Lebensschutz oder Untergang?, Verein für Lebenskunde, Salzburg

130 H. J. Vogel, Die Amtskette, Süddeutscher Verlag, München, 1972

131 H. J. Vogel, a. a. O.

132 H. J. Vogel, a. a. O.

133 H. J. Vogel, a. a. O.

134 Ökologie ist die Wissenschaft (Lehre) von den Beziehungen der Lebewesen zu ihrer Umwelt.

135 Panda, Zeitschrift des World Wildlife Fund, 4/1971

136 Der Materialienband zum Umweltprogramm der Bundesregierung ist mit seinen 700 Seiten (im Telefonbuchformat) ein umfassendes Kompendium der Diagnosen und Therapievorhaben. Herausgegeben vom Bundesinnenministerium, Bonn, 1972

137 B. Manstein, a. a. O.

138 Ein riesiger Reichtum ist im Meer zu finden. Laut Angaben der Dow Chemical Company, eine Unternehmung, die 500 verschiedene Produkte aus dem Meerwasser gewinnt, enthält ein Kubik-Kilometer Meerwasser 38 Millionen Tonnen gelöster chemischer Stoffe im Werte von 4,8 Milliarden DM. Hiervon entfallen auf Gold 89 Millionen DM und auf Silber 8 Millionen DM.
Daneben sind in jedem Kubik-Kilometer über 1,5 Tonnen Uran und viele weitere Stoffe enthalten. Der Gesamtwert der Ozeane wurde auf 6 Trillionen DM geschätzt.
Soviel Reichtum enthalten die Weltmeere, und zwar im Wasser selbst — der Meeresboden ist dabei noch gar nicht berücksichtigt. Es ist wissenschaftlich nachgewiesen, daß die Bodenschätze der Erde größtenteils auf den Kontinentalsockeln, den Schelfs vorkommen.

139 Text und Musik: Möring, Rascheck, Schob; Verlag: Kawohl, Wuppertal

140 E. E. Snyder, a. a. O.

141 Der Spiegel, 50/1972

142 F. May, Menschheit wohin?, a. a. O. Siehe dort unter Kap. VII: Seuchen unseres Jahrhunderts — vom Verfasser ausführliche Stellungnahmen zu den Massenmedien.

143 Vorschläge für den praktischen Umwelt- und Lebensschutz lieferten:
    a) World Wildlife Fund, Zürich/Schweiz: „Die 44 Punkte des Umweltschutzes — Was der Einzelne tun kann, um der Zerstörung unserer Umwelt Einhalt zu gebieten — zusammengestellt v. W. Naegeli.
    b) Aktion Gemeinsinn, Bonn-Bad Godesberg mit dem farbigen „Leporello": „Tu etwas".
    c) Presse- und Informationsamt der Bundesregierung, Bonn: „Umwelt-Report '72".
    d) Privatpersonen.
    e) Der Autor.

144 Die unter diesem Zwischentitel genannten Vorschläge 1—6 sind Auszüge aus einer Rundfunkansprache von F. May zum Thema: Der fromme

Selbstmord (Streß im Dienst für Jesus. — Evangel., Rundfunk, 29. 6. 1972

145 Unter dem Titel „Seelische Gesundheit — Die Fähigkeit mit sich und anderen auszukommen" ist bei der Bundeszentrale für gesundheitliche Aufklärung, 5 Köln 91, Postfach 930103 ein Heft erschienen, das allen, die ihre seelische Gesundheit erhalten bzw. verbessern wollen, sehr empfohlen werden kann.

146 „Umwelt für Teenager" heißt ein Heft zum Thema Umweltschutz, das besonders jungen Leuten empfohlen wird. Herausgegeben vom hessischen Minister für Landwirtschaft und Umweltschutz, Wiesbaden, 1972

147 I. Braschnik in „Religion und Atheismus in der Sowjetunion" — Sowjetunion heute, 10/1972

148 Materialdienst, 15. 8. 1972

149 Universitas, 1972

150 Materialdienst, 15. 8. 1972

151 Materialdienst, 15. 8. 1972

152 J. Monod, Zufall und Notwendigkeit — Philosophische Fragen der modernen Biologie, Piper, München, 1971

153 Veröffentlicht im Bulletin des Presse- und Informationsamtes der Bundesregierung, 137/3. 10. 1972

154 H. Rieker, Alltag im Jahre 2000, Herder-Bücherei Nr. 267/1972

155 K. Büchsel, Projekt Übermensch — Die biologische Revolution beginnt, Hallway Verlag, 1972

156 R. Proske, Auf der Suche nach der Welt von morgen, Schneider, München 1968

157 F. Baade, a. a. O.

158 E. Warmers, Information über den Glauben, Kaiser Verlag, München, 1961

159 Arbeit und Stille, MBK-Verlag, Bad Salzuflen, 128/1971

160 F. A. Tatford, Prophetie und die Zukunft der Welt, Verlag H. Schulte, Wetzlar, 1969

161 H. Linsey/C. C. Carlson, Alter Planet Erde wohin?, Verlag H. Schulte, Wetzlar, 1971

162 epd-Meldung, 11. 9. 1972

163 W. J. Pasedag, Enthüllte Endzeit, Stephanus Verlag, Uhldingen, 1973

164 F. Baade, a. a. O.

165 F. Baade, a. a. O.

Von Fritz May sind ferner erschienen:

Menschheit wohin?

An der Schwelle zum 21. Jahrhundert
Paperback, Großformat, 264 Seiten (Hänssler-Verlag)

„In dem Buch ‚Menschheit wohin?‘ werden keine abstrakten lehrmäßigen Thesen behandelt, sondern aktuelle apokalyptische Erscheinungen aufgezeigt, mit denen heute die Menschheit am laufenden Band konfrontiert wird. Die Zeitprobleme werden nicht nur angesprochen, sondern auch Wege zu ihrer Bewältigung aufgezeigt, so daß der Leser dauernd in Spannung gehalten wird."

Die Drogengesellschaft

Menschen auf der Suche nach einem „chemischen Pfingsten"
TELOS-Paperback Nr. 1015, 84 Seiten

Der Verfasser untersucht in einem knappen und allgemeinverständlichen Stil die Probleme des Drogenmißbrauchs in unserer Zeit und zeigt praktische Wege, wie den Rauschgiftsüchtigen geholfen und dem Drogenmißbrauch vorgebeugt werden kann. Dabei weist er immer wieder auf die erlösende Kraft des Evangeliums von Jesus Christus hin, die auch in hoffnungslos erscheinenden Fällen nicht versagt.

Der verfälschte Jesus

Glaube und Auftrag der Christen im Widerstreit der Meinungen
TELOS-Paperback Nr. 1017, 84 Seiten

Verschleiert die Bibel das wahre Leben des Rabbi Josua, den die Christen Jesus nennen? War Jesus der erste Christ? War er Gottes Sohn oder jüdischer Mönch der „Essener"-Sekte? War er Heiland oder Aufrührer? Verkündigte er eine eigene Lehre oder gab er nur weiter, was andere vor ihm dachten? Wer war Jesus wirklich? – Über diese und andere Fragen um Jesus, die heute in weiten Kreisen der Bevölkerung aufgebrochen sind, geht es in diesem Buch.